U1010541

民族学信息检索

祝方林　编著

中国出版集团
世界图书出版公司
广州·上海·西安·北京

图书在版编目（CIP）数据

民族学信息检索 / 祝方林编著 . —广州 : 世界图书出版广东有限公司 , 2013.5

ISBN 978-7-5100-6194-3

Ⅰ . ①民… Ⅱ . ①祝… Ⅲ . ①民族学—情报检索 Ⅳ . ① G252.7

中国版本图书馆 CIP 数据核字（2013）第 104307 号

民族学信息检索

策划编辑 张馨芳
责任编辑 黄 琼
出版发行 世界图书出版广东有限公司
地 址 广州市新港西路大江冲 25 号
http:// www.gdst.com.cn
印 刷 虎彩印艺股份有限公司
规 格 710mm × 1000mm 1/16
印 张 15.25
字 数 279 千
版 次 2013 年 5 月第 1 版 2013 年 1 2 月第 2 次印刷
ISBN 978-7-5100-6194-3/C · 0023
定 价 46.00 元

版权所有，翻版必究

目　录

引　言

一、民族学信息检索研究缘起

自1964年日本的梅棹忠夫(Tadao Umesao)第一次使用了“信息社会”概念后，20世纪70年代后期，西方社会普遍使用“信息社会”和“信息化”的概念。

信息化是指培育、发展以智能化工具为代表的新的生产力并使之造福于社会的历史过程；是社会脱离工业化以后，信息将起主要作用的新的社会形态。2010年，国家信息中心发布首份《走近信息社会：中国信息社会发展报告2010》[1]披露我国已整体进入工业社会向信息社会过渡的加速转型期。报告认为，知识型社会、网络化社会、数字化生活和服务型政府是信息社会的四个基本特征。

现在的社会就是信息社会。

中国共产党第十八次全国代表大会报告提出：“坚持走中国特色新型工业化、信息化、城镇化、农业现代化道路，推动信息化和工业化深度融合、工业化和城镇化良性互动、城镇化和农业现代化相互协调，促进工业化、信息化、城镇化、农业现代化同步发展。”其中，信息化是新增加的内容，这表明信息化已被提升至国家发展战略的高度。国家信息化就是在国家统一规划和组织下，在农业、工业、科学技术、国防及社会生活各个方面应用现代信息技术，深入开发广泛利用信息资源，加速实现国家现代化进程。

材料、能源和信息，是现代社会发展的三大资源。人类迈入21世纪时，社会信息化已成为不可阻挡的时代潮流。随着现代科学技术尤其是计算机技术、存储技术和网络技术的迅猛发展，使信息资源的重要性日益突出。随着经济的发展和社会的进步，信息资源的这种重要性将更加突出。因此，必须把开发利用信息

[1] 光明网，www.gmw.cn/content/2010-08/14/content_1206750.htm。

资源摆在重要战略位置。“信息检索”就是开发利用信息资源的有效手段之一。

国内外关于“信息检索”的研究肇始于穆尔斯（Calvin N. Mooers）在1950年创造的“信息检索”（Information Retrieval）。自此信息检索研究就一直是学界的热点问题之一。其原因无外乎二：人们更依赖于信息；网络信息的良莠不齐和海量信息给人们获取所需信息增加了难度。

信息检索是从任何信息集合中获取所需信息的过程以及所采取的一系列方法和策略。信息检索不仅是从大量信息中索得所需信息，更是在节约科研时间。据20世纪60年代美国和日本统计，一些化学研究人员的业务工作时间分配如下：查找阅读文献资料的时间占50.9%，实验研究时间32.1%，写报告时间9.3%，计划与思考时间7.7%。[1] 因此信息检索的学习和高效的信息检索尤显重要。

但在众多信息检索的研究中，民族学信息检索的研究少之又少。

二、民族学信息检索文献综述

利用读秀[2] 搜索书名含“信息检索”的图书有690册；其中最早的出版于1989年。用同样的检索方法在国家图书馆[3] 检索，得到图书1 147册；其中最早的一本出版于1985年；汉语著作1 142册。[4] 将上述检索到的数据导出，将两个数据库的数据合并，剔除其中的重复数据，取2006年以来的国内信息检索类图书数据，共544条。武汉大学信息管理学院黄如花教授曾做过2000—2005年国内外信息检索研究的述评[5]，据此笔者结合这个述评和以上数据对2000年以来信息检索研究的情况做分析。

仿照《中国图书馆分类法》的规则做一个类似的分类，将有关信息检索研究的图书分成不分学科、跨学科和22个基本大类适用三种情况。将不涉及具体学科的信息检索图书称为“不分学科”，将跨学科的信息检索图书依据其主要学科特征称为“跨学科”，只就某具体学科研究信息检索的图书依据22个大类进行分类。将上述544册图书依据这个标准进行分类统计，得到下表。

---

[1] 周智佑．国外建立科技情报检索系统的若干问题[J]. 国外科技情报工作．1978（9）：17.

[2] www.duxiu.com。

[3] www.nlc.gov.cn。

[4] 检索日期：2012年12月25日。

[5] 黄如花．近五年国内外信息检索研究的述评[M]// 肖希明，黄如花，司莉．图书馆学研究进展．武汉大学出版社，2007：319-364.

分类	数量	占比
不分学科	391	71.88%
R	51	7.32%
跨学科	49	7.18%
T	19	3.17%
S	9	1.55%
F	7	1.22%
G	7	1.24%
D	2	0.36%
E	2	0.36%
J	2	0.36%
X	2	0.36%
C	1	0.18%
H	1	0.18%
K	1	0.18%
合计	544	100.00%

分析上表数据和黄如花教授的述评，笔者发现二者之间存在相当大程度的一致性。即从 2000 年以来，信息检索类图书可分成三类：①综合性的著作。一般书名包括信息检索、文献信息检索、文献信息检索与利用、现代信息检索等；这类图书在整个信息检索类图书中占有绝对优势，占比达到 71.88%。②跨学科的著作。一般书名包括科技信息检索、理工信息检索、社科信息检索等；相对而言这类图书不管是数量还是占比就少很多，只有前者的十分之一。③专科性的著作。比如医学信息检索、化学化工信息检索、法律信息检索等。各学科的占比数据如上表。医学（R）信息检索类图书在 22 个基本大类图书中独占鳌头。从统计数据看，还涉及工业技术（T），农业科学（S），经济（F），文化、科学、教育、体育（G），政治、法律（D），艺术（J），环境科学（X），社会科学（C），语言、文字（H）和历史、地理（K）。

从上述数据以及翻检这些图书内容可以发现，国内信息检索研究的特点主要体现在以下几个方面：

（1）研究成果数量多，特别是高等学校教材数量很多。难怪黄如花教授感叹：

“与图书馆学、情报学领域的其他主题相比，可以说是数量非常大。”[1] 教材编写是信息检索研究出版繁荣的主要推手。“信息检索”除了是图书馆学、情报学等专业的专业课程之外，大多数高校都依据教育部的有关规定面向本科生开设了该课程。原国家教委1984年下文要求各高校创造条件开设文献检索与利用课程，并在文件中对该课程的基本内容、教学条件等做了明确规定。之后教育部屡次对该课程的有关问题通过发文和召开会议等形式予以强调。

（2）研究成果的学科分布广。在22个基本大类中，检索到涉及其中的图书有12类。

（3）越来越多信息检索在某学科应用的研究。比如，信息检索和论文写作、信息检索与知识创新、信息素养与信息检索、多媒体信息检索与管理、信息检索与利用、信息检索与专利等。虽然有上面的这些优点，但不可否认，在信息检索类图书中不乏低层次重复研究。阅读这些图书的目录和内容，你会发现，很多教材不管是框架还是内容都大同小异。甚至最近出版的信息检索图书内容和几年以前的此类图书介绍的信息检索技术没有异同。当然，上面的分析只是基于图书题名包含“信息检索”的著作，其实还有很多有关信息检索但图书题名不一定含有“信息检索”的著作。比如，《搜索引擎效果评测》、《知识产权信息资源使用指南》、《资讯检索导论》、《搜索引擎：原理、技术与系统》、《开放存取的两种实现途径研究：OA期刊和OA知识库》、《科技发展与科技情报交流及利用》、《书法文献检索举要》等等。

由此还可以发现，有很多学科还没有人就该学科的信息检索做专门研究，或者已有研究还需要进一步深入。比如，有关民族学信息检索的研究到目前就还很不够。作为学科发展的重要文献，著作的出版情况是学科发展的阶段性情况说明。在民族学信息检索相关著作中有李晓菲编著《中国民族文献检索》[2] 和《中国民族文献导读》[3]、刘维英著《民族文献检索与利用》[4]、王学艳等编著《民族文献信息检索》[5]

---

[1] 黄如花．近五年国内外信息检索研究的述评[M]//肖希明，黄如花，司莉．图书馆学研究进展．武汉大学出版社，2007：322.

[2] 李晓菲．中国民族文献检索[M].内蒙古科学技术出版社，1997.12.

[3] 李晓菲．中国民族文献导读[M].辽宁民族出版社，1999.4.

[4] 刘维英．民族文献检索与利用[M].吉林人民出版社，1998.

[5] 王学艳，包和平，陈新颜．民族文献信息检索[M].内蒙古大学出版社，2005.7。需要说明的是，此书在读秀上可查看版本信息，但没有任何一个地方提供藏书信息。最后辗转通过QQ联系上作者，称那是一套丛书中的一本，但因故未能出版。并希望有人能继续将此事做下去。

等，也有的文献检索著作中有专章介绍民族文献的信息检索问题。[1][2][3]还有在大学课堂开设民族学信息检索利用课程。[4]遗憾的是，在中国知网、维普和万方数据库中，没能查询到题名含“民族文献”“检索”的研究论文。即便如此，还是有人呼吁建立“民族文献检索学科”[5]。

虽然研究数量很少，但不妨碍民族学信息检索的研究已经起步。在已有的著作中，李晓菲编著的《中国民族文献检索》一书分三部分：首先界定了民族文献的定义、范围、特点和类型；第二部分介绍了民族文献检索的原理、方法和步骤，常见民族文献工具书等；第三部分分析了各个知识门类中的民族文献检索。《中国民族文献导读》在《中国民族文献检索》的基础上增加了民族文献工作和民族文献资源两部分。刘维英著《民族文献检索与利用》也分为三部分，包括民族文献检索与利用的理论、民族文献中各学科文献的检索和民族文献工具书题录。

在已有的研究中，存在以下一些不足，这些不足是本书研究的起点。①与民族学信息检索相关的著作都是20世纪作品，已不能反映之后学界新成果；②已有研究已不适应网络环境、信息社会的现实客观条件；③已有成果对个人文献管理的关注不够。网络环境下信息管理的重要特征就是文献大多数已经变成了电子文件，对这些文献的管理显然不同于传统纸本文献。因此需要研究在此环境下信息管理的新方法。基于此，撰写一本《民族学信息检索》以反映图书情报学最新研究、应用上的积累，也为民族学信息检索的未来发展做铺垫。

三、民族学信息检索研究价值

美国信息科学学会确认穆尔斯在1950年创造了术语“信息检索”（Information Retrieval）[6]。自此至今关于信息检索的研究在世界各地长盛不衰。随着21世纪这个信息世界的到来，社会各界人士依赖于信息，但又对大量自己并不需要的过载信息束手无策。因此关于信息检索的研究愈发显得重要。

在众多研究中，关于民族学信息检索的研究寥若晨星，这与我国丰富的民族

[1] 张家璠，何林夏．社会科学文献检索与利用[M]．广西师范大学出版社，1989.12.

[2] 武汉大学图书馆等．社会科学文献检索与利用教程[M].1991.7.

[3] 汪继英．文献信息检索与利用[M]．四川人民出版社，2002.7.

[4] “蒙古学及民族学文献信息检索利用”课程简介[OL].[2013-01-01].http：//bdelger.Blog.163.com/Blog/static/6658687520082253256241/?suggestedreading&.

[5] 刘维英．论建立民族文献检索学科体系[J]．图书馆学研究，1998（4）.

[6] CalvinMooers[EB/OL].[2012-12-30].http：//en.wikipedia.org/wiki/Calvin_Mooers#cite_note-Mooers1950a-1.

文化、民族文献极不相称，使得我国的民族学研究和民族工作往往具有较大的盲目性。譬如，从经济发展来看，影响少数民族发展的因素主要是地理环境制约和传统生计方式影响。中国地域辽阔，边疆地区自然资源丰富，形成了许多独特的经济条件。如，边疆地区生态环境的多样性和生物品种的多样性，导致了依赖当地资源生存的少数民族形成了多样的生计方式，有的形成了与民族发展休戚相关的特色产业。像生活在茫茫草原的鄂温克族、哈萨克族擅长畜牧业；生活在深山老林之中的鄂伦春族擅长狩猎业；居住在大江大海之滨的京族、赫哲族以捕鱼为生；一些南方山地民族从事刀耕火种的山地农业，同时以采集、捕鱼、狩猎作为补充手段。这些生计方式的产生和延续，是他们祖辈以来文化的积淀。但随着时代的发展，他们的传统生产方式有的就难以为继，需要进行产业结构调整甚至转产。转产就意味这些民族要放弃传统的生产方式，转而去经营那些他们非常陌生的新产业、新的生产方式；转产也意味着他们传统文化传承的断裂，需要形成新的生活方式。由于我们对这些民族文化的不了解，在民族学和民族工作中盲目要求他们按市场经济的生产方式、生活方式转变，使得这些少数民族的生计方式到处碰壁，生活存在精神空虚、酗酒等一些严重的社会问题。若想顺利实现这种转变，有诸多问题要从学理上进行研究。而这样的研究，须臾离不开民族学信息检索。

民族学信息检索是从分散的、无组织的大量民族文献经过既定原则搜集、整理、序化和保存的文献集合中查找满足于某种文献信息需求的过程。这个定义包括两方面含义：①少数民族在文献中检索信息以满足自己的某方面需求；②民族学研究者从民族文献中为了满足自己研究的需要而进行的信息检索。

总的来说，民族文献信息检索对不同人士具有不同的功用：

（1）文献是记录有知识的一切载体。在我国悠久的历史长河中，各族人民积累了大量的文献，这些文献记录了他们在长期的生产、生活中的经验、研究等知识，是人类知识宝库的重要组成部分。今人在这些浩瀚的文献中进行信息检索，以搜索某方面专题文献进行学习、研究，无疑是打开一座知识的殿堂。同样，少数民族在这些文献中可以学习他民族和本民族先进的生产、生活经验，以促进自己的科学发展。比如，少数民族可以通过信息检索提高利用民族文化遗产的能力，让我们少数民族优秀的文化遗产得以在新时期发挥新的效用。

（2）作为一名民族学研究者，信息检索是其科学研究的基本功。因为信息检索能帮助我们继承和借鉴前人成果，避免重复研究，从而节省了科研时间、提高了工作效率。信息检索也是科学研究的向导，能为科研立项和课题研究提供科学依据，能在科学研究中起到承前启后的作用，能为科学研究成果的鉴定、评估、验收、奖励等提供客观依据等。

（3）信息检索有助于政府部门和民族工作者做出正确决策。民族学研究通过信息检索，研究民族历史文献、了解历史上和世界上其他国家民族理论，从而利于我国各级政府做出正确的符合少数民族利益的民族政策等。

当然，为了更好地服务于少数民族和民族学研究者，需要建设更好的民族文献数据库，也就需要了解、研究他们的信息需求。对民族学信息检索进行系统深入的研究，有利于直接捕捉少数民族和民族学研究者显性的信息需求，并间接推断和发掘其隐形信息需求，从而有效克服民族文献信息资源建设中的盲目性，增强少数民族和民族学研究者信息检索的针对性，更好地满足他们的信息需求。

四、民族学信息检索研究的主要内容

基于前面文献综述的分析，本书的主要内容包括以下几个方面：

（1）民族学信息检索基本理论。本书基于网络环境条件，力求全面反映21世纪国内外学界关于民族学信息检索的理论和实践成果。为了更好地研究民族学信息检索，我们需要对民族学信息检索相关的概念进行定义。特别是民族文献与民族学文献等易混淆概念等。然后将民族学信息检索的相关知识进行梳理，展现出民族学信息检索与一般信息检索的区别。最后就民族学网络信息序化的有关问题进行探讨。

（2）主要探讨网络环境下民族学信息检索的原理和方法。资源包括各种数据库和网站，特别是开放获取资源。方法包括民族学信息检索的途径、方法、策略和步骤等。

（3）网络环境下民族学信息检索导致的结果是很多文献信息都是电子文档，对这些电子文档的管理显然不同于纸本文献。因此，需要引进个人文献管理的有关研究成果。

参考文献

[1] 陈定权.Web信息检索技术最新进展[J].现代图书情报技术,2002(2):39-41,58.

[2] 邓燕萍.网络信息检索效果评估[J].现代情报,2004(4):46-47.

[3] 黄如花,张春蕾.网络信息检索的发展趋势[J].图书情报知识,2002(4):49-51,67.

[4] 李金波．我国网络信息检索统计分析[J]．情报科学，2010(3):86−89.

[5] 李长信，邸铭．论文献检索、信息检索和情报检索[J]．情报科学，2001(6):53−54.

[6] 潘庆超．近几年国内信息检索可视化研究综述[J]．图书馆学研究，2010(12):9−11,16.

[7] 庞弘燊，徐文贤．近年来国外信息检索的相关性研究进展[J]．中国图书馆学报，2009(4):89−95.

[8] 孙吉红，刘伟成，焦玉英．多媒体信息检索研究与展望[J]．计算机应用研究，2008(3):12−15.

[9] 孙坦，周静怡．近几年来国外信息检索模型研究进展[J]．图书馆建设，2008(3):88−91.

[10] 王富强，朱浩群，张立朝，等．地方志数据库全文信息检索研究[J]．测绘通报，2008(2):59−61.

[11] 王继成，萧嵘，孙正兴，等．Web信息检索研究进展[J]．计算机研究与发展，2001(2):60−66.

[12] 王旭东．信息检索的发展概况（上）[J]．中国新闻科技，1998(4):11−13.

[13] 王旭东．信息检索的发展概况（下）——中文全文检索简述[J]．中国新闻科技，1998(6):19−20.

[14] 王学艳．我国少数民族文献研究的现状与展望[D]．东北师范大学，2006.

[15] 王雅坤，成全．信息检索相关性研究综述及发展趋势[J]．图书与情报，2012(1):94−100.

[16] 王知津，蒋伟伟．十五年来我国网络信息检索研究述评[J]．情报科学，2004(4):2−6,16.

[17] 王智红，潘晓丽，吴晓鸥．近十年来我国网络信息检索研究主题分析[J]．情报杂志，2009(7):5−10,24.

[18] 吴潇．多媒体信息检索研究[J]．情报杂志，2002(10):19−21.

[19] 杨爱群，罗任秀．网络信息检索工具研究[J]．现代情报，2005(3):138−141.

[20] 曾民族．网络信息检索现状和性能评价[J]．情报学报，1997(2):11−20.

[21] 张榕宁．国外网络信息检索研究现状[J]．图书馆论坛，2005(4):196−198.

[22] 张新民，化柏林，罗卫东．认知信息检索研究的发展与展望[J]．图书情报工作，2007(10):6−9.

[23] 赵一唯，王和珍，李振东．WWW信息检索综述[J]．南京大学学报（自然科学版），2001(2):64−70.

[24] 郑士贵 . 社会学信息检索 [J]. 管理科学文摘 ,1998(6):7.

[25] 周丽霞 . 网络信息检索研究综述 [J]. 情报科学 ,2004(4):12-16.

[26] 邹曼莉 . 国外网络信息检索的最新进展 [J]. 图书馆杂志 ,2002(2):69-72.

第一章　民族学学科资源

民族学信息检索属跨学科研究，该领域至少涉及两个学科：民族学和图书馆学。相关学科则更多，比如民族学相关学科有人类学、社会学等；图书馆学相关学科中有情报学、信息学等。为了更深入地研究民族学信息检索，有必要阐述民族学、图书馆学的学科基础知识。本章首先对民族学中的若干问题加以简略的说明。

第一节　民族学基础

“民族学（Ethnology）”作为一个名词，起源于古希腊文，是一门研究各民族群体文化的社会科学学科。由于各国学术传统的差异，对民族学的界定不一样。在给出“民族学”的定义之前，先分析几个与之相关的概念。

一、民　　族

现在世界上人口已突破70亿。[1] 由于识别的标准不同，世界上到底有多少民族，各说法不一。有的认为有2 000多个，有的认为有3 000多个，更有认为有5 000多个的。[2] 同样的原因，世界上的语言数量也是说法不一。有说有3 000种语言的，有说有4 000种语言的，也有说有6 000—6 500种语言的。[3] 相比较，文字的数量就少得多，不足千种 。[4] 中国是其中非常具有特色的一个国家，人口几乎占到世界的五分之一，而且各民族的历史都很长，民族文化同样很丰富，文字是世界上现今

[1]　世界人口 .zh.wikipedia.org/wiki/ 世界人口 [2013-01-21]。

[2]　宁骚 . 民族与国家：民族关系与民族政策的国际比较 [M]. 北京大学出版社 .1995（5）:59.

[3]　卡米力江・阿不都克力木 . 语言学界难解之题——世界语言的数量 [J]. 吉林广播电视大学学报 ,2012（10）:10-13.

[4]　李学金 . 世界文字的拉丁化趋势 [J]. 广西广播电视大学学报 ,2006（1）:32-36.

唯一仍在使用的古文字。

在中国古代史籍中，表达民族概念的词汇，既有“民”、“族”、“种”、“人”、“部”、“类”等字，又有“民人”、“民群”、“民种”、“族种”、“族部”、“族类”等词。中国社会科学院民族学与人类学研究所的邸永君考察后，认为“民族”作为一个名词最早出现在我国古籍中是在 1 500 年前的南朝宋齐时期著名道教学者顾欢的《夷夏论》中：

> 今诸华士女，民族弗革，而露首偏踞，滥用夷礼，云于翦落之徒，全是胡人，国有旧风，法不可变。[1]

《夷夏论》以儒家的华夷之辨为出发点，尊崇道教，排抑佛教，借儒家“夷夏之防”的民族观否定佛教在中国传播。夷夏之别强调华夷间种族不同、地域不同、文化不同，佛教是夷狄之教，应当大力排拒。“民族弗革”，系指国人的族属未变，而所谓族属即华、夷之分。

中国社会科学院民族学与人类学研究所所长郝时远进一步考证，在中国古汉语中，“民族”的出现并不是孤此一例，[2] 当然也达不到常用的地步。“民族”的大量使用当从清末民初开始。随着清末西方民族主义浪潮席卷世界和帝国主义对我国的侵略逐步加深，中国人民反帝斗争觉悟逐渐提高，中华民族奋发自强振奋精神，在近代史时期的史籍及报刊杂志上，“民族”出现越来越多。自此“民族”广为人知、内涵丰富、外延宽泛，既有极强的包容性和灵活性，又有很大的模糊性，在不同的情况下可做不同的理解。但一般而言，包含以下四个层面的意思：第一层次表现民族群体概念意义上的民族，如少数民族、民族政策、民族学院等；第二层次表示中华民族构成单位概念意义上的民族，如五十六个民族、民族团结、汉族、藏族等；第三层次表示政治独立体即民族国家或国民国家概念意义上的民族，如中华民族、日本民族、加拿大民族等；第四层次表示族类共同体或民族共同体概念意义上的民族，如阿拉伯民族、日耳曼民族、法兰西民族、犹太民族等。除了表示不同层次的概念意义外，“民族”一词还可用来表示按不同时代和不同生产、生活方式划分出来的人类群体。例如，根据历史阶段的不同，有原始民族、古代民族、现代民族之分；根据生产、生活方式的不同，可分为狩猎民族、游牧民族、农业民族和工业民族等。[3]

---

[1] 萧子显 . 南齐书 [M]. 中华书局 ,1972：934.

[2] 郝时远 . 中文“民族”一词源流考辨 [J]. 民族研究 ,2004（6）：62-71,111.

[3] 周大鸣 . 文化人类学概论 [M]. 中山大学出版社 ,2009（2）：93.

本书主旨在民族学信息检索相关问题研究，并不需深究“民族”本义，因此，本书只取其最广泛意义即可。

二、民族学

“民族学”术语源于西欧，古希腊即有此词。西方学者追溯民族学的历史发展过程时，不得不提及古希腊史学家希罗多德，并将他誉为“民族学之父”。他的《历史》，对古代希腊、波斯、埃及、西亚和中亚的许多民族的分布、活动和风俗习惯等都有记载和研究，使该书成为古代西方最著名的民族学著作。

18 世纪后半期，欧洲资本主义发展，使许多强大起来的国家纷纷向本土以外的亚洲、非洲、美洲、大洋洲的国家和地区扩张和殖民。为了更顺利地实现征服和统治，为了减缓当地民族激烈的反抗，统治者们想到了因俗而治。因此一些学者有机会用系统和科学的方法记录和研究殖民地民族及其文化。虽然民族学的早期发展沾满西方殖民主义的血腥，但客观上，一些学者通过对殖民地的民族及其文化的实地研究和理论探索，逐渐建立了一套规范的概念和操作规程，提出了研究的理论体系，从而建立起一个新的社会科学学科——民族学。在此过程中，民族志知识的积累和比较研究方法的确立，使民族学学科具备了由资料搜集和整理到建立科学学科的基础。

民族学作为一个独立学科诞生的重要标志，是进化学派的出现。19 世纪中叶，先后出现了一批专业民族学家以及民族学专著和调查报告材料。民族学家当时在以达尔文为代表的生物进化论的影响下，提出了人类社会与文化的进化思想，从而被称为“进化学派”。主要代表人物有：美国的摩尔根，英国的泰勒、麦克伦南，瑞士的巴霍芬以及俄国的柯瓦列夫斯基等人。另一个重要标志是各国专业研究学术团体的建立，如 1839 年建立了世界第一个民族学研究团体——巴黎民族学学会，1842 年成立了美国民族学学会等。

1840 年中国同样遭受来自西方的蹂躏，有西方的传教士和探险家等，包括学者，来到中国进行实地调查和研究。不可否认，他们的一些活动对于在中国传播民族学知识起到积极作用。一般认为，1903 年中国著名的翻译家林纾和魏易合作翻译的哈伯兰的著作《民种学》，是中国最早的民族学著作。之后中国的学者陈映璜参考学习国外的民族学作品，写出了中国最早的民族学著作——《人类学》。1926 年，蔡元培发表了《说民族学》，被认为是中国最早提出“民族学”这一术语的人。

由于各国学术传统存在差异，各国对“民族学”的定义至今都不一样。“至少也有几十种，甚至上百种之多。”[1]不过，王建民将其归纳为三种看法。“其一，认为民族学是研究人类文化的科学，分析和有系统地解释文化资料，进行文化比较研究。持这种观点的多数是欧美学者。其二，主张民族学是研究民族共同体的科学，一切现存的和过去存在的民族都在民族学研究之列。前苏联学者过去多数持这种意见。其三，提出民族学是从群体观点去研究民族及其文化与生命史的科学，强调文化史在民族学中的地位。国内外侧重历史研究的民族学家中的部分人主张此种意见。中国学者在中华人民共和国建立前，受西方学术影响较大，他们基本偏向第一种看法。”[2]

但是也有学者主张民族学是一门研究民族的科学，它的研究对象是民族。认为民族学是“以民族为研究对象的学科。它把民族这一族体作为整体进行全面的考察，研究民族的起源、发展以及消亡的过程，研究各族体的生产力和生产关系、经济基础和上层建筑。它是社会科学中的一门独立学科”[3]。也有学者认为民族学是“以民族和民族问题为研究对象的一门学问”[4]。还有学者认为“民族学是研究世界各民族历史的和现实的生活与文化的一门科学，是一门考察各民族文化，从事于记录和比较的学问”[5]。

在此列举众多关于民族学的定义，是想说明，民族学定义的多元化造成民族学信息文献的丰富。作为信息文献的搜集、整理单位，所做工作是为满足民族学研究者等用户的最大信息需求。因此图书馆需要将不同观点的文献进行搜集、整理。

从此中可发现民族学的研究范围相当宽泛，甚至有“只要有民族存在，就应该有民族学”[6]的说法。

就民族学的研究范围而言，也是各说各理，无统一意见。例如目前大家比较一致地认为民族学是一门以民族为研究对象的社会科学，它研究民族的发生、发展、变化规律，研究处于不同发展阶段的人们共同体，是一门独立的学科。也有的民族学研究者，如杨昌儒就列举了如下的民族学研究范围：

（1）民族学的学科体系；

[1] 施正一．简编广义民族学[M]. 中央民族大学出版社，1996（10）：25.

[2] 王建民．中国民族学史（上卷）[M]. 云南教育出版社，1997（9）：1–2.

[3] 中国大百科全书总编辑委员会《民族》编辑委员会，中国大百科全书出版社编辑部．中国大百科全书·民族卷[M]. 中国大百科全书出版社，1986：321.

[4] 杨堃．民族学概论[M]. 中国社会科学出版社，1984：1.

[5] 江应樑．民族学在云南[J]. 民族研究，1981（1）.

[6] 陈国强．论民族学的研究对象．民族学研究（一）[M]. 民族出版社，1981：77.

（2）民族学史与民族学学说史（其中包括中国民族学史）；

（3）民族概论（民族共同体发展史略，中国民族概况和民族问题，世界民族概况和世界民族问题）；

（4）民族与种族；

（5）民族的社会经济形态（生产力发展史略，生产关系发展史略，社会经济形态分类）；

（6）民族的社会组织和政治制度；

（7）民族的婚姻家庭（包括亲属称谓制度）；

（8）民族的精神文化（思维，语言与文字，自然科学的起源，民间文艺，礼仪道德观念，风尚习俗的起源与发展，宗教的起源与发展）；

（9）民族学应用研究中的若干问题；

（10）民族学调查研究的方法论；

（11）民族学调查研究的程序和方法。[1]

还有的研究者，给出了现代民族学的研究方向。如阮昌锐就认为，近 30 年来，学界的研究开始从原始社会的研究转向乡民、镇民甚至市民、都市社会的研究。[2]

与民族学的研究范围一样复杂的还有民族学与其他几个相近学科的关系问题。这些学科包括人类学、民俗学、考古学、语言学、生物人类学等。它们的研究范围有重复、交叉现象存在，有的在学术发展史上还同源。民族学与人类学的关系可从"国际人类学与民族学联合会"这个名称看出一斑，二者之间无法调和，只能在学会的名称上将二者并列。

好在本书的旨趣在民族学文献、民族学的研究范围以及与其他相关学科之间的关系，只需确定文献范围的概念，因此，采取宜粗不宜细的原则，取其最大范围为准。

第二节　民族学信息资源

上节讨论了民族学的基础概念，确定了民族学的最泛研究范围。但这还不能确定民族学文献的范围。下面将定义文献的概念，然后再确定民族学文献信

[1] 杨昌儒 . 民族学纲要 [M]. 贵州民族出版社 ,1997（4）：3–4.

[2] 阮昌锐 . 现代民族学研究的新方向 [M]. 正中书局 ,1984：86–104.

息的范围。

一、文　献

（一）国内发展概论

“文献”首见于史籍《论语·八佾》：

子曰：夏礼吾能言之，杞不足徵也；殷礼能言之，宋不足徵也；文献不足故也。足，则吾能徵之矣。

这里的“文献”虽合在一起，但其意思仍旧还是“文”和“献”。南宋朱熹《四书章句集注》对“文”、“献”的解释是：“文，典籍也；献，贤也。”这里的“文”指典籍文章，这比较接近现代“文献”含义；“献”指古代先贤的见闻、言论以及他们所熟悉的各种礼仪，也包括先贤的事迹经历。如果合在一起成一个词，按现在的说法，古代的文献不仅包括典籍文章，还包括贤者大脑中的隐形知识。

《现代汉语词典》[1]对“文献”的解释：有历史价值或参考价值的图书资料。如若根据这样的定义来考察文献，似乎外延太窄了。因为这个解释只认可载体“图书资料”，那么其他的载体形式的文献？期刊、报纸等就不是文献？

时代发展，文献跟进。古文中“文”和“献”是两个不同意思的词，慢慢地，“献”的意思丢失，“可能是因为昔日那些善于建言献策的贤者们的较为重要的言谈话语也都有了文字的记载，于是文献在现代人心中合二为一，成为一个完整的概念，把那些记录信息与知识的各类载体统称为文献”[2]。

高尚榘认为：“文献的产生是与文字同步的。因为文字符号要记录在一定载体上，文字记录在载体上才可以称作文献。”[3]这个定义和《现代汉语词典》的解释有异曲同工之处，只是《现代汉语词典》强调载体是“图书资料”，而高尚榘虽没强调载体形式，但却强调记载的形式一定得是“文字”。《现代汉语词典》关于“文字”的解释是：

①记录语言的符号，如汉字、拉丁字母等。②语言的书面形式，如汉文、英文等。③文章（多指形式方面）：～清通。

[1]　中国社会科学院语言研究所词典编辑室编．现代汉语词典（第5版）[M]. 商务出版社，2005.
[2]　陈洪澜．知识分类与知识资源认识论 [M]. 人民出版社，2008（08）：237.
[3]　高尚榘．文献学专题史略 [M]. 齐鲁书社，2007（12）：前言．

陈国强主编的《简明文化人类学词典》[1] 对“文字”的解释：

文字（character）记录语言的书写符号体系。文字在语言的基础上产生，是扩大语言在时间和空间上的交际功用的文化工具、对人类文明的进步起着很大的作用。也是文明产生的一种标志。文字由字形、字音和字义三个方面组成。每一种文字都必须适应自己所记录的语言的结构特点和语音特点。文字可以借用，文字的发展经历了表意—表意兼表音—表音三个阶段。不论是表意文字还是表音文字，记录的都是语言中的语素或词。

根据这样的定义，能被称作文字的最早阶段应该是表意文字。像中国云南西北部纳西族和四川西部尔苏人使用的东巴文、沙巴文都是典型的表意文字。虽然他们的文字在我们今天看来仍旧像图画，但这些“图画”已经具备了“交际功用”。这些“图画”不仅写的人能读懂，还有另外的人也能读懂，也就是说，他们的“图画”和所要表达的意义之间已经有了固定的联系，而不是同一个“字”在不同的时间、地点表示不同的含义，随意性太强。事实上，这些文字是这些民族的经师所掌握，并且经过一代一代经师之间的传习而延续。总的来说，这些文字的“交际功能很微弱，应是文字史上早期的文字”[2]。也因为此，一般认为，世界上最古老的文字体系是古埃及的圣书字、古美苏不达米亚的楔形字、中美洲的玛雅文和中国的汉字，但是，至今还在使用的只有中国的汉字了。

中国国家标准《文献著录》（GB/T 3792.1-2009 和之前的 1983 年版）关于“文献”的定义：文献（Document）是记录有知识的一切载体。什么是知识？成为理解这个定义的关键。从笔者提出这样的问题开始，就开始后悔，因为这是在给自己修建一堵难以逾越的墙。罗素曾说过：“由于‘知识’在大多数情况下……并不是一个明确的概念。哲学家们所遇到的许多困难都是由于他们把它当作一个明确的概念而产生的。”罗素还进一步解释了为什么“知识”不是一个明确概念的原因。“由于两种原因，知识是一个意义模糊的概念。第一，因为除了在逻辑或纯粹数学的范围内，一个词的意义多少总有些模糊不清；第二，因为我们所认为的全部知识在或多或少的程度上是不确定的，而且我们无法判断不确定性达到什么程度一个信念就不配叫作‘知识’，正像我们无法判断一个人脱落了多少头发才算秃一样。”[3]

在古汉语中，“知识”的“知”，由“矢”和“口”组成。“矢”指射箭，“口”

[1] 陈国强 . 简明文化人类学词典 [M]. 浙江人民出版社 ,1990.8.

[2] 黄建中 , 胡培俊 . 汉字学通论 [M]. 华中师范大学出版社 ,1990（10）：11.

[3] 罗素 . 人类的知识——其范围与限度 [M]. 张金言 , 译 . 商务出版社 ,1983：117-120.

指说话，合起来表示“说话像射箭，说对话像箭中靶心”。简言之，一语中的。“知识”的“识”，繁体写作“識”，由“言”和“戠”组成，而“戠”又由“音”和“戈”组成。“戠”，本指古代军队的方阵操练。“音”指口令声，“戈”指参加操演的军人及其武器。“戠”字本义就是“规则图形及其变换”。“識”就是方阵随着口令整齐划一的团体动作。因此凡部首有“戠”的字都有这个意思。例如，“織”就是在布匹的制造过程中加入图案，使其成为有规则图案的花布。所以“識”的本义是用语言描述图案的形状和细节，引申为区别、辨别。例如“识字”就是“根据字的形状、结构、笔画认字”。所以，《现代汉语词典》对“知识”的解释“指学术、文化或学问”也含此意。

在经典作家中，毛泽东曾给“知识”下过一个经典定义，并且这个定义影响至今。《中国图书馆分类法》就是根据这个定义作为图书分类原则将知识门类分为哲学、社会科学、自然科学三大部类。这个定义是毛泽东于 1942 年 2 月 1 日在中共中央党校开学典礼上做演说中的一段话。他说：“什么是知识？自从有阶级的社会存在以来，世界上的知识只有两门，一门叫作生产斗争知识，一门叫作阶级斗争知识。自然科学、社会科学，就是这两门知识的结晶，哲学则是关于自然知识和社会知识的概括和总结。此外还有什么知识呢？没有了。”[1] 这就很明确地告诉我们，知识就是哲学、社会科学和自然科学的总称。

马克思主义经典作家斯大林在阐述人类语言学问题时认为在奴隶社会初期生产开始有了剩余、私有制开始萌芽、人类社会经历第三次大规模社会分工之后，商业活动和生产活动开始分离。“生产往前发展，出现了阶级，出现了文字，出现了国家的萌芽，国家进行管理工作需要比较有条理的来往文书，商业发展了，更需要有条例的来往书信。”[2] 马克思主义经典作家恩格斯也说人类“从铁矿的冶炼开始，并由于文字的发明及其应用于文献记录，而过渡到文明时代”[3]。从这些论述，断定文献起源于文字的产生。至今，已发现的最古老的文字文献来源于埃及，大约在前 3200 年。四大文明古国中，中国的汉字起源于前 1300 的殷商时期的甲骨文。虽然历史学家也推断汉字应用于文献记录的时间应该往前推，至少应该在前 2000 年的夏代，即青铜时期。但是，似乎还没有直接证据。值得欣慰的是，汉字在历经 3 000 多年的时光，至今还在使用，这是四个文明古国中唯一还在使用

[1] 毛泽东 . 整顿党的作风 [M]. 人民出版社 ,1953：8.

[2] 斯大林 . 马克思主义与语言学问题 [M]. 人民出版社 ,1970：20.

[3] 恩格斯 . 家庭、私有制和国家的起源 [M]// 马克思 , 恩格斯 . 马克思恩格斯选集（第四卷）. 人民出版社 ,1972：20.

的文字。

前面提到的纳西东巴文约产生于7世纪的唐代。[1]这是纳西族拥有自己特色的民族发展之路的体现。

综合上面的分析，我们可以界定，文献产生于有人类以来。

（二）国际发展概况

在国外，“文献”一词最早是由法国的保罗·奥特勒（P. Otel）于1965年提出来的，以后逐渐在欧美一些国家流传、使用，但初期含义很不一致。如俄文的“文献”一词是指一定范围（如法律、技术等）的文件的总和；德语的“文献”一词是指某一具体领域的全部资料的总汇；英语中曾使用“document”、“item”、“literature”、“bibliography”、“information”等单词来表示文献，但最常用的还“document”。美国国防部由此认定，“文献”是指“手写”或印刷的材料；资料卡或资料带；地图、照片、底片、电影胶卷、幻灯片和胶卷等；油画、图表、绘画、版画和素描；上述各类的复制品。

国际标准化组织《文献情报术语国际标准》（ISO/DIS5207）将“文献”定义为：“在存贮、检索、利用或传递、记录信息的过程中，可作为一个单元处理的，在载体内，载体上或依附载体而存贮有信息或数据的载体。”

（三）结　论

由上文可见，“文献”一词的含义已渐趋统一，它可泛指记录有知识或信息的各种载体。这些载体是人们经过选择、加工制成的；在一定条件下，大多数文献可以较长时期保存。随着历史的变迁及新型文献的不断被创造，人类在历史的长河里留下了大量各种类型的文献。它们是人类知识宝库的重要组成部分，是人类宝贵的文化遗产。在我国，古典文献一般指“五四”运动以前雕版、活字版和手抄的古籍文献，同时包括文书、卷册、碑铭、拓本等。自我国于1873年在汉口创刊《昭文新报》开始近代铅字印刷，凡是近代铅印出版物以外的文字材料，均属于古典文献的范畴以内。[2]今天的纸质图书、报刊和非纸质的录音资料、影像资料、缩微资料、电子资料等，或者说包括一切能将知识固化在一定的物质上的载体，这些文献是现代文献。

在我们日常使用中，“文献”还经常与“信息”、“情报”等词混用。“信息”，

---

[1] 王义民．活着的象形文字——东巴文[J]. 内蒙古社会科学，1981（3）：31.

[2] 吴枫．中国古典文献学（2版）[M]. 齐鲁书社，2005（3）：2.

英文“information”，有报告、消息、报道、情报资料、信息等意。在港澳地区，用“资讯”表示，多指字面的消息。和“information”类似的还有几个英文词，“message”（指消息、通讯、讯息、音讯、差使、广告词、预言、教训），多指口头的消息，别人捎来的讯息；“news”（指由他人告诉你的消息）可以指很多方面；“notice”（指通知）。相对而言，“information”可以囊括以上的所有内容，而且，在网络时代，又称信息时代，最主要的特征就是信息爆炸。本书的内容之一就是研究如何在浩瀚的信息海洋中用科学的方法找到所需要信息。我们使用“信息”较多，这也是本书取名的缘由。

因此，信息、知识、情报与文献之间的关系可以用下面的图简单说明。

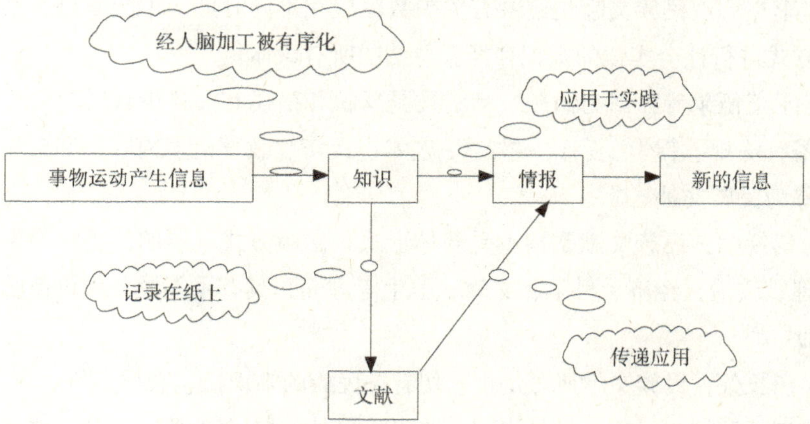

简单地说，知识是系统化的信息；文献是静态的、记录的知识；情报是动态的、传递的知识。它们在一定条件下是可以相互转化的。目前，学术界比较一致的看法是：信息＞知识＞情报，文献和情报的关系十分密切，而且有所交叉。

二、民族文献

（一）定　　义

1. 民族文献定义分说

在图书馆学与情报学学界，对民族文献有种种定义，按年代的早迟列举如下：

（1）戴效理：广义地说，世界上所有文化资源都与民族文献有渊源，都属于民族文献范围之内；若要微观地认识它，那就是民族化的专业文献。[1]

[1] 戴效理．我国的民族文献资源及布局 [J]. 广西民族学院学报，1987（2）.

（2）郁世杰：民族文献是指论写我国民族政治、经济、文化、史志、习俗和风情等民族问题的各种载体。[1]

（3）刘光宏：参考国家标准对一般“文献”的定义，笔者认为，“民族文献”可归纳为狭义与广义两说。所谓狭义民族文献，是指记录有关少数民族在各个时代、各个学科领域创作的和整理的知识与信息的一切载体。所谓广义民族文献，是指记录有关少数民族作者为主体在各个时代、各个学科领域所创作和整理的以及其他作者有关民族研究的知识与信息的一切载体。就是民族作者创作和整理的民族文献为民族主体文献与其他作者的民族研究文献的总和。笔者认为，一般民族文献，从民族文献的现实和发展考虑，宜指广义民族文献。[2]

（4）李杰等：民族文献是记录有关少数民族在不同时期、不同学科、不同地域以不同方式进行社会实践的知识和经验总结的所有载体。[3]

（5）子莫伍果等：何为民族文献？凡是反映和描述有关各少数民族文化生态（包括民俗、法规、哲学、宗教、文学、艺术、经济、教育诸多内容）和自然生态的文献都称为民族文献。[4]

（6）杨锐明：民族文献是指不受载体形式、出版方式限制的，反映一个民族历史、地理、政治、经济、科学、文教、卫生等方面，具有重复性使用价值的历史和现代文献。[5]

（7）杨长虹：民族文献概念是指一切有关民族的知识信息载体。[6]

（8）乌林西拉：民族文献是指记录除汉族以外，55 个少数民族知识或用民族文字书写的一切载体。它不受文种限制，也不受文献类型制约。[7]

（9）芦苇：民族文献是指文献中涉及少数民族，以不同形式与少数民族产生相连的那一部分。即：凡记录存贮和传播少数民族知识和信息的一切载体，只要内容、著者、文字（或语言）有一要素与民族有关，均可称为民族文献。[8]

---

[1] 郁世杰 . 论民族文献的范围、搜集与利用 [J]. 图书情报知识 ,1991(3).

[2] 刘光宏 . 民族文献界定探讨 [J]. 图书馆理论与实践 ,1992(1).

[3] 李杰 , 蔡璟 . 民族文献界定管见 [J]. 民族研究 ,1993(1).

[4] 子莫伍果 , 安群英 . 民族文献资源初探 [J]. 西南民族学院学报：哲学社会科学版 ,1994（图书情报工作专辑）.

[5] 杨锐明 . 对民族文献收集工作的几点看法 [M]// 中国民族图书馆理论与实践 . 中国华侨出版社 ,1996.8.

[6] 杨长虹 . 民族文献搜集工作刍议 [M]// 中国民族图书馆理论与实践 . 中国华侨出版社 ,1996.8.

[7] 乌林西拉 . 中国少数民族文献目录工作概述 [M]// 中国民族图书馆理论与实践 . 中国华侨出版社 ,1996.8.

[8] 芦苇 . 民族文献及其共建共享 [J]. 图书馆理论与实践 ,1997(4).

（10）吴洵阳：民族文献是以民族区域为单位，按一定比例、综合记载一个民族有史以来经济、政治、科学、文化以及所在区域自然环境的沿革、发展及其现状的总和。[1]

（11）李晓菲：民族文献为：记录有少数民族知识、信息的一切载体。[2]

（12）刘维英：民族文献是指一切有关记录民族的知识信息的载体。[3]

（13）阿达莱提·吾买尔：民族文献是指除汉族以外，研究和记载我国各少数民族的政治、经济、历史、地理、教育、文化生活等方面的文献。[4]

（14）王淑玲：我国少数民族文献是指研究除汉族以外各少数民族有关的政治、经济、文化等方面历史和现状的文献资料。[5]

（15）包和平：少数民族文献是记录有关少数民族在不同时期、不同学科、不同地域，以不同方式进行社会实践的知识和经验总结的所有载体。[6]

（16）廖艳娟：民族文献指的是研究和记载我国各少数民族的政治、经济、历史、地理、教育、文化、生活等方面的文献。[7]

（17）彭凤兰等：民族文献是指研究和记录有关各少数民族在各个时代、各个学科领域创作和整理的一切知识与信息资料的载体；换言之，凡内容涉及少数民族各方面的知识信息资料皆可称为民族文献，而不论作者的民族，文献的类型及载体、语种等。[8]

（18）任瑞玨：民族文献是反映少数民族过去和现在的有关政治、经济、宗教、文化教育、风俗民情、山川形势、民族迁徙等方面具有保存和实用价值的各种文字、图像、声像等不同形式的文献。[9]

（19）齐力平：广义的民族文献是指记录、存储少数民族文献信息的一切载体。狭义的民族文献是指包括民族作者用少数民族语言文字创作的一切文献。[10]

（20）朱钧：民族文献，按传统和狭义的理解就是指少数民族文字的文献，

[1] 吴洵阳．论民族文献特征、划分及其作用[J]．民族大家庭，1997（3）．

[2] 李晓菲．中国民族文献检索[M]．内蒙古科技大学出版社，1997（10）：2．

[3] 刘维英．民族文献检索与利用[M]．吉林人民出版社，1998.5．

[4] 阿达莱提·吾买尔．民族文献资源开发与利用的设想[J]．西南民族学院学报，1998（图书馆学研究专集）．

[5] 王淑玲．试论民族文献的价值与利用[J]．情报资料工作，1999（6）．

[6] 包和平等．中国少数民族文献学概论[M]．民族出版社，2004（7）：46．

[7] 廖艳娟．从民族文献的特点及作用谈其编研方法[J]．山西档案，2008（4）．

[8] 彭凤兰，殷黎．试论民族文献的特点及价值[J]．邵阳学院学报：社会科学版，2009（3）．

[9] 任瑞玨．少数民族文献价值体现及其文献资源建设[J]．四川图书馆学报，2010（4）．

[10] 齐力平．论民族文献与地方文献[OL].www.nmqq.gov.cn/fagui/ShowArticle.asp?ArticleID=2406.

简称民族文献。[1]

2. 根据定义概念范围分类

以上是我们能搜集到的“民族文献”的所有定义，这些定义来自期刊、专著和网络等不同载体。定义的时间从1987年至今。为便于分析，根据定义中对概念范围大小进行分类，有以下几种情况：

（1）以上20个定义中有12个定义将“民族文献”默认为“中国民族文献”、“中国少数民族文献”或“少数民族文献”；

（2）有5个定义，看不出将“民族文献”界定为“中国民族文献”、“中国少数民族文献”、“少数民族文献”或其他界定；

（3）对“少数民族文献”以明确定义的是王淑玲和包和平；

（4）吴洵阳将民族限定为民族区域。

如果在定义一个概念时，随意扩大或缩小概念的外延肯定是不严谨的。比如上面的第一类定义。这一类定义都是将所要定义的概念的外延缩小。可能是为了避免出现这种情况，王淑玲和包和平对“民族文献”的定义就明确了是对“少数民族文献”进行定义。

吴洵阳对“民族文献”的定义，将民族限定在一定的民族区域，显然是受斯大林民族概念的影响。斯大林说“民族是历史上形成的，以四个共同基本特征为基础而产生的稳固的人们共同体，这四个基本特征就是：共同的语言、共同的地域、共同的经济生活和表现在民族文化共同特点中的共同心理状态。”[2]“共同的地域”是一个共同体长期生活在一起而具有各种联系的空间，从而能让人类社会由血缘关系转为地缘关系，自然疆界所决定的地域范围是推动共同生活的重要基础，从而为民族的产生提供了基本的前提。但是，在世界上，显然许多民族并不具有共同地域，比如散居于世界各地的犹太民族就是一个既没有共同地域，也没有共同国家的民族。我国的回族是少数民族中分布最为广泛的民族，他们没有因为无共同的地域而改变自己的民族认同。显然，这个定义存在一些不周全的地方。

郁世杰的定义，将民族限定为“我国民族”，虽然其内涵包括少数民族和汉族，但是作为一个定义，仅包括某部分民族，或者说在概念的外延上任意缩小是不严格的。

杨长虹和刘维英的定义，显然是受“国标”的影响。在这个定义中，虽然是

[1] 朱钧．浅谈民族文献[J]. 剑南文学（经典教苑）,2012（2）.

[2] 斯大林．民族问题与列宁主义（第2版）[M]. 人民出版社 ,1953（3）：1–2.

国家标准，但是仍旧有几个不周全的地方。在国标的定义“记录有知识的一切载体”中“知识”一词通常指人类对自然和社会运动状态与规律的认识和描述。定义规定着文献内容只能是知识。否则，就不成其为文献。可是，世上除了知识外，尚有技术、情报、消息、经验、意境等。技术泛指根据生产实践经验和自然科学原理而发展成的各种工艺操作方法与技能；情报指相对价值的信息选择与传递；消息指关于人和事的情况；经验指由实践得来的感性认识；意境指文艺作品中生图景和思想感情融合的艺术境界。它们并不完全等同于知识，或绝对地从属于知识。它们与知识一道构成了文献的内容。众所周知，报纸的报道绝非人类对事物状态和规律的认识结晶，仅仅是消息而已。又如事实的电话记录、事故现场的录像、非知识性内容的备忘录等，难道它们都不是文献？显然，它们都是文献。这样在文献中存在着大量非知识和知识性的内容。“载体”一词指的是具有知识情报信息的物质载体。那么，大脑也应该是一种记录知识的物质实体，也符合了“记录有知识的一切载体”的要求。这样大脑也应该是文献了。[1]这样的结论，至少在目前，是不能为人所接受的。

3. 结　论

可能有的读者就会困惑，这么多的关于“民族文献”的定义，这个不周全，那个不严谨；这个不能为人所接受，那个扩大或缩小了外延等。那么，怎样的定义才是科学的呢？

要想解决这个问题，我们认为应该回到概念的本义去寻找答案。“民族文献”是个组合词，由“民族”和“文献”组成，其主干词是“文献”。

我们认为民族文献首先是文献，所以，它应具有文献的一切特征。在古代，由于文字和书写工具、材料的困难，关于信息（包括知识）的传授很大部分是口耳相传，只有少部分是通过文字记载的。就是《论语》也不是孔子自己写的，而是他“应答弟子时人及弟子相与言而接闻于夫子之语”，后来由“门人相与辑而论纂”成的。由于古代的这种状况，就不可能大量进行文字记载，前人关于社会、历史、政治、礼仪、制度、习俗等等知识就是通过一代一代口传、心记而得以继承。掌握很多这样知识的人就是贤人。统治者、士人需要了解这方面知识的时候就去咨询这些贤人，所以先秦古籍中保存大量这样的关于问政、问礼等的记载。“这些由贤人们所传授的知识内容，区别于文字记载，也是当时根本不可能有文字记载的，其始初意义就叫作——‘献’。‘献’之‘贤’意。‘文献’一词的原意是指典籍与宿

[1]　程磊. 对国家标准“文献定义”的困惑和建议[J]. 图书馆杂志,1990（4）.

贤。”[1] 看来，大脑的确是文献载体。

后世宋元时代著名学者马端临著有《文献通考》。其中有以下一段话：

凡叙事，则本之经史，而参以历代会要，以及百家传记之书，信而有徵者从之，乖异传疑者不录，所谓文也。凡论事，则先取当时臣僚之奏疏，次及近代诸儒之评论，以至名流之燕谈，稗官之记录，凡一语一言，可以订典故之得失，证史传之是非者，则采而录之，所谓献也。

在这里，马端临将文与献作为叙事和论事的依据。这里的文、献的意思已经与其原始意义有了些微差别。也就是到此时，文献已经仅包括文字记载，非文字记载的东西不属于文献的范围了。在他的言论的影响下，后世关于文献的认识，也就只限于一般的文字记载，不能表达为文字记载的方面，则不能称为文献。而文字记载常常著录为图书、典籍等。[2]

“民族文献”是“民族”对“文献”这一概念的限制，专指内容或形式具有少数民族特点的文献。这样的解释，终究还是模糊的，不利于民族文献工作。

（二）民族文献的范围

关于民族文献的范围，就我国而言，目前在学界和实际工作中，大体有以下三个说法，简言之：①内容确定法：即文献内容涉及民族的皆为民族文献；②作者族籍决定法；③文献内容是少数民族文字的文献都是民族文献。

纳勇对此问题有深入研究。[3] 他认为民族文献最本质的特征，是由该民族的民族性或民族特色所决定的。这主要表现在四个方面：①该民族独特的形成状况。这是历史所赋予该民族的历史范畴，使其逐渐形成该民族客观存在的特征，由此又影响到该民族的生活习俗和生产方式。②聚居民族与散居民族的文化传播与发展，对于民族特色的形成有着显著的影响。③该民族的文化积淀，作用于或构成该民族特有的经济、政治、宗教、宗族、传统信仰等因素，也都影响着民族特色的形成。④该民族聚居地域的自然地理及其他大事件，对民族特色的形成或发展同样有着显著的影响。

若说民族性特征表现了民族文献的内容范围，那么，资料性特征则反映了民族文献的内容价值。民族文献的资料性特征主要有六个方面：①该民族自治居住地域的自然地理资料。②该民族生产与经济的资料，包括该民族的农林牧业、烟茶业、

[1] 杨燕起，高国抗．中国历史文献学（修订本）[M]. 北京图书馆出版社 .2003（9）：2.

[2] 杨燕起，高国抗．中国历史文献学（修订本）[M]. 北京图书馆出版社 .2003（9）：3.

[3] 纳勇．关于民族文献界定的若干问题 [J]. 云南民族大学学报：哲学社会科学版 ,2009（1）.

手工业、贸易业，各种工业的生产方式资料。③该民族形成、发展的历史与政治的沿革、人口变迁、人物等资料；④该民族与其他民族的关系和矛盾的问题资料。⑤文化类的资料，包括语言文字、风俗、宗教礼仪、文物、诗文戏曲等；⑥无文字民族的有资料性特征的“口碑文献”。

口碑文献在没有经过一定的书写记录下来的时候，终究只是理论上的文献，因无法保存而无法得到实际使用。

三、民族学文献

有了前面的“民族学”、“文献”和“民族文献”这几个概念作铺垫，“民族学文献”的概念呼之欲出。

前面已经论证，不管是古文献还是现在的我国国家标准，都已经说明“人脑”也是文献的载体。虽说在现阶段下认为这样的结论未免荒唐。但民族学的研究就很好地利用了这些文献，使民族学成就今天的辉煌。

民族学利用这些文献的有效研究方法就是田野调查。田野调查是民族学者获取研究资料的最基本途径和进行理论研究的最主要基础，同时也是民族志的最基本源泉。田野调查在长期的实践中，形成了多种独特的行之有效的具体方法。

在民族学还没形成真正的学科之前，也就是还没有真正意义上的田野调查时，当时的大量第一手资料都是通过探险家、传教士等的调查得来的。早期的民族学家也还没有以田野调查为研究方法，他们中很多人都是待在图书馆通过分析探险家、传教士的调查资料完成研究的。所以后人称这样的民族学家为“安乐椅里的民族学家或书斋里的民族学家”[1]。后来马凌诺斯基在大洋洲的特罗布里恩德群岛，无法回到英国，而不得不在当地的村落中搭帐篷居住，与当地人打成一片。马凌诺斯基总结自己的科学经验，认为这是民族学的科学研究方法。从此，民族学家开始重视田野调查研究，民族学开始得到迅速发展。随之，更多的民族学家开始使用田野调查获得资料，进行研究。

与其他学科相比，民族学田野调查有其特殊性，也是比较复杂的。主要的工作包括：首先要了解与调查点相关的地理、历史、现状和前人研究的情况。这里的了解包括查阅已有文献资料，也包括访问知情人。在进入“田野”之后，最好选择住宿在某家，这样可以近距离观察、参与他们的日常生活活动，为更全面地了解整个社区的概况、当地的基本生活习俗、饮食习惯和禁忌等，更好地对社区的其他人

[1]　[法]莱维－斯特劳斯．民族学者的责任[J].王恩庆，译．民族译丛，1979（4）：35-39.

员进行访问做准备。在这些准备工作做好之后，就需要找到“报道人”，就是“资料提供者”。通过访问这些资料提供者，来找到自己想得到的资料。这些资料包括大部分的口头资料和可能的纸本资料、实物资料等。除此之外，民族学家还应该有敏锐的观察力和判断力，要知道从日常生活中的点点滴满来获取资料和信息，对所拥有的资料进行加工和整理，并用之于有效的分析。通过自己的观察和资料提供者提供的情况的相互印证，就能比较深入透彻地了解到你所要了解的当地的事项。

总之，作为民族学的科学研究方法，所搜集的这样的文献在图书馆学情报学中称为“零次文献”。当民族学家将这些调查资料通过自己的研究之后形成纸本文献（或其他形式载体，比如电影）之后，才能形成真正的文献。

作为“文献”，在现代民族学的口径下，其范围扩充到“文”“献”的本义，也就是记录知识的一切载体。

这就是民族学文献与其他学科文献的最主要区别。

四、民族学信息资源

信息资源是“信息”和“资源”两个名词整合而成的。信息的概念前面已经阐述，资源的概念显然不同于自然资源、物质资源概念中的资源。作为信息的资源，孟广均定义为通过人类的参与而获取的(或可获取的)可利用的物质、能量与信息的总和。

信息资源起源于美国20世纪70年代后期，随着信息资源管理的兴起而形成的讨论。20世纪美国学者对信息资源概念的讨论可大致分为以下几类：

信息资源＝文献资源

信息资源＝数据

信息资源＝多种媒介和形式的信息(包括文字、图像、声音、印刷品、电子信息、数据等)

信息资源＝信息活动中各种要素的总称（包括信息、设备、技术和人等）[1]

具体来说，美国信息资源管理学家霍顿（Forest W. Horton）认为信息资源具有两层意思：当资源(resources)为复数时，指支持工具，包括供给、设备、环境、人员、资金等；当资源（resource）为单数时，指包含在文件和公文中的信息内容。[2] 当然他这是基于政府文书管理的角度出发得出的结论。

[1] 卢泰宏，孟广均．信息资源管理专集 [J]. 国外图书情报工作，1992（3）.

[2] 孟广均，霍国庆，罗曼等．从科学管理到信息资源管理(IRM)——管理思想演变史的再认识[J]. 图书情报知识，1997（02）:3-8,18.

美国学者里克斯（Betty R. Ricks）和高（Kay F. Gow）在《信息资源管理》一书中指出，信息资源包括所有与信息的创造、采集、存储、检索、分配、利用、维护和控制有关的系统、程序、人力资源、组织结构、设备、用品和设置。[1]

德国信息管理学家斯特洛特曼（K. A. Stroetmann）认为，信息资源由信息内容、信息系统和信息基础结构三部分构成。[2]

中国科学院文献情报中心孟广均教授认为信息资源包括所有的记录、文件、设施、设备、人员、供给、系统和搜集、存储、处理、传递信息所需的其他机器。[3]

信息经济学创始人乌家培教授认为可以从广义和狭义两种角度理解信息资源。狭义理解，即仅指信息内容本身；广义理解，指除狭义内容外，还包括与其紧密相连的信息设备、信息人员、信息系统、信息网络等。[4]

查先进教授从信息资源的经济学特征出发，狭义信息资源是指人类社会经济活动中经过加工处理有序化并大量积累后的有用信息的集合，如科学技术信息、政策法规信息、社会发展信息、市场信息、金融信息等。广义信息资源是信息和它的生产者及信息技术的集合。[5]

从这些论述中，可以得出结论：①信息资源终究还是信息，是作为资源的信息，是“有用信息”；②信息能成为资源的前提条件是需要“序化”。也就是说，信息之所以成为有用的资源，是其中包含了人类的智力活动。

民族学信息资源就是信息资源中的有关民族学的部分。具体来说，民族学信息资源包括民族学文献信息，以及少数民族、民族学研究者在社会经济、科研等活动中产生的信息，当然这些信息需要再经过人类的整理等序化过程才能被称为民族学信息资源。这里的人类主要指民族学研究者、图书情报工作人员等。

参考文献

[1] 百度百科 http://baike.baidu.com/ 。

[2] 包和平，李晓菲，李杰，等．中国少数民族文献学概论 [M]. 民族出版社 .2004.7.

[3] 包和平．民族文献学研究浅议 [J]. 古籍整理研究学刊 ,2002(1).

---

[1] 孟广均，徐引篪．国外图书馆学情报学研究进展 [M]. 北京：北京图书馆出版社 ,1999.

[2] 孟广均，徐引篪．国外图书馆学情报学研究进展 [M]. 北京：北京图书馆出版社 ,1999.

[3] 孟广均．信息资源管理导论（3 版）[M]. 科学出版社 .2008：28.

[4] 乌家培．信息资源与信息经济学 [J]. 情报理论与实践 ,1996（04）：5-7,45.

[5] 查先进．论信息资源的含义与经济学特征 [J]. 国外情报科学 ,1996（01）：22-25.

[4] 包和平．中国少数民族文献学研究 [M]. 国家图书馆出版社 ,2009.7.

[5] 刘维英．民族文献检索与利用 [M]. 吉林人民出版社 ,1998.5.

[6] 王余光．中国文献史（第一卷）[M]. 武汉大学出版社 ,1993.

第二章 民族学文献的序化

民族学文献的序化，即把收集的各种民族学文献按一定标准、一定方法整理为用户容易检索的序列的一种序化活动。这里的序列，可能是文献的一种外在的序列，比如按文献的形式体裁、国别、年代等形成的序列。也可能是文献中所含的信息——一种反映事物的某种内在知识的序列，比如民族学家总结出民族的组织形成与发展规律等，这样的情况也被称为“信息序化”。信息序化是文献序化的深化和发展，文献序化是信息序化的基础。信息序化的主要作用在于它能在一定程度上解决信息本身的量大无序与具体用户需求的量小专精的矛盾。就现阶段而言，由于计算机强大的信息处理能力，在网络文献的序化方面进行信息序化有它独特的优势。本章先介绍传统文献序化，再介绍信息序化的基本原理。

第一节 民族学文献的分类

由于历史条件各异，民族学文献的载体也多种多样。以下试着将民族学文献按载体材料、文献文字、类型标准进行分类。

民族学文献的载体随着人类大脑的不断发育和双手能力的不断增强而变化，从最开始使用自然界的天然物到后来的使用工业化的技术产物的不断更新、发展，满足了不同时代人类记载自己思想的需求。

一、按载体分类

（一）动物造物

1. 龟　　甲

龟甲，主要指龟甲腹板与牛的肩胛骨，也包括羊、猪的肩胛骨。这种在今天看来似乎不可能作为书写材料的物质，却是中国最早使用的文献记录载体之一。商周统治者常用龟甲和兽骨进行占卜，这些卜甲、卜骨简称“甲骨”。刻在甲骨上面的占卜符号，被后来的学者识别有 4 000 多个单字，能够认读的字有 2 000 多个，这些符号（包括文字）称为“甲骨文”。学者把以甲骨作为载体的文献称为“甲骨文献”。

甲骨文献不仅记录占卜，也记录其他事项。内容涉及当时天文、历法、气象、地理、方国、世系、人物、职官、征伐、刑狱、农业、畜牧、田猎、交通、宗教、祭祀、生育、灾祸等，是研究中国古代特别是商周社会时期历史、文化、语言文字的极其珍贵的文献。

自 1899 年王懿荣确认“龙骨”（之前的人不识，以为“龙骨”为药材）为甲骨文以来，经过海内外大量学者不断的搜集、整理和研究，已经形成了一门专门研究甲骨文的学问——甲骨学。从文献学的角度来看，这些契刻在甲骨上的文字，是中国已发现的古代文字中时代最早、体系较为完整的文字。其中蕴涵着 3 000 多年前的文化信息，是我们现在所能看到的最早的中国文献。[1]

在甲骨文中，也记载了当时的一些少数民族的情况，如北方的土方、鬼方、羌，东南的盂方、林方，西南的夷、巴、僰、笮、蜀等。[2]

由于甲骨的来源有限，刻字、携带特别是保管不方便，因此使用愈来愈少。代之而起的是材源更广、容量更大的石材与金属。

2. 皮　　革

动物皮革，经过一定的技术处理过后，在上面可写、可画，也是文献的载体。这样的文献称为“皮书”。很多动物的皮革都曾作为皮书的书写材料，常见的有羊皮，其他的还有牛皮，不常见的比如有些少数民族用过的獐皮、鱼皮等。

俄罗斯国立历史博物馆收藏有一部羊皮书，书名为《斯维亚托斯拉夫选集》。这部书是用 266 张精制的羊皮作纸手写而成。每张羊皮纸的长宽分别为 33.6 厘米、24.8 厘米。这部书完成的时间是 1073 年。书中有许多精美的彩画，其中还有一幅维亚托斯拉夫全家的肖像。今天用皮纸制作书籍已十分罕见了。

在我国使用过皮书的多见于中国西部的少数民族，有用羊皮的，甚至有用人皮的。例如，彝族曾是狩猎或畜牧民族，在狩猎或畜牧时找一张皮子很容易，故用皮子来书写彝文文献。在彝族民间也有彝文皮书的传说，说明彝文皮书不仅可能而且存在过，后来皮书被纸书取代了。但由于历史上有过皮书的习俗，认为毕摩的某

[1] 司马朝军 . 文献学概论 [M]. 武汉大学出版社 ,2010（11）：275-278.
[2] 包和平 . 中国少数民族文献学研究 [M]. 国家图书馆出版社 ,2009（5）：29.

几种消灾书必须写在皮子上才具有神力，所以至今尚有少量的皮书在民间流传，贵州毕节地区威宁县民委收藏的彝文古籍中就有多部皮书。中国蒙古族文献也有部分采用皮革作为载体。[1]

3. 缣　　帛

缣帛，是蚕丝制成的丝织品，单根生丝织物为“缯”，双根为“缣”，更粗的生丝织成“绢”。缣帛是对这一类材料制成的丝织物的统称。缣帛柔软轻便、幅面宽广，便于书写，是当时所有书写材料中最轻薄的。虽然书写、携带、收藏和阅读都很方便，但量少价贵，普通人用不起，而且一经书写，不便更改，一般只用为定本。古文献中有关帛书的记载，也大都是与皇家、贵族藏书有关。

缣帛文献约起源于春秋时代，盛行于两汉，与简牍并存了很长一段时期。到晋代纸普遍使用后，缣帛虽仍在使用，但基本上是作为某些文书以及书法、绘画的材料。

据考古资料，在殷周古墓中就发现缣帛的残迹，新疆楼兰遗址出土过帛书。1942 年，湖南长沙子弹库出土了楚帛书，其中有一幅完整的帛书，是迄今见到的唯一的战国古文帛书，上有 900 余字。1973 年，长沙马王堆三号汉墓出土了 28 件帛书，内容涉及思想、历史、军事、天文、地理、医学等方面，共约 12 万字，包括近 50 种古籍。[2] 楚帛书是一篇具有极其重要价值的出土文献，它提供了研究战国时代有关楚国人的世界观、神话和天文历法知识的珍贵材料，弥补了传世典籍材料的不足，对于思想史、学术史和历史有着不可低估的意义。[3]

缣帛文献虽然较之前和同时代的其他文献载体有诸多优点，但有一个致命的弱点，即易于腐烂，使之不能历经久远。

（二）植物造物

1. 简　　牍

一般所称简牍，简是竹简、牍是木牍；简狭，牍阔。牍能多写几行字，所以较常用于下命令、发公文、画地图等。在纸未被广泛使用之前，简牍和上文的缣帛一直是中国古人书写所用的主要材料。它上承甲骨卜辞、钟鼎铭文，下启纸张及印刷术的发明与运用，是中国文化的重要载体。相比而言，简牍的材料来源广泛、制

[1] 黄建明 . 彝族古籍文献概要 [M]. 云南民族出版社 ,1993（12）：18–19.

[2] 司马朝军 . 文献学概论 [M]. 武汉大学出版社 ,2010（11）:310–311.

[3] 郑刚 . 楚帛书中的星岁纪年和岁星占 [M]// 简帛研究 (第 2 辑). 法律出版社 ,1996:59.

作成本低廉，较易保管，所以在古时较缣帛常用。

简牍文献不仅具有重要的版本价值，我们可以借助它来校正许多古代流传下来的文献，具有宝贵的史料价值。出土的简牍文献有许多是纸本文献已经失传的，借助简牍文献，我们可以重新发现和找到许多已经失去的历史记忆。因此，丰富而珍贵的简牍文献，已引起了学者们广泛的注意。截至目前，简牍文献与帛书文献的研究已作为一种学问，形成简帛学。

简牍文献中民族学文献也很多。比如位于湖南省湘西土家族苗族自治州龙山县里耶是湘、鄂、渝、黔四省市交界的武陵山腹地，土家语是开拓这片土地的意思。2002年的夏季，在里耶古城发现了一口巨大的古井，为战国末期所修。在这口大井中，发现了36 000多枚秦代竹简和其他。里耶是土家族居住的中心地带，在此地出土大量秦简，至少说明在秦时代这里就并不是蛮野之地，或者至少就已经是秦时“边城”。内中学术价值、文献价值尚待学者更深入探讨。但李学勤、张忠培、吴荣曾等先生已说里耶秦简的学术价值足以与敦煌文献、殷墟甲骨媲美。[1] 在这些秦简中，涉及秦时期政治、军事、民族、文化等等诸多方面，可谓“百科全书式的实录”。[2]

2. 树　　叶

很多树叶在经过水煮等工艺加工后，可以防虫、防水、防变形、易于书写而又保存时间长，所以很多民族拿它作为文献的载体。贝叶即是其一。

贝叶是贝叶棕（又叫贝多罗树）的叶片。经过处理过的贝叶可以保存几百上千年。在印度、亚洲东南亚一带和中国西南的云南、西藏等地少数民族就曾大量使用贝叶刻写经书。

贝叶经是用铁笔刻写的佛教经文。西双版纳发现的贝叶经，有巴利文本和傣文本。内容除小乘佛教经典外，还有许多传说、故事、诗歌和历史记载等。在东南亚各国，还有用缅甸文、泰文等拼写的巴利文贝叶经。

自古以来，傣族社会所有的历史事件和文化，全靠一片片贝叶做记录世代相传，傣族人民把贝叶经视为全民族的宝贵财富加以保护。历史上，每座佛寺里都有一个藏经阁，傣语称“林坦”，所有的贝叶经都要统一保管在这里，由佛爷、和尚严格看管。未经寺主允许，任何人不得擅自进入这里带走经书。对贝叶经的管理也很严格，除绵纸抄写的唱本、生产生活常识、医药、历法、伦理道德、占卜、法律典籍等可以保留在村里供寨人使用外，凡佛教经典和其他内容的贝叶经是不允许个人带

[1] 王焕林．里耶秦简校诂 [M]. 中国文联出版社 ,2009（9）：5.

[2] 王焕林．里耶秦简校诂 [M]. 中国文联出版社 ,2009（9）：8.

出佛寺藏入私人家中的。所以，很少出现贝叶经在佛寺里流失的现象。民国时，西双版纳有 500 多座佛寺，其所保存的贝叶经多达 5 万册。[1]

学者们把一系列有关贝叶的活动称为“贝叶文化”。主要包括贝叶经、用棉纸书定的经书和存活于民间的傣族传统文化事象三个方面。

3. 纸

所谓纸是用筛子似的网帘从纤维悬浮液里捞出来的互相交结的纤维层。经滤水和干燥，交织的纤维层变成薄片，就是纸。[2]

纸是人类继缣帛、简牍之后最重要的文献载体。因为“纸张被证明是表达人类思想的最令人满意的书写材料”，“众所周知，纸张是公元前发明于中国。在公元 2 世纪，造纸就有了改进，……，到了 3 世纪，纸张在中国已广泛使用，并且开始流传到域外，在近代开始前夕传入西方”[3]。从迄今为止的考古发现来看，李约瑟的说法得到证实。最早出土的西汉古纸是 1933 年在新疆罗布淖尔古烽燧亭中发现的，年代不晚于前 49 年。1957 年在陕西省西安市灞桥出土的古纸经过科学分析鉴定，为西汉麻纸，年代不晚于前 118 年。1973 年在甘肃居延肩水金关发现了不晚于前 52 年的两块麻纸。从上述西汉出土的纸的质量来看，西汉初年的造纸技术已基本成熟。甘肃发现的西汉纸上还留有文字笔迹，说明至迟在西汉，人们已用纸来书写文字了。

我国现存最早的纸书是 1924 年在新疆鄯善县和吐鲁番县出土的晋人手抄《三国志》。也就是从晋代开始，人们开始将大批竹简文书，誊抄到纸上。纸替代竹简成为文字载体。

4. 莎草纸

莎草，又称纸草、埃及莎草、埃及纸草。生产莎草纸的原料是纸莎草的茎，是一种高而坚韧的挺水植物，约可长到 1.5 米高。它绿色、长秆状的茎横切面为三角形，从粗厚的地下茎中长出。

纸莎草生长在热带至亚热带的环境中，不论是潮湿的森林或干燥的沙漠，只要全年均温在 20—30℃就可以生长。纸莎草的分布遍及沼泽、浅水湖和溪畔等非洲的潮湿部分，但在尼罗河三角洲已逐渐变得稀少。在较深的水中，纸莎草是构成

[1] 吴之清 . 贝叶上的傣族文明：云南西双版纳南传上座部佛教社会研究 [M]. 人民出版社 ,2008（11）：13.

[2] 钱存训 . 纸和印刷 [M]// 李约瑟 . 中国科学技术史 . 科学出版社 . 上海古籍出版社 ,1990（7）：2.

[3] 钱存训 . 纸和印刷 [M]// 李约瑟 . 中国科学技术史 . 科学出版社 . 上海古籍出版社 ,1990（7）：2.

植被的主要植物。现今它的野生分布存在于刚果、马达加斯加岛、乌干达、衣索匹亚和西西里岛。

莎草纸是古埃及人广泛采用的书写介质，它用当时盛产于尼罗河三角洲的纸莎草的茎制成。大约在前 3000 年，古埃及人就开始使用莎草纸，并将这种特产出口到古希腊等古代地中海文明地区，甚至遥远的欧洲内陆和西亚。因为纸莎草造纸在干燥的环境下可以千年不腐。

莎草纸一直使用到 8 世纪左右，后来退出历史舞台。在埃及，莎草纸一直使用到 9 世纪才被从阿拉伯传入的廉价纸张代替。在此之前，羊皮纸和牛皮纸已经在很多领域代替了莎草纸，因为它们在潮湿的环境下更耐用，而且它们在任何地方都能生产。在欧洲，教会直到 11 世纪左右依然在正式文件中使用莎草纸。现在留存下来最近的具有确切年代的莎草纸实物文件是一份 1057 年的教皇敕令和一卷书写于 1087 年的阿拉伯文献。

古埃及人莎草纸和中国纸的最大区别在于莎草纸只将莎草片粘连而成，莎草纤维并未分解，纤维的排列仍然保留自然的次序；中国纸中纤维既不同于植物界纤维的有序排列，又不同于纺织品的几何排列，而是无规则交叉的排列。[1]

（三）金属造物

作为文献载体，我们的祖先很早就知道利用金属能够传之久远的特性，将重要文献镌刻在金属上。经过考古发掘，我们现在所看到的最早的金石文献是指商周青铜器铭文。

商周青铜器是红铜与锡的合金，呈青灰色，故有“青铜”之称。它是当时贵族用来祭祀和宴享的器皿，有酒器、乐器、炊器、食器、礼器等，是权力和财富的象征。国王往往赐给大臣鼎彝以示奖励，诸侯之间也时常以鼎彝相赂，故春秋灭国后常常要做的两件事，①“毁其宗庙”；②“迁其重器”。拥有者往往在青铜器上镌刻文字，自我标榜与张扬，以传名后世。正如《礼记·祭统》所说：“夫鼎有铭，铭者自名也，自名以称扬其先祖之美而明著之后世者也。”《墨子·鲁问》则直接指责统治者的这种行为是“攻其邻国，杀其民人，以为铭于钟鼎，传遗后世子孙”。后来发展到利用青铜器记载重要事件，如现存铭文最长的毛公鼎有 497 个字，依次记述了宗周开国之初君臣关系、策命毛公缘起、往事龟鉴、赋予毛公的权限和赐品等。春秋时期“郑人铸刑书”，杜预注曰“铸刑书于鼎，以为国家之常法”。这是

[1] 纸 [OL].[2013-01-24]http：//zh.wikipedia.org/wiki/ 纸 .

完全意义上的书籍。由此可见，青铜器文献与甲骨文献相比，具有更大的自觉性、更浓的传承意，故罗振玉指出：“金石文字者，古载籍之权舆也。”意即青铜器文献是古代文献的起始，足见青铜器文献的内容具有很高的历史价值。

青铜器文献所镌文字，称为“金文”，其字体一般称大篆。秦汉时代的金文则转向小篆和隶书。金文同样符合汉字“六书”造字法规律，是甲骨文的发展。金文字数约 3 700 个，可识字数约 2 400 个。

湖南省湘西土家族苗族自治州永顺县的溪州铜柱。溪州铜柱高 4 米，上半截呈八方形，下半截呈圆形，直径 39 厘米，中间空心，重约 2.5 吨，柱上铭刻《复溪州铜柱记》，共 41 行，2 300 余字。另外还有誓词、衔名，皆楷书，字体秀丽。是研究湘西少数民族历史的宝贵资料。对于溪州来说，可称为“定州神柱”的铜柱，是土家族历史珍贵无比的见证。据《永顺县志》载，后晋天福四年（939 年），溪州土家族首领彭士愁率万余人马征辰、澧二州，楚王马希范派大军镇压，血战经年，彭军惨败，被迫与楚议和结盟，立铜柱于会溪坪野鸡坨。铜柱上镌刻着溪州之战的经过和双方盟约条款。盟约确定，楚对溪州属地免征赋税，不抽兵差；楚军民不能随意进入溪州；溪州各部落酋长如有罪过，只能由彭士愁科惩，楚不能出兵干涉；确认彭士愁为溪州刺史，开始了溪州 800 年土司王朝的统治。

（四）石造物

包括石片、玉片、石鼓、石碑、摩崖等，甚至包括泥（砖）刻等，所刻的铭文称石文。石刻作为人们最早使用的文字载体之一，在中国古代文化中具有重要的地位。除石刻以外，历代墓志、碑文的拓本，也都属于石刻文献的范畴。拓本在形态上跟雕版印刷的文献已很接近，可以说，石刻拓印是雕版印刷的前驱。我国现存的少数民族文字碑铭多采用天然石经过精心打造而成，例如粟特文碑铭、焉耆－龟兹文碑铭、突厥文碑铭、契丹文碑铭、女真文碑铭、回鹘文碑铭、回鹘式蒙古文碑铭、八思巴文碑铭、西夏文碑铭、藏文碑铭、满文碑铭、彝文碑铭、白文碑铭等。例如明成祖永乐十一年（1413 年）建于黑龙江入海口特林（即庙街）的《永宁寺碑》，碑高 180 厘米，宽 85 厘米，阳面刻汉文，额题“永宁寺记”，正文楷书 30 行，行 64 字。阴面刻女真文和蒙古文各 15 行，女真字约 700 字。两侧用汉、女真、蒙、藏四体字刻六字真言。碑文叙述明成祖经营奴尔干并置卫所之事，是我国曾对黑龙江下游一带设立官署、实行管辖的有力证明，史料价值极高。

现存最早的石刻文献是秦刻石鼓文。这是春秋时代秦国留传至今的 10 个石鼓，其上各用籀文刻四言诗一首，歌咏秦国君及贵族们的游猎生活。

位于湖北省恩施土家族苗族自治州恩施市的石刻西瓜碑是我国唯一佐证西瓜传播引种历史的实物资料，也是宋时治理开发施州，社会经济得到发展的重要见证。碑刻在一座高 6.5 米、宽 5.5 米、厚 7.4 米的自然灰褐色巨形砂岩山石上。刻铭框高 1.49 米、宽 1.1 米，碑文竖排阴刻 10 行，每行 17 字，共 169 字。碑文记载宋时施州引种西瓜的时间、种类、引种路线、培植方法等内容，较为详实，俗称“西瓜碑”，是研究鄂西少数民族地区农业的宝贵资料。

金石的共同特点是坚固耐久，用作记事的物质材料，能保持永远。像上面所说的商代铜器还是前 1000 多年的器物，溪州铜柱至今也有千多年历史了，石刻的西瓜碑距今超过 700 年了。

（五）感光材料

底片是一种通过感光成像的材料。早期的底片用玻璃作片基，19 世纪晚期塑胶工业技术成熟，压成薄片的塑胶片取代玻璃成为片基。于是胶片成为底片的代称。现今广泛应用的底片是将卤化银涂抹在聚乙酸酯片基上，当有光线照射到卤化银上时，卤化银转变为黑色的银，经显影工艺后固定于片基，成为我们常见到黑白负片。彩色负片则涂抹了三层卤化银以表现三原色。除了负片之外还有正片及一次成像底片等等。此种底片为软性，卷成整卷方便使用，所以又称“胶卷”。

胶片作为民族学文献载体与影视民族学的发展分不开。而影视民族学的发展又和电影的发展相关联，它是纪录片或纪实性电影发展史的组成部分。尽管在 20 世纪 60 年代以前，民族学和电影技术各自已经得到空前发展，但这二者还是两条平行线，即便交叉，也像立交桥一样，各走各的道，没有形成十字路口成为两个学科的汇集点。处于“立交”状态时期的几部“民族学电影”包括 1901 年鲍德温·斯宾塞在澳大利亚拍摄的土著居民的袋鼠舞和祭雨仪式的素材片。这算是影视民族学的肇始。之后 1922 年罗伯特·弗莱厄蒂拍摄的关于爱斯基摩人的影片《北方的纳努克》则获得了商业上的成功。[1]

中国的民族学电影拍摄是 20 世纪 20 年代的中外学者合作完成的。1926 年瑞典人斯文·赫定来到中国与中国学者徐旭生等在西北考察地质学、地磁学、气象学、天文学、人类学、考古学、民俗学等。历时 7 年之久，完成中国新疆、甘肃、宁夏和内蒙古的综合性考察。在考察中拍摄了大量反映西北人民生活的风土人情片。特别是在内蒙古百灵庙一带拍摄了买达尔圣节庙会活动的情况。此片获得极大成功。

[1] 海德 . 影视民族学 [M]. 田广，王红，译 . 中央民族学院出版社，1989（10）:47–48.

我国专业的民族学家开始把民族学和电影技术进行结合是凌纯声、芮逸夫、勇士衡。1933 年，他们受中央研究院社会科学研究派遣，到湖南省湘西南调查苗、瑶等民族生活和社会状况。期间拍摄了当地民族生活的电影片。[1]

人类利用胶卷摄影技术除了拍摄电影，还可复制书籍、报纸、杂志等出版物上的文字和图片之类，汇集制作为一个小胶片。缩微型文献的优点是体积小，便于收藏和保存，价格便宜等，但阅读需要有较复杂的阅读设备来支持。目前在整个文献中，所占比重较少。

（六）磁性存储

磁存储技术利用磁记录介质来完成信息的记录。其基本原理是利用磁畴的方向（亦即磁化方向）的不同来表征 0、1 信息，利用磁畴与高速掠过其表面的磁头间的电磁效应读出或写入信息。

磁记录是现代信息存储的核心技术。硬盘驱动器、磁带及其磁盘系统的广泛应用，以其经济实惠且性能稳定，提供了信息存储必备的所有特征。磁记录系统有极快的传输速率和寻址时间，可以方便地写入和读出数据。信息既可以被永久地保存，也可以很方便地用新数据覆写。数字记录是现今磁性存储的最主要方式，尽管视频记录的频率调制和模拟记录的交流偏置仍占据一定的消费市场，但信息记录的数字化已是大势所趋。现在，人们已经能够制造出具有极高信息存储面密度的磁盘驱动器和具有很高的存储体密度的磁带系统，并且能保证很低的错误率。[2]

磁带和磁盘，在存、取上的区别主要是磁盘可以随机读取，而磁带只能顺序读取。由此也可以想见，磁盘的存取速度要优于磁带。但磁带的价格较磁盘要便宜很多。

（七） 半导体存储器

半导体存储器，是一种以存储二值信息的大规模集成电路作为存储媒体的存储器，常用于存储程序、常数、原始数据、中间结果和最终结果等数据，是计算机的重要记忆元件。半导体存储器有存储速度快、存储密度高、与逻辑电路接口容易等优点，主要用作高速缓冲存储器、主存储器、只读存储器、堆栈存储器等。

（八）光存储

光储存系指以光电工程的方法，将资料储存于光学可读的介质上，以进行资

[1] 张江华等．影视人类学概论 [M]. 社会科学文献出版社 ,2000（9）：190–193.

[2] 伯纯．磁记录理论 [M]. 车晓东，等译．复旦大学出版社 ,2007（09）：1.

料的储存。常见的是圆形的光盘。分不可擦写光盘，如 CD-ROM、DVD-ROM 等；和可擦写光盘，如 CD-RW、DVD-RAM 等。

光盘于 1965 年由美国发明，当时所存储的格式以模拟为主。它是用激光扫描的记录和读出方式保存信息的一种介质。

光存储介质采用的存储方式都与磁盘相同，是以二进制数据的形式来存储信息。而要在这些光盘上面储存数据，需要借助激光把电脑转换后的二进制数据用数据模式刻在扁平、具有反射能力的盘片上。而为了识别数据，光盘上定义激光刻出的小坑就代表二进制的“1”，而空白处则代表二进制的“0”。

与其他存储技术相比，光存储技术具有以下的优点：[1]

（1）存储密度高，特别是道密度高。

（2）记录介质稳定、存储寿命长。一般而言，光存储的寿命在 10 年以上，远高于磁存储的 3—5 年。

（3）非接触的读 / 写和擦除方式。现有光盘系统在工作状态下，其光学头距盘片 1—2mm，划伤盘片的可能性较小；同时，光学头与盘片间保持如此距离，保证了光盘盘片的可更换性。

（4）极高的载噪比（CNR）。在通信中，载噪比（信噪比）是用来标示载波与载波噪音关系的标准测量尺度。高的载噪比可以提供更好的网络接收率、更好的网络通信质量以及更好的网络可靠率。光盘系统的 CNR 一般都可达到 50dB 以上，而硬盘的 CNR 一般只有 20dB 左右。

（5）非接触的读 / 写和擦除方式保证了光盘系统中，光盘信号多次读写不衰减。

（6）存储成本低，特别是大量复制的只读类光盘，价格更低。

（九）电子书

电子书名称存较多争议，有“电纸书”、“电子阅读器”等。新闻出版总署的定义，电子书是指因预装或下载文字、图片、声音、影像等数字化信息内容出版物而具有大众传播媒体性质的手持阅读器。[2]

---

[1] 王海卫，夏又新．光海量存储的现状及发展趋势 [J]. 半导体光电 ,2002（05）：351-355,360.

[2] 新闻出版总署关于推动我国电子书产业发展的意见（印发稿）[OL].[2013-01-26].http：//www.gapp.gov.cn/cms/html/42/586/201108/722010.html.

它有三个要素：

（1）内容，它主要是以特殊的格式制作而成，可在有线或无线网络上传播的图书，一般由专门的网站组织而成。

（2）阅读器，它包括桌面上的个人计算机，个人手持数字设备（PDA），专门的电子设备，如“翰林电子书”。

（3）阅读软件，如ADOBE公司的Adobe Reader，Glassbook公司的Glassbook，微软的Microsoft Reader，超星公司的SSReader等。

（十）网　　络

网络文献，是指借助信息技术而存在于因特网上形式比较特殊的文献。随着科学文化的发展，网络文献信息量大、增长快，而且分布广泛，形式复杂，表现出多种特点，主要有：

（1）网络文献内容丰富，信息涵盖量大。因特网上文献信息资源丰富，并实现了全球文献信息资源的共享和交流。

（2）网络文献形式多样，语种复杂。网络文献的形式多种多样，有文本型的，有声音型的，有图像型的，无论哪种形式均直接存贮于网络服务器的硬盘或光盘塔。这些新型的网络文献具有节约空间、形象逼真、便于下载携带、服务迅速等优点，越来越受到人们的重视。全世界的语言种类有数千种，百万人口以上使用的语言有200多种，网络文献的常用语言是英语，一些著名网站根据不同国家和地区分别做了各种语言的搜索平台。

二、按语言文字分类

我国是一个统一的多民族国家，民族多、语言多、文字多。除汉族外，已确定民族成分的有55个少数民族，约占全国人口总数的8%，分布在占全国总面积50%—60%的陆地上。

1. 语　　言[1]

55个少数民族中，除回族、满族已全部转用汉语外，其他53个民族都有自己的语言。有些民族内部不同支系还使用着不同的语言（不包括转用或者兼用汉语的情况）：

[1]　http：//baike.baidu.com/view/3117338.htm。

民族名称	使用语言的名称
阿昌族	阿昌语
白族	白语
保安族	保安语
布朗族	布朗语
布依族	布依语
藏族	藏语
朝鲜族	朝鲜语
达斡尔族	达斡尔语
傣族	傣语
德昂族	德昂语
东乡族	东乡语
侗族	侗语
独龙族	独龙语
俄罗斯族	俄罗斯语
鄂伦春族	鄂伦春语
鄂温克族	鄂温克语
高山族	泰耶尔语、赛德语、邹语、沙阿鲁阿语、卡那卡、那布语、排湾语、阿眉斯语、布农语、鲁凯语、卑南语、邵语、萨斯特语、耶眉语
哈尼族	哈尼语
哈萨克族	哈萨克语
赫哲族	赫哲语
回族	回辉语
基诺族	基诺语
京族	京语
景颇族	景颇语、载瓦语
柯尔克孜族	柯尔克孜语
拉祜族	拉祜语
黎族	黎语
傈僳族	傈僳语
珞巴族	珞巴语
满族	满语

续表

民族名称	使用语言的名称
毛南族	毛南语
门巴族	门巴语、仓拉语
蒙古族	蒙古语
苗族	苗语
仫佬族	仫佬语
纳西族	纳西语
怒族	怒苏语、阿侬语、柔若语
普米族	普米语
羌族	羌语
撒拉族	撒拉语
畲族	畲语
水族	水语
塔吉克族	塔吉克语
塔塔尔族	塔塔尔语
土家族	土家语
土族	土族语
佤族	佤语
维吾尔族	维吾尔语
乌孜别克族	乌孜别克语
锡伯族	锡伯语
瑶族	勉语、布努语、拉珈语
彝族	彝语
仡佬族	仡佬语
裕固族	东部裕固语、西部裕固语
壮族	壮语

现有的少数民族语言，都是经历了历史上语言功能竞争的考验而在长期的使用过程中发展起来的，这些语言发展至今成为本族母语，是客观实际需要决定的，都有其客观必然性。各民族都热爱自己民族的语言文字，把语言文字看成民族特征的重要方面，当作民族的宝贵财富，并对民族语言文字有着统一的愿望和意识；同

时对本族文字又不同程度地存在着一种稳固或守旧的心理。

目前少数民族语言的使用情况大致有以下三种类型：

（1）第一种类型，如蒙古、藏、维吾尔、哈萨克、朝鲜等族，有大片聚居区，人口均在百万以上，文字历史也比较悠久，他们的语言除了在家庭内部、邻里亲友间使用外，还在本民族的政治、经济、文化、教育各个领域中使用，甚至在一些邻近的或者杂居在一起的其他民族中使用。

（2）第二种类型，如彝族和傣族，他们虽然也有成片的聚居区，有传统的文字，但是文字没有统一的规范，方言差异也较大，本民族的语言在社会上的应用不如蒙古、藏、维吾尔、哈萨克、朝鲜等民族那么广泛。壮语和傈僳语、拉祜语、景颇语、载瓦语由于语言内部差别较大，全民族通用的共同语还没有形成，文字的使用范围也很小，语言使用情况与彝语、傣语接近。

（3）第三种类型，民族的语言只在本民族内部日常生活中使用，在政治生活、学校教育中往往使用其他民族的语言（主要是汉语，有些地方也使用其他少数民族语言）；没有与本民族语言相一致的文字，一般使用汉字。属于这个类型的少数民族语言相当多，占语言总数的四分之三以上，使用人口占少数民族总人口的一半以上。

2. 文　字[1]

文字是书写语言的符号，它产生以后，克服了语言的时空限制，扩大了信息传播，增加了文化积累，对社会的发展产生了巨大的推动作用。

在我国，汉字不但是汉族的文字，也是全国各个少数民族通用的文字，是在国际活动中代表中国的法定文字。全民族都通用汉语的几个少数民族，很自然地以汉字作为自己的文字，没有与自己语言相一致的文字的少数民族，大多也选择了汉字作为自己的文字。现在中国55个少数民族中，除回族、满族主体（回辉语、满语除外）部分不使用自己民族的文字外，有29个民族有与自己的语言相一致的文字，由于有的民族使用一种以上的文字，如傣语使用4种文字，景颇族使用2种文字，所以29个民族共使用54种文字。

民族名称	使用文字的名称
白族	老白文、白文（新创）
布依族	布依文（新创）
藏族	藏文

[1]　http：//baike.baidu.com/view/3117338.htm。

续表

朝鲜族	朝鲜文
傣族	老傣仂文、新傣仂文、老傣那文、新傣那文、傣绷文、金平、傣文
侗族	侗文（新创）
独龙族	独龙文（新创）
俄罗斯族	俄文
哈尼族	哈雅文、碧卡文（均为新创）
哈萨克族	哈萨克老文字、哈萨克新文字
基诺族	基诺文（新创）
景颇族	景颇文、载瓦文（新创）
柯尔克孜族	柯尔克孜文
拉祜族	拉祜文
黎族	黎文（新创）
傈僳族	老傈僳文（大写拉丁字母的拼音文字、格框式拼音文字、表音的音节文字）、新傈僳文
蒙古族	传统蒙文、托忒文
苗族	老苗文、黔东苗文、湘西苗文、川黔滇苗文、滇东北苗文（后4种为新创）
纳西族	东巴文、哥巴文、玛丽萨文、纳西文（新创）
羌族	羌文（新创）
水族	水书
土家族	土家文（新创）
土族	土文（新创）
佤族	撒拉语、佤文（新创）
维吾尔族	维吾尔老文字、维吾尔新文字
锡伯族	锡伯文
瑶族	门方言文字、勉方言文字
彝族	爨文、规范彝文
壮族	方块壮字、壮文（新创）

一些只有语言没有文字的民族，为了保存并发展民族文化，扩大信息来源，提高科学水平，千方百计地创造文字。20世纪40年代，政府组织语言学专家、少数民族知识分子经过调查研究，先后为壮、布依、彝、苗、哈尼、傈僳、纳西、侗、佤、黎10个民族制订了14种拉丁字母形式的文字方案。其中，分别为苗语的不同

方言制订了4种文字方案，为哈尼语的不同方言制订了2种文字方案。后来又为景颇族的载瓦支系制订了拉丁字母形式的载瓦文方案，为土族制订了拉丁字母形式的土文方案。20世纪80年代根据本民族的要求，又为白、独龙、土家、羌、基诺等民族设计了拼音文字方案。

藏、彝、蒙古、维吾尔、哈萨克、柯尔克孜、朝鲜、傣等民族都有自己的传统文字，有的文字如藏文、彝文已经有1 000多年的历史，其他文字也都有几百年的历史。它们大部分已经有比较规范的习惯用法，使用范围较广，影响也较大。苗文和壮文虽然创制时间不长，但使用人数较多。

三、按文献的加工形式分类

1. 零次文献

零次文献（Raw Document）是一种特殊形式的情报信息源，主要包括两个方面的内容。

（1）形成一次文献以前的知识信息，即未经记录，未形成文字材料，是人们的“出你之口，入我之耳”的口头交谈，是直接作用于人的感觉器官的非文献型的情报信息。在历史上或现阶段的一些民族中还在使用一些图画或象形字，我们不能称之为文字，但它们的确是这些民族记事或传递信息的一种语言符号。结绳记事、刻木为契、图画表意等即是在文字产生以前的一种原始的帮助记忆和表意的方法。像这些文献，除了当事人能读懂外，其他的人很少能读懂其中的含义。不过民族学家由于有独特的田野调查研究方法，所以当民族学家进入田野进行这些民族的研究时，能从当地人的视角弄懂它。我国老一辈知名的民族学家林惠祥认为，早期人类学的一个明显特征就是，偏重于原始文化和落后民族的文化研究。[1]因此，这些零次文献是民族学家的研究基础。若没有这些零次文献，民族学家的研究无从下手。民族学家参与观察的最直接目的就是弄懂这些零次文献所包含的文化含义。

零次信息指在人际交流中口头携带和传播的信息，包括交谈、聚会、参观以及人际通过其他直接接触方式形成的信息。零次信息产生于交流的过程，具有选择性和针对性较强、交流速度快、反馈及时等特点。但由于零次信息的出现和传递都带有很大的偶然性，而且未经记录和加工，不便于积累和检验，因而增加了获取难度。[2]

---

[1] 施爱东．倡立一门新学科：中国现代民俗学的鼓吹、经营与中落[M]. 中国社会科学出版社,2011.2：307.

[2] 王立清．信息检索教程（第二版）[Z]. 中国人民大学出版社,2008（10）：6–7.

（2）未公开于社会，即未经正式发表的原始的文献，或没正式出版的各种书刊资料，如书信、手稿、记录、笔记和一些内部使用、通过公开正式的订购途径所不能获得的书刊资料。零次文献一般通过口头交谈、参观展览、参加报告会等途径获取。

2. 一次文献（Primary Document）

是指作者以生产与科研工作成果为依据创作、撰写形成的文献。无论它以何种手段记录、何种载体存储，也不论其是否参考、引用了他人资料，均为一次文献。如期刊论文、科技报告、会议论文、专利说明书等。一次文献的内容比较新颖、详细、具体，是最主要的文献信息源和检索对象。

3. 二次文献（Second Document）

是指对一次文献信息进行加工、提炼、浓缩形成的工具性文献。它反映一次文献的外部特征和内容特征及其查找线索，将分散、无序的文献信息有序化、系统化，是文献检索的工具，也称"检索工具"，如目录、题录、文摘、索引、各种书目数据库等。二次文献对文献信息进行报道和检索，其目的是使文献信息流有序化，更易被检索和利用。

4. 三次文献（Tertiary Document）

是指对一次文献和二次文献的内容进行综合分析、系统整理、高度浓缩、评述等深加工形成的文献。如综述、述评、词典、百科全书、年鉴、指南数据库、书目之书目等。二次文献的内容综合性强、信息量大，它既是检索的对象也是检索的工具。

在文献信息的层次结构演变中，从一次文献到二次文献、三次文献，每个环节都不断融入著者及文献工作者的创造性劳动，使文献信息得到鉴别、提纯，不断满足人们的各种需求。文献信息经过加工、整理、浓缩，从一次文献到三次文献的变化，是文献信息由博而约、由分散到集中、由无序到有序的过程。文献信息内容随层次的变化逐步老化，但其可检性、易检性及易获得性在不断递增。文献信息的这一层次变化，使人们获取信息变得有章可循、方径可问。

第二节　文献的数字化

数字文献（Digital document）是指以二进制数字代码形式记录于磁带、磁盘、光盘等载体，依赖计算机系统存取并可在通信网络上传输的文本、图像、音频、视频等信息资源。因此，数字文献也称作"电子文献"，但因电子文献会给人产生误解，属于20世纪网络化与光波载体不发达时期的称谓，现用“数字”概念代替。广泛而通俗地说，数字文献就是我们平时所说的电子书、音乐、视频以及数字图书馆、网络数据库等文献数据。数字文献学就是指对数字文献的产生、发展、演变、整理、制作、校对、使用、流通、管理等各个流程和环境进行研究的一门新兴学科，它是建立在传统的图书馆学、历史文献学、计算机学等多门学科知识基础之上，利用现代信息技术手段处理广义文献的一门综合性交叉学科，内容涵盖古籍数字化、论文数字化、报刊数字化、目录数字化、数字文献纸本化即现代编辑出版，以及数字图书馆、文献数字平台网络研究、数字版权防伪等领域的新兴学科。

目前所知的数字化处理手段有三种：手工输入、扫描、照相。手工输入只适合文字性的材料，多用于重要文献。照相多用于实物的数字化，甚至可以用类似全息照相的手段来对实物进行拍照，从而保留实物的任何细微的信息细节。数字化处理中使用最多的手段是扫描。

第三节　信息序化

信息序化是信息检索、利用的基础，同时信息序化又是一个信息增值的过程。

一、信息序化概念

序是事物的一种结构形式，是指事物或系统组成要素之间的相互联系以及这种联系在时空结构中的具体表现。当事物组成要素之间具有某种约束性，在时间序列及空间结构上呈现某种规律时，便可称这一事物为有序的。序化，就是把杂乱无序的事物，按一定标准，使用一定的方法手段，整理为某种序列的活动，其目标是克服或减少“混乱”度。这里的序列，既可能是事物的一种外在的序列，比如文献按形式体裁、国别、年代等形成的序列；也可能是反映事物的某种内在结构的序列，比如化学家所发现的物质的分子结构与组成，社会学家总结出的组织的形成与发展规律，等等。[1]

二、信息序化的基本原理

设有若干信息，如果将这些信息按照某种特征值（关键码）排列成一个序列，

[1]　熊志云．信息序化漫谈 [J]. 湖北大学学报：哲学社会科学版 ,2003（5）：117-120.

用户在将自己的信息需求转换成相应的特征值，并在排列后的信息序列中找到自己所需要的特定信息时，则称这些信息是经过序化的。

在一般情况下，信息往往有多个特征值。因此，在序化前，首先必须确定一种特征值作为序化的依据。同一信息集合，取的特征值不同，产生的信息序列也不同。特征值可以是原来信息中明确给出的，也可以是原来信息中隐含着的。

例如，在文献信息序化中，序化的对象是文献时，文献的篇名、著者、出版年等都可以作为特征值，这些特征值是明确给出的。文献的主题、类属也可以作为特征值，但这些特征值是隐含在文献中的，需要经过分析才能得出。

信息的有序化，就是在信息集合中，各信息单元在相互关系上有一定的方向性。除排列第一和最后一条记录外，其余的信息都存在一个紧邻的“前信息单元”和“后信息单元”。例如，英文 26 个字母排成一个系列，除排列第一的 a 和排列最后的 z 外，余下的 24 个字母都有紧邻的一前一后的两个字母。如 b 的前信息单元是 a、后信息单元是 c。

信息序化方法按其结构特点可分为四种情况。

1. 线性结构

特点是对于其中的任意信息单元（除排列第一和最后一个），根据某种特征排序后，只能有一个前信息单元并只能有一个后信息单元。按这一类结构排序的检索工具有字典、词典等。

这类结构的信息序化方法和检索工具都很简单，但使用方便。它的检索功能来自能够根据所求信息单元在比较中确定查找方向，这就是说线性结构是靠提供查找方向来保证其检索功能的。在计算机数据存储技术中它可以按顺序存储的方法实现。

2. 树型结构

特点是每个信息单元只能有一个前信息单元而可能有多个后信息单元。按这一类结构序化的检索工具有等级体系的分类目录、等级体系的分类索引等。

按树型结构排序的检索工具或信息集合的最大优点是检索迅速。它们的检索功能来自能使检索者逐步大幅缩小检索范围。以多级分类表（即体系分类表）为例，检索时先查大类，大类中再查小类，小类中再查更小的类，如此逐步大幅度缩小范围，直至找到所求的信息单元。

3. 网型结构

特点是每个信息单元都可以有多个前信息单元和多个后信息单元。按这种结构序化的检索工具有主题词表、叙词表等。这种结构虽然复杂，但是它的查准率和查全率均较高，而且网型结构反映信息单元之间的关系最为全面。

4. 多维结构

这一方法的应用是复分和组配问题。如分类法中的复分法，用叙词表、单元词表标引时的组配等。

复分的直接目的是减少共址词数。共址词数是指在整体上有序的信息集合体中，某一位置上所对应的信息单元的个数。如在按主题字顺排列的主题索引中，相同主题的信息单元的个数就是共址词数。实际上，共址词是用来排列或类分信息的某个特征值对应于多个信息单元而造成的。十分明显，共址词数越多，越不利于检索，因为共址词是一堆无序集合。一般地说，只以一种特征为根据的排列或分类常常要产生共址词。例如，按字顺排列的主题词，分类时的同类内容的许多信息单元等。

减少共址词的方法是引入辅助特征进行排列或细分，如按主题词排序时再按副主题词或篇名排序。同类内容的信息再按其外部特征进一步细分等。

组配的直接目的是由少量的信息特征的不同排列与组合来对应或反映大量的信息单元。如叙词表的组配，冒号分类法中的组配等，它们可以对应或容纳的信息单元个数远远超过了词表的词数和类目表中的类目个数。

上述四种结构为信息序化最基本的内部结构。实际的检索工具都可以由这四种基本结构复合而成。例如，《中国图书馆分类法》的大类基本上是线性结构；而之下又有若干小类，这又是树型结构；一些类表之间有“参见”、“见”的联系，这又构成了网型结构等。

三、信息序化基本类型

1. 语法信息序化法

这是根据信息的外在特征，使用一套形式化的符号系统来组织信息的方法，序化符号不揭示所序化信息的内容特征。这类序化法有号码法、物名法、专门代码法、引证关系法、时序法、地序法等。

2. 语义信息序化法

任何信息除了外在特征之外，更重要的是其内在特征。语义信息序化法就是根据信息的内容特征，使用一套含有语义的符号系统来组织信息。信息的内在特征表现为信息的知识范畴、主题内容、概念属性。所以，语义信息序化法有分类法和主题法两种基本类型。比如《中国图书馆分类法》[1]：

《中国图书馆分类法》是我国建国后编制出版的一部具有代表性的大型综合性分类法，是当今国内图书馆使用最广泛的对馆藏图书进行分类的体系，简称《中图法》。其基本大类如下：

类号	类名	小类举例
A	马克思主义、列宁主义、毛泽东思想、邓小平理论	
B	哲学、宗教	
C	社会科学总论	C95 民族学
D	政治、法律	
E	军事	
F	经济	
G	文化、科学、教育、体育	G03 文化的民族性
H	语言、文字	H2 中国少数民族语言
I	文学	
J	艺术	
K	历史、地理	K428.8 民族史志
N	自然科学总论	
O	数理科学和化学	
P	天文学、地球科学	
Q	生物科学	
R	医药、卫生	
S	农业科学	
T	工业技术	
U	交通运输	
V	航空、航天	
X	环境科学、安全科学	
Z	综合性图书	

[1]　《中国图书馆分类法》原称《中国图书馆图书分类法》。

3. 语用信息序化法

这是根据信息的实用价值来组织信息的方法，主要有权值序化法和逻辑序化法。所谓权值序化法就是按信息的重要性来组织信息的方法；逻辑序化法就是按某种逻辑关系来组织信息的方法。

四、网络信息的序化

在网络环境下，信息序化的方法发生了深刻的变化。信息资源多以数据库、信息库的形式存在，数字化信息占主导地位，信息序化的对象逐渐多样化，范围也随之扩大。它不再停留于对文献特征的描述，而是深入到知识单元、信息单元，从而传统的信息序化方法已不能满足需要。

1. 超文木（超媒体）方法

超文本方法是一种新型的信息序化方法，是网络信息序化的基础。超文本技术的特征之一是信息的非线性排列，它以结点为基本单位，结点间以链相连，将信息序化为某种网状结构。用户可从任一结点开始检索，从不同角度浏览和查询信息。超文本技术的特征之二是信息表达形式的多样性。其表达形式可以是文字、图形、图像、声音、动画等多种媒体形式。超文本技术是解决多媒体信息的序化、管理、存储、处理等问题的主要手段。

2. 自由文本方法

此方法主要用于全文数据库的组织，是对非结构化文本信息进行序化和处理的一种方式。它不必用规范化语言对信息进行复杂的前处理，而是用自然语言深入揭示文献的知识单元。根据文献全文的自然状况直接设置检索点。基于全文数据库的全文检索可以将任意字符作为检索标识，用户用自然语言即可直接检索未经标引的一次文献。

3. 主页方法

它将有关某机构或个人的各种信息集中组织在一起，是对某机构或人物等各类对象的全面介绍。

4. 网络二次信息的序化

网络二次信息的序化方法主要有两种：

（1）搜索引擎法。搜索引擎是一种专门为组织检索网络信息资源使用的检索工具。它所起的作用与传统的二次文献相同。此种方式所收集的信息虽然丰富，但质量良莠不齐，查准率低。具体有：目录式分类搜索引擎、全文搜索引擎、分类全文搜索引擎、元搜索引擎、智能搜索引擎等。

随着网络信息资源数量呈指数级增长，搜索引擎检索信息的弊端已经暴露出来：网络搜索引擎虽然对许多信息资源有自动索引功能，能得到大量的相关结果，但其精度很低。

（2）主题树方法。这方法是将信息资源按照某种事先确定的概念体系分门别类地逐层加以组织，用户先通过浏览的方式层层遍历，直到找到所需要的信息线索，再通过信息线索连接到相应的网络信息资源。如 Yahoo!、Sohu 等即采用这种方法组织信息资源。

参考文献

[1] 包昌火 . 情报研究方法论讲座（四）第四讲基本程序——信息整序 [J]. 情报理论与实践 ,1991(2):44–48.

[2] 包和平 , 刘维英 . 民族文献整序研究 [J]. 大连民族学院学报 ,2002(2):60–65.

[3] 柴雅凌 . 网络文献检索 [M]. 天津大学出版社 ,2004.

[4] 陈振宇 . 植物病理学电子文献资源的整序与利用 [J]. 浙江大学学报 : 农业与生命科学版 ,2003(3):113–120.

[5] 储节旺 . 信息组织 : 原理、方法和技术 [M]. 安徽大学出版社 ,2002.6

[6] 冯亮明 . 论知识整序及其任务与方法 [J]. 情报科学 ,2000(9):813–815.

[7] 龚友德 . 原始信息文化 [M]. 云南人民出版社 ,1996.5.

[8] 郝亚玲 .Metadata——数字图书馆信息资源的整序 [J]. 图书馆理论与实践 ,2002(5):80–82.

[9] 化柏林 . 情报学三动论探析 : 序化论、转化论与融合论 [J]. 情报理论与实践 ,2009(11):25–28,45.

[10] 黄建中 , 胡培俊 . 汉族学通论 [M]. 华中师范大学出版社 ,1990.10.

[11] 李敏 , 程广宇 ."百度知道"的信息组织方式探讨 [J]. 图书情报工作 ,2012(0):288–290.

[12] 李幸 . 读秀学术搜索的信息组织探析 [J]. 图书馆杂志 ,2012(4):31–34.

[13] 李建辉 . 中华文明基因问题访谈之十三比苏美尔文学还要早两千年的中国文学——访文化人类学家、民俗学家林河 [J]. 中国民族 ,2003(7):30–33.

[14] 林海青 . 数字图书馆的信息组织 [J]. 中国图书馆学报 ,2000(1):70–75.

[15] 刘二灿 . 网络环境下信息资源的整序 [J]. 情报科学 ,2001(9):942–945.

[16] 刘嘉 . 网络信息资源的组织：从信息组织到知识组织 [M]. 北京图书馆出版社，2002.4.

[17] 马彩峰 .Google 学术搜索的信息组织探究 [J]. 情报杂志 ,2010(0):177-180.

[18] 马费成 .Web2.0 信息序化机制 [J]. 图书情报知识 ,2009(6):16-20.

[19] 马玉荣 . 论现代信息整序的层次与结构 [J]. 情报杂志 ,2005(4):47-50.

[20] 秦明，吴家玲，唐依人 . 图书馆网络信息资源的管理——采集与整序 [J]. 图书馆学刊 ,2002(0):51-52.

[21] 施强，蒋永福 . 论图书馆知识序化——近期国内相关研究述略 [J]. 图书馆理论与实践 ,2006(4):39-40.

[22] 孙宝国，郭丹彤 . 论纸莎草纸的兴衰及其历史影响 [J]. 史学集刊 ,2005(3):115-118,120.

[23] 王晋卿 . 地方文献整序研究 [J]. 图书馆 ,1993(1):49-52.

[24] 王兰 . 少数民族档案整序研究 [J]. 黑河学刊 ,2003(5):82-83.

[25] 伍辉模 . 图书整序方法介绍 [J]. 图书馆杂志 ,1993(3):28-29.

[26] 肖明，曲静涛 . 论图书馆与信息整序 [J]. 辽宁师范大学学报 ,1993(1):38-40.

[27] 熊回香 .Web2.0 环境下的网络信息组织 [J]. 情报资料工作 ,2007(5):29-32,50.

[28] 于文艳 . 网络环境下信息资源的整序 [J]. 辽宁税务高等专科学校学报，2004(5):25-27.

[29] 张红岩 . 我国信息组织研究态势分析 [J]. 情报科学 ,2012(8):65-69.

[30] 张宁 . 基于关联数据的知识序化和控制研究 [J]. 图书馆学研究 ,2012(7):50-53.

[31] 赵伯兴 . 网络信息资源的整序与组织 [J]. 情报杂志 ,1998(6):59-61.

[32] 周晓英，曾建勋 . 情报学进展系列论文之四网络世界的信息组织 [J]. 情报资料工作 ,2009(2):6-11.

第三章　信息检索基础

信息检索是指将信息按一定的方式组织和存储起来，并根据用户的需要找出有关信息的过程。狭义的信息检索仅指从信息集合中找出用户所需要有关信息的过程。

20 世纪 50 年代之前，信息传播和存储主要以纸质介质为载体，信息检索活动也主要围绕着纸质文献的获取和控制展开，信息检索关注的是如何检索利用文献中记载的信息，“文献检索”一度成为“信息检索”的同义词。穆尔斯在 1950 年创造了术语“信息检索”（Information Retrieval）[1]。这一时代正是计算机开始应用的时代，随着计算机技术在检索领域的应用，利用计算机检索成为主流。

英文“information”可以理解为“信息”或“情报”，由于汉语中“信息”较“情报”的含义更为宽泛，同时，在网络环境下，通信技术与计算机技术紧密结合，信息载体类型日趋多样化，传统的情报检索研究和文献检索研究逐渐归入信息检索研究这一更具兼容性的概念。

信息检索和文献检索的最主要区别还在于，信息检索搜集、组织、存储一定范畴的信息，并可供用户按需要查询文献中的信息或知识单元；文献检索是以获取文献信息为目的的检索，可见信息检索较文献检索更深入。

人们的信息检索行为总是从特定的信息需求开始的，并在特定的环境和信息检索系统中完成。这里的环境包括产生信息需求的环境、信息检索系统的运行环境等。检索系统包括检索过程中所需要的设施和工具，包括各种工具书、数据库等。

检索是根据特定的需求，运用某种检索工具，按照一定的方法，从大量文献中查出所需的资料或信息的工作过程。它可分为文献检索（Document Retrieval）和信息检索（Information Retrieval）。文献检索是查找和提供用户所需要的各类型相关的印刷资料、缩微资料、声像资料和数据库文献的过程；信息检索则是查找在任

[1] CalvinMooers[OL].[2012-12-30].http：//en.wikipedia.org/wiki/Calvin_Mooers#cite_note-Mooers1950a-1.

何文献中的所需事实、数据、图像、理论等未知知识的过程，或者说，通过分析、综合等信息加工后，获取隐含在文献中的知识的过程，两者均离不开文献载体，信息检索实际上也是通过文献检索实现的，而获取文献的目的在于获取信息和知识，故两者不必严格区分。[1]

第一节 信息检索简史

最早的信息检索主要是靠手工将信息进行分类来完成。如在我国的汉代，就将图书进行分类，成果如《七略》等。下面所述根据检索所依托的工具，把信息检索分为四个阶段。

一、手工检索阶段

1. 定　义

手工检索（Manual Retrieval）是指通过手工方式利用文摘、索引、目录等检索工具来处理和查找文献的过程。其直接起源于文献的文摘索引工作和图书馆参考咨询工作。

2. 历史概况

文摘工作的起源比较早。1830 年柏林科学院在莱比锡出版著名的文摘刊物《药学总览》（*Pharmaceutisches Zentralblatt*，后改名 *Chemisches Zentralblatt*，《化学总览》），标志着专供查询使用的文摘刊物从一般刊物中分离出来，单独出版。我国于 1956 年编制出《科技文摘》。伴随着独立性文摘刊物的出版和使用，与文摘工作有着同样悠久历史的索引工作也得到极大发展，与文摘刊物一起，使各种手工检索工具的查询功能得到丰富和完善。

1884 年的《工程索引》（*Engineering Index*，EI），由美国工程信息公司编制出版；1898 年的《科学文摘》（*Science Abstracts*，SA），由英国电气工程师协会编制出版；1907 年的《化学文摘》（*Chemical Abstracts*，CA）由美国化学文摘社编辑出版；1926 年的《生物学文摘》（*Biological Abstracts*，BA），由美国生物科学信息社编辑出版； 1947 年荷兰的《医学文摘》（*Excerpta Medica*，EM）由荷兰医学文摘基金会编制；1948 年的《文摘通报》（*Bulletin Signaletique*，BS）由法国科

[1] 卢小宾 . 信息检索（第二版）[M]. 科学出版社 ,2009（1）：3.

学院研究中心编制；美国科学信息服务社编辑出版的目前世界上可以用来对不同国家和地区的科学论文的数量进行统计分析的大型检索工具，包括 1961 年的《科学引文索引》(*Science Citation Index*, SCI)、1973 年出版的《社会科学引文索引》(*Social Sciences Citation Index*，SSCI）和 1978 年出版的《艺术和人文科学引文索引》（*Arts & Humanities Citation Index*，A&HCI）；1953 年的《文摘杂志》（Реферативный журнал, РЖ），由苏联科学院科学技术情报研究所创制；1985 年，中国科学院文献情报中心、中国科技信息研究所也分别研制成功科学引文索引；1998 年，南京大学邹志仁等研制成功《中文社会科学引文索引》（*Chinese Social Sciences Citation Index*，CSSCI），等等。以上列举都是一些在世界范围颇有影响的刊物。[1] 影响力小一些的刊物则不计其数。

参考咨询工作的理念起源于 1876 年 10 月 5 日在美国费城召开的著名的图书馆员一百周年纪念大会。大会最重要的成果之一就是美国图书馆协会的成立，大会的另一项重要成果就是沃斯特公共图书馆（Worcester Free Public Library）的馆长塞缪尔·格林（Samuel Swett Green）提出的图书馆参考咨询服务理念。说它是理念是因为，当时还没有“参考咨询”的称谓，而称为“帮助读者”。之后的 1883 年，波士顿公共图书馆在世界上最先设置了专职参考馆员和参考阅览室，标志着参考咨询服务作为图书馆核心业务的开始。到 19 世纪 90 年代，“参考咨询”一词便取代了早期的“帮助读者”的提法，特别是在大型公共图书馆尤其如此。最早使用“参考咨询”（reference）一词的是 1891 年的 William B. Child 在 *Library Journal* 发表的题为“Reference Work at the Columbia College Library”的论文，详细地介绍了哥伦比亚大学图书馆开展参考咨询服务的情况。[2]

3. 手工检查的贡献

1946 年世界上第一台计算机被研制出来并投入使用，而手工检索则开始步入衰退。但不可否认，手工检索对后世各种信息检索的贡献奠定了坚实的理论和技术基础。

（1）编制出一大批高质量的文摘性检索工具。如前文所述，这些书本式文摘检索工具为世界各国研究人员及他们所从事的科学研究活动提供了不可或缺的高质量文献检索服务，并在学术界逐渐赢得了极高的声誉。

（2）检索语言的创建和试验活动十分活跃，其中在分类语言方面既出现了

[1]　赵丹群 . 现代信息检索：原理、技术与方法 [M]. 北京大学出版社 ,2008（1）：8-9.
[2]　初景利 . 图书馆数字参考咨询服务研究 [M]. 北京图书馆出版社 ,2004（6）：1-12.

各种等级列举式体系分类法，例如1876年的《杜威十进分类法》（*Dewey Decimal Classification*，DDC）、1901年的《美国国会图书馆分类法》（*Library of Congress Classification*，LCC），也出现了许多不同类型的组配分类法，例如1933年的《冒号分类法》（*Colon Classification*，CC）、1907年的《国际十进分类法》（*Universal Decimal Classification*，UDC）等；在主题语言方面，除了1876年提出的"先组式标题语言"外，1950年提出的"后组式的单元词语言"、1959年提出的"叙词语言"也陆续出现。尤其是叙词语言，更是在以后的时间里获得了空前发展和广泛应用。此外，其他一些新型的检索语言，例如1960年提出的"引文语言"以及1958年提出的"基于计算机应用的关键词语言"也得到了重视和应用。检索语言在理论和应用两方面取得的上述辉煌成就，为信息组织与标引、索引编制、新型检索工具的创建等提供了充分的理论保障。[1]

（3）各种手工检索服务方式和方法不断丰富和完善，旨在提高服务质量和效率的检索评价工作也逐渐开展起来。

其优点主要有：①设备简单。除人力外，几乎不再需要其他设备，检索方法简单、灵活。②随意性强。可以在检索过程中随时依据读者需求变化而改变检索策略。③费用低。在检索过程中几乎不需要任何费用。

手工检索的缺点：①效率低。由于是人工，因此在检索过程中只能是一个馆员面对一个读者进行服务，效率低，费时费力。②在进行复杂问题检索时，需要多途径检索查找多种检索工具，效率低的缺点尤其突出。③查全率低。

由于受历史条件的限制，手工检索时期①以印刷文献（如图书、期刊、会议、专利、学位论文等）为主要检索对象；②以各类文摘、题录和目录性工具书为可利用的主要检索工具；③以图书馆的参考咨询部门为开展信息检索服务的中心机构。

二、机器检索阶段

机器检索（Mechanical Retrieval）是指用机械、计算机等仪器辅助手工处理文摘、索引、目录等检索工具来处理和查找文献的过程。

作为手工信息检索和网络信息检索的过渡产品，机器信息检索经历了不长的时段。从20世纪50年代开始到90年代，随着网络信息检索的兴起，有的技术和成品终结了，有的产品和技术发扬了。但是作为一代技术，为后世的技术发展奠定了基础。这一时期比较有代表性的产品主要有：

[1] 赵丹群．现代信息检索：原理、技术与方法[M]. 北京大学出版社，2008（1）：8-9.

（1）机电信息检索系统。使用打孔机、验孔机、分类机等机电设备记录二次文献，用电刷作为检索元件的信息检索系统。

（2）光电信息检索系统。使用缩微照相记录二次文献，以胶卷或胶片边缘部分的黑白小方块的不同组合作检索标识，利用光电检索元件查找文献的系统。这一时期的信息检索系统充分利用当时的技术改进了信息存储和检索的方式，替代部分人脑，促进了信息检索的自动化。随着计算机在1946年研制成功并逐渐商业化之后，这些产品迅速衰落并转入计算机信息检索的实验。

美国海军军械试验站（U.S. Naval Ordnance Test Station）的蒂利特在1954年5月的IBM计算讨论会上介绍了该站图书馆用IBM701计算机查找海军军械方面技术报告的情况。在这篇报告中，第一次打破了图书馆传统的手工检索方式，开创了用电子计算机检索文献的道路，所以被公认为是世界上第一篇有关图书馆计算机化的报告。

当时的计算机硬件正在从第一代的电子管向第二代的晶体管转变，机器内存使用的是磁芯存储器，外存主要使用磁带；软件方面，操作系统开始出现，程序设计语言和编译技术也开始应用。1952年IBM公司研制并批量生产的IBM701型计算机属于第一代机，每秒运算1.6万次。当时信息检索需要先将检索提问存储在穿孔纸带或穿孔卡片上，检索结果要等待成批或定期处理才能得到检索处理。尽管如此，这样的信息检索系统还是较手工有很大的进步，并体现出一些优势：①可以同时进行多字段检索；②可以处理检索关系相当复杂的检索词汇；③具有一次输入检索作业有多种输出结果的功能。

另外，机器检索的另一个发展方向是光盘检索的发展。早在20世纪70年代初，荷兰飞利浦（Philip）公司的研究人员即开始致力于用激光来记录和重放信息的研究工作；1978年，飞利浦公司推出了第一代数字式音频唱片；1983年，首张高密度只读光盘（CD-ROM）诞生。光盘具有体积小、存储密度大、运输携带方便等特点，而且易与计算机、传真机、打印机等设备连接使用。1987年，DIALOG系统开始推出其光盘检索服务产品（OnDisc），由此光盘数据库产品及其服务在信息检索领域逐步开展并流行起来。作为一种新型的存储设备，光盘与计算机（尤其是PC机）的结合，为人们提供了一种崭新的检索环境和服务模式。价格低廉、操作方便、不受通信线路的影响与制约等特点，使光盘检索深受用户青睐，并逐渐与联机检索形成了互相补充、互相竞争的发展格局。

我国引进使用光盘数据库始于1986年。国家海洋科技情报研究所首先引进了

CD-ROM 数据库《水科学与渔业文摘》（ASFA）和《生命科学文摘》（LSC）。在引进的基础上，我国也研制出中文 CD-ROM 数据库，如中国科学技术情报研究所重庆分所研制的《中文科技期刊篇名光盘数据库》、中科院上海有机化学研究所的《中国化学文摘数据库》等。

按现在的技术看，当时的技术还是存在一些弊端：①用户不能在检索过程中与主机进行"对话"和浏览文献；②用户在检索开始前必须将所有可能的途径都考虑周全，因为用户不能随时修改检索策略；③不能实时获得检索结果；④用户不是直接操作计算机，而是委托专业人员代为检索，因此检索结果和信息需求之间存在较大误差。

三、联机检索阶段

随着集成电路计算机、高密度海量存储磁盘和磁带、通信技术投入使用，信息检索进入人机对话—用户直接操作计算机—联机检索时代。

联机是指信息检索中心的主机借助电话线和远距离的检索终端相连。用户在终端上输入检索需求，与主机进行实时对话，并能在终端屏幕上得到实时的检索结果。1965 年美国系统发展公司（SDC）开始研制交互式的联机检索系统 ORBIT（On-line Retrieval of Bibliographic Information-Time shared），这种系统能够使用户直接和数据库进行会话式检索。1966 年洛克希德空间与导弹公司（Lockheed）建立了 DIALOG 系统，并于 1969 年投入使用。欧洲空间研究组织空间文献服务处（SDS）研制的 ESA-IRS 系统、IBM 公司的"文献处理系统"（DPS）都得到广泛的应用。

之后，随着远程通信技术与大规模集成电路和超大规模集成电路计算机技术的完美结合，为计算机实现远程检索系统提供了通信网络支撑。提供这种支撑的还有带终端的远程处理系统、大容量随机存储器、分组交换、数据库等技术。这些技术将联机检索带入了联机网络化方向发展。DIALOG、ORBIT 以及一些新出现的系统，如美国的 BRS 系统、日本的 JOIS 系统、瑞士的 DataStar 系统和美、日、德三国合作创建的 STN 系统等，先后发展成为国际性的大型联机检索系统。联机网络检索服务市场也逐渐从北美地区扩展到欧亚大陆、拉美地区直至世界各地。

我国利用计算机进行信息检索的研究和时间始于 1974 年。次年，由中国科技情报所和北京图书馆发起，组织了 500 余单位，花了 3 年时间编制了 10 万余条主题词的《汉语主题词表》，为发展汉字信息检索打下了坚实的技术基础。1976 年引进美国《政府研究报告》磁带进行计算机信息检索实验获得成功。之后，国内一些单位租用香港或国外国际联机信息检索系统终端为国内用户服务。1981 年，北方科技信息研究所在北京建立了第一个国际联机终端用户。1982 年，中国科技情报研究所建立了中国药学文摘汉字数据库。在“六五”、“七五”期间，我国科技信息计算机检索系统的开发列入国家重点工程项目。从此我国计算机信息检索的发展步入快速发展的道路。

进入20世纪80年代以后，IBM公司率先推出了个人计算机（PC）。PC机的出现，使联机服务的触角深入到办公室、实验室和家庭。

与手工检索和机器检索相比，联机检索具有以下一些优势：

（1）联机检索的最大的特点是快、多、全的检索功能。所谓快，即它可以在几分钟内检索一个或多个主题；所谓多，即它可以在几分钟内检索几十篇以上的文献；所谓全，即它可以在几分钟内检索各个学科数据库。

（2）检索范围广。现在的数据库涉及各个学科以及生活的各个领域。世界上公开出版发行的文献中，90%都可以通过几种主要的联机检索系统查到。如DIALOG 系统中就有数百个数据库，一个数据库有数百万、数千万甚至上亿条文献记录，其专业范围几乎包括所有的学科和主题。

（3）检索内容新、实时性强。联机系统都定期更新数据库中的信息，更新周期在加快。如 DIALOG 系统的工程索引每周更新，报纸类的数据库每天更新。

（4）查全率和查准率高。联机检索的检索途径（数据库记录中的可检字段）相当多，所以它既可以满足高查全率的课题用户，也可以满足高查准率的课题用户。用户可以根据需要选定文献记录的任何可检索的字段作为检索途径，利用系统提供的逻辑组配功能，进行人机对话式的检索，随时分析、判断检索结果。根据需要不断地调整、修改检索策略，直到获得满意的结果。

（5）检索结果输出方式灵活、实用。联机检索的结果可以即时联机显示阅览或联机打印。

四、网络检索阶段

1993 年 2 月，美国前总统克林顿提出建设“国家信息基础设施”（National Information Infrastructure，NII）计划。许多国家也都纷纷制定和建立本国的 NII，从而极大地推动了计算机网络技术的发展，使网络发展进入了世界各个国家的骨干网络建设、骨干网络互联与信息高速公路的发展阶段。所谓“信息高速公路”，就是一个高速度、大容量、多媒体的信息传输网络系统。

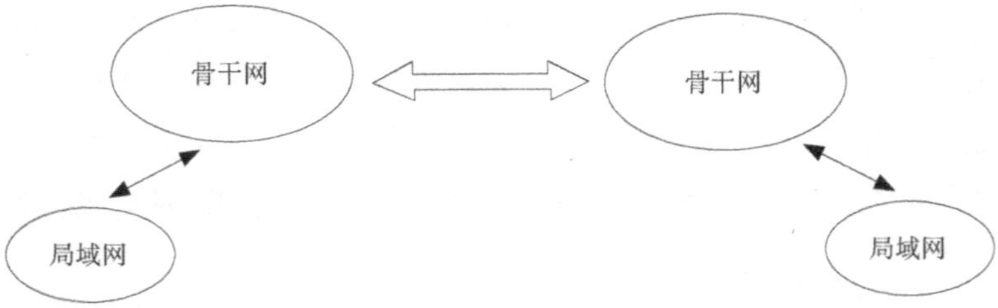

建设信息高速公路就是利用数字化大容量的光纤通信网络，使政府机构、信息媒体以及各大学、研究所、医院、企业等的所有网络设备全部联网。

这样的网络始于1969年美国国防部高级研究计划署（Defense Advanced Research Projects Agency，DARPA）资助建立的一个名为ARPANET（阿帕网）的实验网络。这个ARPANET就是Internet的雏形。其实现的功能包括：主机之间可以发送小文本文件（E-mail）；利用文件传输协议（File Transfer Protocol，FTP）可发送大文本文件；一台计算机可以模拟远程另一台计算机的终端来使用远程计算机上的资源（Telnet）等。E-mail、FTP和Telnet在今天的Internet应用中依然发挥着重要的作用。在技术上，ARPANET的重大贡献就是TCP/IP协议的可行性应用。

ARPANET的巨大成功，使美国国家科学基金会（National Science Foundation，NSF）决心投入大量资金建立超级计算机中心并介入到国家骨干网络的建设，用通信线路将这些超级计算机中心连接起来，应用在ARPANET网中已证明非常成功的TCP/IP技术。

网络建成之后，美国国家科学基金会为了实现资源的最大共享，鼓励并希望各大学、研究所的计算机接入NSFNET。1986—1991年，NSFNET的子网从100个迅速增加到3 000多个。NSFNET成为今天Internet的基础。

随着Internet的发展，在Internet上进行信息检索成为当务之急。加拿大麦吉尔大学（McGill University）计算机学院的学生Alan Emtage、Peter Deutsch和Bill Wheelan开发了能在FTP文件中进行搜索的Archie。Archie可以自动索引Internet上匿名免费FTP文件信息，并提供一种根据文件名查询文件所在FTP地址的方法。因此，Archie被称为“现代搜索引擎的祖先”。随着超文本链接和浏览器技术的应用，Internet上的一个新的服务系统WWW（World Wide Web，简称Web）得到迅猛发展，并取代了FTP、Telnet和E-mail，成为Internet上的主流技术应用平台。

1994年，Michael Mauldin将John Leavitt的蜘蛛程序植入其索引程序中，创建了Lycos，成为第一个真正意义上的搜索引擎。由于结构和技术相对不成熟，它的搜索速度比较慢，更新速度也不能满足用户的检索要求。之后，斯坦福大学的博士生费罗（David Filo）和杨致远（Gerry Yang）开发了门户网站 Yahoo!。它创立了一些用户关心的目录，用户可以通过目录进行检索。他们的校友 Sergey Brin 和 Larry Page 共同开发了搜索引擎 Google。它集成了搜索、分类、多语言支持等功能，同时提供了摘要、排序、快照等功能，另外与强大的硬件系统配合，大大改变了互联网用户检索网络信息的方式。

进入 21 世纪，网络搜索引擎领域的发展与竞争更趋激烈，历经技术、资金、营销等考验之后，Google、Yahoo!、百度（Baidu）等少数几个巨头终于在残酷的市场和用户选择下脱颖而出，成为新世纪互联网上的大型综合搜索引擎。

联机检索和网络检索在各自的发展道路上，不走重复路，但它们之间有孪生子间的亲缘和个体特征。

（一）网络检索与联机检索的共同点

从检索理论上讲，网络检索和联机检索有很多的相同之处。这些相同之处是网络检索发展迅速的重要原因之一。

1. 检索实质相同

从检索理论的角度看，联机检索和网络检索都是采用一定的手段，依据特定标准，对入库文献进行标引，得到文献标识；同时，又依据同样的标准对用户提问进行标引，获得提问标识，然后将文献标识和提问标识相比较，寻找数据库内相匹配的信息。因此，从检索实质上讲，二者是相同的。即二者的理论基础相同，这使网络检索的发展基于一种比较成熟的理论，这是其迅速发展的基础。

2. 逻辑组织大体相同

网络检索和联机检索在逻辑上的核心部分可分为文献库及其索引两个部分。只是在不同的系统中，它们的称谓略有不同。联机检索系统将这两部分称为倒排档和记录；网格检索系统则称其为索引及 Web 数据库。同时，在形成这一核心部分的过程中，两者都使用了词表。DIALOG 联机检索系统使用叙词表，网络检索则使用后控词表。两者在这些逻辑组织方面的相似，使后者能在发展上吸收前者的经验。这对网络检索的发展是非常有利的。

3. 提供检索的逻辑组配手段相似

与联机检索能为用户提供构造检索表达式的逻辑方法一样，网络检索中也有越来越多的网站支持单词检索、词组（短语）检索、布尔逻辑检索、位置逻辑检索，并且能够按照自动相关性的评介或用户选定的指标，对命中结果进行组织和控制。这种逻辑组配方式的相似，符合用户的使用习惯，使他们以前在联机检索中运用的情报知识，现在仍然能在网络检索中运用自如。这在一定程度上推动着网络检索系统的发展。

4. 检索入口相同

DIALOG 联机检索提供分类检索和主题词检索两种途径；网络检索则以 Yahoo! 为代表，在完善分类检索的同时，又大力发展关键词检索。这两种检索途径都非常符合情报用户多年来的检索习惯。这对网络检索的发展不能不说是一个促进。从以上论及的各个方面我们可以看到：网络检索发展迅速的原因一部分来源于二者的相同之处。然而，我们认为，更重要的原因却在于它和联机检索的不同之处。[1]

（二）网络检索与联机检索的差异

联机检索和网络检索的根本差异在于它们使用的技术手段不同，这使二者的竞争日趋激烈，从而推动着网络检索的发展。

1. 标引所依据的语言不同

DIALOG 等联机检索系统采用叙词表等人工语言进行标引。这使它的发展受到人工语言发展的影响。目前，人工语言的发展已进入相对稳定成熟阶段。它在某些方面的不足及由此带来的对检索效果的影响非常明显然而却至今没有突破。其中最显著的一点就是在对人工语言的理解上。人工语言虽然源自于生活，但毕竟不如自然语言那样符合人们的用语习惯。因此，在利用它进行标引的过程中，不可避免地会造成不同标引人员（同一标引过程及不同标引过程中人员）理解上的差异，从而影响着检索效率。有时，这种影响甚至是比较严重的。此外，因为人工语言不符合人们使用语言的习惯，要掌握它必须经过专业的情报检索训练，这使人工语言多年来一直只为专业情报中介机构采用，这在一定程度上影响着联机检索系统的发展。网络检索系统则从一开始就采用自然语言。虽然自然语言还有很多不足，理论界对它还有种种看法。然而，它无疑符合人们使用语言的习惯，从而解决了困扰情报界多年的一个问题——对语言的理解问题，这使自然语言在网络检索中的使用受到了普遍欢迎。它揭开了蒙在情报中介机构上的神秘面纱，使用户直接面对一个界面友好的检索系统。这极大地吸引着越来越多的用户，推动着网络检索系统的发展。因

[1] 张永和 . 关于联机检索和 Internet 网络检索的思考——由 DIALOG 新政策所想到的 [J]. 四川图书馆学报 ,2000（02）：75-77.

此，从某种意义上来说，网络检索在检索市场上的突飞猛进是源于自然语言的一些显著优势。

2. 系统界面设计不同

联机检索系统和网络检索系统由于面对的用户市场不同，在系统界面设计上也有很大差异。前者自产生开始，就面对专业的情报检索机构，因此一直使用非图形界面，这使普通用户使用起来感觉不直接，也在一定程度上影响着联机检索市场的发展。网络检索系统因为面对的是普通用户，系统检索界面设计采用图形界面，非常友好，这即便对初次使用该检索系统的用户来说，也非常容易理解和掌握。这对网络检索用户市场的迅速壮大是非常重要的。

3. 获取新文献的途径不同

DIALOG 等联机检索系统由数据库生产厂商为其提供来源可靠、质量上乘的数据库。在这一生产过程中，极大地动用了各类人员，使其生产成本相对较高。而 Web 数据库增加新文献的方式主要是定期执行其网络搜索软件（Sploler、Crowler 和 Robot），自动搜索网上新的文献，然后利用索引软件对网络搜索软件收集的页面信息进行自动标引，增加新文献，建立 Web 索引数据库。由于二者数据资源获取的不同方式，再加上网络检索日益壮大的用户市场，无疑使网络检索在价格竞争中占有绝对优势。这使网络检索系统在与联机检索系统的竞争中，处于非常有利的地位。[1]

网络检索与联机检索之间的关系，简言之：①信息检索的开放程度不同；②检索范围和检索对象的不同；③检索手段和服务方式的不同；④信息组织与检索技术的不同。[2]

第二节　信息检索原理

一、信息检索的一般原理

信息检索的存储与检索两个过程建立的基础是系统词表（如分类表、主题词表等）。一般而言，数据库中所收录的信息，需要依靠系统词表中的标识来加以表

[1] 张永和．关于联机检索和 Internet 网络检索的思考——由 DIALOG 新政策所想到的 [J]. 四川图书馆学报，2000（02）：75-77.

[2] 陈次白，丁晟春，颜端武，等编著．信息存储与检索技术（第二版）[M]. 国防工业出版社，2008.8.

征和组织，用户的检索提问也需要借助系统词表中的标识来加以表达。这样才能使存储与检索得到有效的沟通和控制，保证检索系统达到令人满意的查全率和查准率，减少漏检和误检。随着计算机技术、通信技术等现代信息技术的迅猛发展及其在信息检索领域应用的不断深入，关键词、单元词、自由词等一些无词表系统控制的检索语言已得到广泛应用，图形、图像、音频、视频等多媒体检索技术也取得了长足进展。文本信息的信息检索原理如下图。

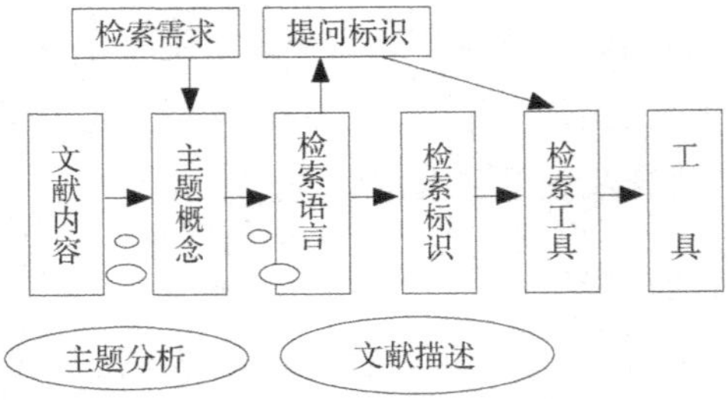

文本数据库的建立是信息检索的基础，将从底层决定信息检索系统的检索利用方式。建立文本数据库前，数据库管理者需要明确文本的搜集范围、对文本的操作方式、文本模型（如文本结构和可检单元等）。之后数据库管理者将利用数据库管理模块建立文本索引。对于大规模的信息集合而言，索引是必不可少的。索引结构可能各不相同，但常用的还是倒排索引。数据库管理者所确定的文本模型（上图）中有许多能反映其外表特征和内容特征的属性值，如文本记录的标识号、篇名、文摘、关键词、叙词、自由词、作者、期刊名、出版年、语种、产品代码、机构名称等，从检索的角度，这些属性值可能有检索意义，并有可能成为检索入口。倒排档一旦建立，文本数据库就已成为可检索的信息集合。在此基础上，现代意义上的信息检索才能开始。用户首先要明确自己的信息需求，然后运用于文本信息的文本操作方法对信息需求做语法分析和转换，以产生检索提问。再运用系统所要求的用户信息需求的表达方式，构造检索提问表达式。提交检索提问表达式，利用已建立的索引以实现快速查询，并产生检索结果。

在检索结果提交用户之前，检索系统将对检索结果进行排序，将按与用户信息需求的密切度高低进行排序。如果用户对检索结果不满意，可以修改检索提问表达式，再次进行检索。此过程可以循环（下图）。直到检索提问表达式更好地表达用户真实的信息需求，产生令用户满意的检索结果。

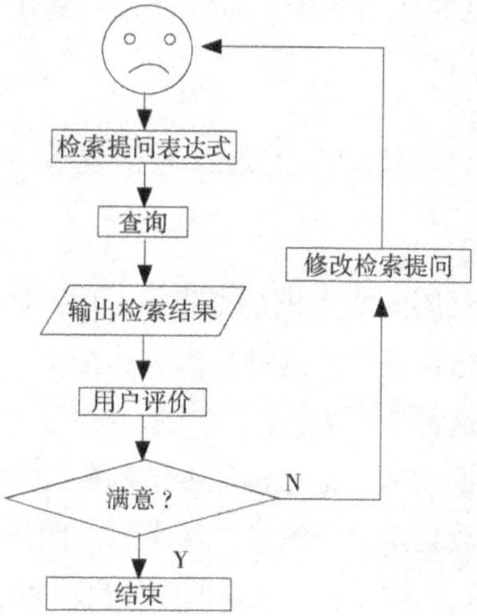

（一）Web 信息检索步骤

对于时下最为流行的 Web 上面的信息检索的原理就不同了。它的工作可分为四步（如下图）：

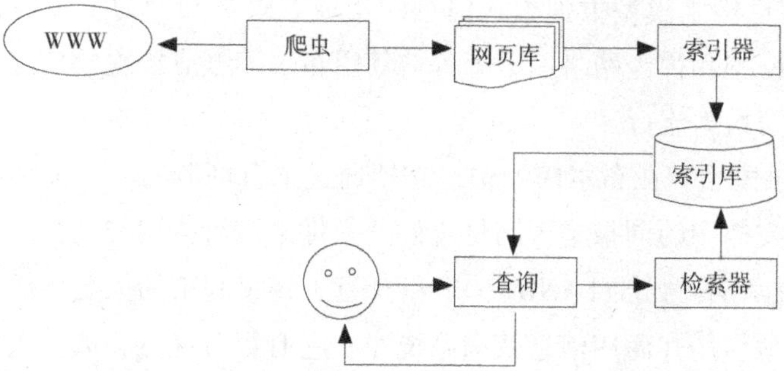

（1）利用网络爬虫（Spider），按照某种搜索策略，沿着 URL 链接爬到其他网页，重复这些过程，并把所有爬过的网页抓取回来。

（2）对爬取到的网页进行分析，提取相关信息，得到每一个网页针对页面中文字及链接中每一个关键词的重要性，屏蔽掉不重要的词语后，用信息建立网页索引数据库。

（3）系统接收到用户要查询的关键字后，调用检索器进行搜索，并将返回的结果进行相关度排序，最后按照优先度降序的方式存储在返回结果集合中。

（4）搜索结果以网页的形式将结果集中的返回给用户。

（二）核心技术

从上面对不同性质文件的检索可以发现，索引技术、检索技术等是其核心技术。

1. 索引技术

顺序查找，即通过线性匹配文本进行查找是一种不使用索引进行检索的例子。它无需对文档中的信息进行预处理。这种检索方式在文本较大时检索速度会变得非常慢，通常情况下不使用这种检索方式。解决的方法是对文档进行预处理，在文档间建立一种便于检索的数据结构，把这种数据结构称为索引。常用的索引方式主要有三种：倒排索引、后缀数组索引和签名文件索引。倒排索引的运用最为广泛。

所谓倒排索引（Inverted Index），也常被称为反向索引、置入档案或反向档案，是一种被用来存储在全文搜索下某个单词在一个文档或者一组文档中的存储位置映射的索引方法。它可以极大地提高检索速度。它是文档检索系统中最常用的数据结构。

2. 检索技术

常见的信息检索模型根据查找信息的实现方式不同分为布尔模型、向量空间模型、概率论模型和神经网络模型等等。其中布尔模型应用比较广泛，在实验环境中向量空间模型最为流行。

（1）布尔模型。在布尔模型中，文档通过来自词典的一个关键词条的集合来表示。通过看文档中的词条是否满足查询的条件来进行查询与文档的匹配过程。查询由一些逻辑操作符号（如 AND、OR 和 NOT）连接起来的关键词组成的。布尔模型目前被广泛地应用在商用信息获取系统中。它有很多优点，如实现容易、计算代价相对较少、查询语言容易表达等等。

（2）向量空间模型。在向量空间模型用向量表示信息库中的文本以及用户的查询。文档向量是一个 n 元组，其中的每个坐标都通过对应关键词的权重表示。权重越大，则相应关键词对于该文档来说越重要。查询向量与文档向量相似，查询向量中的权重表示对应关键词对于用户来说的重要程度。

向量模型的优点有：①向量模型可以对查询向量中关键词权重的赋值；②向量模型可以对文档进行相关度排序；③向量模型比布尔模型的准确度高。

然而，向量模型也有一些缺点：①向量模型中，关键词是被假设为相互独立的，而实际上一个文档中的关键词可能存在一定的联系；②查询中，不能像布尔模型一样使用关键词之间的逻辑关系。

二、检索系统构成

（一）物理构成

检索系统包括物理构成和逻辑构成。物理构成一般包括硬件、软件和数据库几个组成部分。

1. 硬件部分

硬件部分是计算机检索系统采用的各种硬件设备的总称，这部分主要包括具有一定性能的主计算机或服务器、检索系统的外围设备和在数据处理与传送中有关的其他设备等。

主计算机或服务器要适应信息检索的要求，内存要能适应处理海量数据，计算机或服务器要具有较强的逻辑运算能力，为了满足用户的需要还要有较快的响应速度。对于联机检索系统，其主机还要有多道处理和分时处理等更强的功能。

检索系统的外围设备包括外部存储器、输入输出设备等。外部存储器应具有相当大的容量以及多级存储系统。输入输出设备包括各种必要的数据录入装置与输出装置，如键盘、打印机、鼠标等。

2. 软件部分

软件部分包括与计算机检索相关的各种系统软件及相关应用软件。如操作系统、编译程序、数据库管理系统、数据输人输出程序、自动标引程序等，主要包含信息采集、存储、标引加工、词表管理、用户检索界面、提问处理、网络发布、数据库管理等模块。此外，不同的检索系统在系统软件和应用软件方面具体构成也存在着不同。

3. 数 据 库

根据 ISO/DIS 5127（《文献情报术语国际标准（草案）》）标准，数据库的定义为至少由一种文档组成，并能满足某一特定目的或某一特定数据处理系统需要的一种数据集合。数据库是检索系统的一个主要组成部分，数据库通常可以划分为以下类型：

（1）参考型数据库。它是指引用户到另一信息源以获得原文或其他细节的一类数据库，包括书目数据库和指南数据库。书目数据库就是指存储某个领域的二次文献的一类数据库。例如，中国机械工程文摘数据库等。

（2）指南数据库就是指存储某些对象的简要描述，指引用户从其他信息源获取更详细信息的一类数据库，如产品数据库、软件数据库等。

（3）源数据库。它是指提供原始资料或具体数据的自足性数据库，它包含数值数据库、文本－数值数据库、全文数据库、术语数据库、图像数据库以及音视频数据库。

（3）混合型数据库。它是指能存储多种不同类型数据的数据库。例如，光盘数据库，它泛指以光盘为载体的数据库，属于混合型数据库。

（二）逻辑构成

不管检索系统的物理构成如何，它们的逻辑构成都是相同的或基本相同的，一般由以下六个子系统构成。

1. 文献与数据的选择与抽取子系统

该子系统的功能是从外部信息源向系统输入，输入时要按照系统既定方针和用户需求进行选择。选择标准包括专业覆盖面、文献信息类型（全文信息、数值或事实信息、书目信息）、摘储率（摘引率，一种出版物中摘引其相关文献的比例数）、文种、时间跨度等，其中，专业覆盖面、摘储率是衡量选择子系统的重要指标。

2. 词表子系统

一般来说，数据库中所收录的知识与文献，需要依靠使用一定的检索语言来加以表征和组织；另外，检索者的检索提问也需借助检索语言来加以表达。这样才能使存储与检索得到有效的沟通和控制，保证检索系统达到令人满意的查准率与查全率，减少漏检与误检。采用词表控制的检索系统称为控制词汇的检索系统。随着以计算机为主体的现代信息技术在信息处理领域的广泛应用，关键词、自由词等一些无词表控制的检索语言的应用逐步推广，因而出现了非控制词汇的信息检索系统。它又可分为完全的自然语言检索系统和后控制的自然语检索系统。

后控制的自然语言检索系统在系统内设有只供检索用的后控制词表，这种词表没有预先编定的形式。而是通过检索者的使用，将检索式中用“或”逻辑相连接的检索词，由机器提取并逐步累积起来的一组一组的词表。在检索时，由系统自动纳入检索式，进行扩检。但对检索者来说，后控制的自然语言检索系统使用的是自然语言。“后控制”的过程对检索用户来说是透明的。

3. 标引子系统

按照一定的词表，对文献赋予标引词，以表征文献的特征，形成文献的标识，这一过程就是标引。通过标引，能将分散的资料彼此联系起来，预测文献同检索提问的潜在相关性。标引有人工标引和机器标引两种，人工标引依靠标引员对文献进行概念分析而实现；机器标引是通过机器对词出现的频率、出现的位置、提问频率等进行统计与加权而实现。因此，依据这个子系统，情报检索系统可分为人工标引的检索系统和机器标引的检索系统。对于完全自然语言的检索系统来说，可能根本就不进行标引，这种情况称为无标引或全标引。

4. 查寻子系统

查寻，就是把用户的需求，经过概念分析，转换成系统语言的词汇，并指出其逻辑关系的过程。具体来说，就是构造检索策略的过程。按照系统对提问式的理解与展开运算的方法，检索系统可分为布尔检索系统和非布尔检索系统。

利用布尔逻辑来表达检索词之间复杂的组配关系，一直是计算机信息检索系统采用的主要查询功能。它的优点是简洁、明了、符合人们思维的习惯。但由于它是建立在二值逻辑基础上的，对文献的相关性判断过于绝对化，因而导致漏检与误检的可能性较大。为此，检索系统采用了新的方法，如加权，位置逻辑即限定检索词在文献中的逻辑间隔，有两个词出现在同一记录中或同一段落中，或两个词中间相隔的词的个数等方法来尽量满足用户的查寻需求。

5. 用户与系统交互子系统

该系统即检索系统向用户提供的实现其检索过程的手段。

6. 匹配子系统

该子系统的功能是对文献的标引记录和提问的检索策略进行对比并决定取舍。

三、搜索引擎的评价指标

目前，互联网上存在很多搜索引擎。所以，若对一个搜索引擎的优劣进行评价具有十分重要的意义。兰卡斯特（F. W. Lancaster）于 1973 年提出了五项评价指标来衡量信息检索系统的性能，它们分别是：查准率、覆盖范围、查全率、用户负担、响应时间和检索结果输出格式。这些评价指标对于衡量一个搜索引擎的性能具有很大的指导作用。此外还可以从下述几方面进行评价：死链比率、索引数据库更新频率、数据库的规模和内容、用户界面等等。目前，查准率、查全率、死链比率、响应时间、索引库更新频率是评价一个搜索引擎优劣的最通用的五个性能指标。

1. 查准率

查准率是搜索结果中与关键字有关的信息量与检索结果的全部信息量的比值。实际应用中，查准率不太容易确定。原因是可能用户为了查找某一特定信息或类似信息而输入一个关键词，所以一般情况下只要检索到的关键词的意义与用户输入相近，就认为查准率满足精度要求。

2. 查全率

查全率的定义是搜索引擎查询到的结果中的有关信息数量和搜索引擎数据库中有关信息数量的比值。如果一个搜索引擎的查全率很低，由于用户通过这种搜索引擎查询到的信息量太少，导致其没有太大的使用价值，即用户很难得到真正有用的信息。

3. 死链比率

使用搜索引擎搜索时，永远无法获取的结果我们称为死链接。搜索引擎没有及时更新索引数据库是造成死链接的主要原因。

4. 响应时间

响应时间指用户输入检索请求到搜索引擎返回检索结果的时间间隔。在用户选择搜索引擎时，首先考虑的是搜索引擎本身的响应速度，如：一个查全率和查准率都很高的搜索引擎，如果其响应速度非常慢，则用户显然不会选择。响应时间在很大程度上也受到外界因素的影响，如网络状况等。因此，在对比不同搜索引擎的响应时间时，必须在相同的时间、相同的软硬件条件及相同的检索请求下进行。

5. 索引库更新频率

索引库更新频率指的是搜索引擎索引数据库更新周期的长短。用户能否及时获得较新的信息直接受到搜索引擎索引数据库更新频率的影响，所以这项指标尤为重要。

第三节　信息检索方法

信息检索没有固定的模式，但还是有一些规律可寻。一般按下列步骤进行。

（一）分析信息需求

信息需求是整个检索过程的关键，只有对需求有清晰的了解，才能做到心中有数。分析信息需求应从需求的目的和意图入手，明确需求的目的是为了科研立项、科技成果查新，还是进行专利申请、撰写学位论文；是查找统计数据、具体事实，还是查找医疗信息等。

（二）选择检索工具或数据库

一般情况下，明确了信息需求之后，就可以选择与之对应的检索工具或数据库等。在选择检索工具或数据库中应考虑从信息需求的学科范围、语种范围、时间范围、文献类型、经费支持、检索功能、服务方式等方面。

（三）构造检索提问式

所谓构造检索提问式就是用各种检索算符将简单概念的检索词进行组配变成能表达信息需求的复杂概念的检索提问式。其中检索词的选择至关重要，一般采用“聚类组合法”，即对检索课题按序实施如下操作：切分、删除、替换、聚类、补充、增加和组合，从而生成检索式的方法。

1. 切　　分

切分就是对信息需求的表述语句进行切分，以词为单位划分单词或词组。

汉语词语切分是使用汉语文献信息数据库过程中极为重要的一环。在检索过程中，如果没有对汉语课题进行词语切分就将其全部输入一个文本框，检索效果将很差。例如，把需求“塞外蒙汉杂居格局的形成与蒙汉双向文化吸收”全部输入到中国期刊全文数据库的一个文本框进行检索，结果只有一篇。原因是汉语不同于西方语言，表达概念的词语之间没有分隔符（空格）。在没有词语自动切分功能的检索系统中，一次性输入的需求表述通常被看成术语或词组。就本例而言，没有什么术语或词组会具有像“中华民族的多元一体格局”这样的结构，而且字数如此之多，因而命中文献的可能性是很少的。在具有词语自动切分功能的检索系统中，一次性输入的课题表述也有可能被错误切分，例如，“下雨天留客天留我不留”，就可能被切分出“下雨天留客，天留我不留”和“下雨天，留客天，留我不？留”两种截然相反的结果。实际上，建立数据库前的标引文献阶段，就进行了词语切分。我们在检索时，同样也必须按照概念对汉语表示的需求话语进行词语切分，才能查出更多、更准确的文献。词语切分的一般方法是去掉需求话语表述中的虚词和泛指的词语，然后按照概念单元分成不能再拆分的词语。例如，上面的“中华民族的多元一体格局”，可以分成“中华民族”“多元一体”“格局”几个概念分别输入中国期刊全文数据库的检索框，检索效果将得到明显改善。

词是语义切分的最小单元，也是检索的最小单元；切分必须彻底，必须“到词为止”；同时，切分必须适度，只能“到词为止”，否则将失去原意而产生错误。

2．删　　除

删除是指对不宜作检索词的词进行剔除，且避免使用一般概念性的词作主题词，如“研究”、“状况”、“合成”、“应用”、“性能”、“发展”、“影响”等。

3．替　　换

替换用更具体、明确的词替换掉某些表达欠佳的词。

4．聚　　类

如从文献的外部特征聚类，宜将彼此“非常相关的词”归为一类。

5．补　　充

补充就是对缩略词组进行还原作为补充。

6．增　　加

通过逻辑“或”增加同义词，逻辑“与”、“非”增加限义词，避免由于检索词一词多义造成的误检问题。

7．组　　合

组合就是使用布尔逻辑算符、全文算符、截词算符及字段算符等将“聚类组合”过的需求话语构造成合乎需要的检索提问式。

在构造检索提问式时要注意各种算符的运算顺序，位置算符、截词算符等的使用方法，还要考虑各个检索项的限定要求及输入次序等。

（四）实施检索

在分析需求话语的基础上，选择好检索工具或数据库后，即可按照一定的检索途径（检索字段）和检索方法（检索方式）实施检索。经过阅览便可决定取舍，凡符合需求话语要求的应随时记录其文献出处，以便查考原文备用。但在实际的需求话语检索当中，经常是首次输入的检索提问式的检索效果，并不一定就完全符合要求，此时就需要及时采取措施、调整检索策略。

（五）获取全文

若是全文库或网络信息检索，一般都能看到原文；若是文摘题录库，则需记录其论文题名和文献出处另行索取。

参考文献

[1] [美] Christopher D. Manning, Prabhakar Raghavan,Hinrich Schütze. 信息检索导论 [M]. 王斌 , 译 . 人民邮电出版社 ,2010.

[2] 范铮 . 世界上第一个机器检索的一些启示 [J]. 情报科学 ,1984(3):41-46.

[3] 郭于军 . 充分利用机器检索手段开展情报咨询 [J]. 兵工情报工作 ,1985(5):23-25.

[4] 胡萍 , 蔡清万 . 美国图书馆参考咨询的起源与发展 [J]. 图书馆 ,2004(4).

[5] 夏立新 . 基于 WWW 的学术信息检索策 [M]. 华中师范大学出版社 ,2004(6).

第四章　网络民族学信息检索

第一节　网络环境对民族学信息检索的影响

关于网络社会，在学界目前还没有一个大家公认的定义。但是大家又都在使用“网络社会”这个概念。大家也似乎达成某种共识，即认为网络社会是指在以互联网为核心的信息技术作用下，人类社会已经开始进入的新的社会阶段或社会形式。在学术界，在已有的关于这个词的使用中，存在两类情况的含义：①网络社会是指 Network Society；②是指 Cyber Society。虽然汉语词一样，很明显二者的实际含义存在很大差异。Network Society 是作为社会网络结构使用，Cyber Society 是作为网络技术使用。

一、网络社会环境

作为一种社会形态的“网络社会”（Network society），曼纽尔·卡斯特在《网络社会的崛起》中界定：作为一种历史趋势，信息时代支配性功能与过程日益以网络组织起来。网络建构了我们社会的新社会形态，而网络化逻辑的扩散实质地改变了生产、经验、权力与文化过程中的操作和结果。虽然社会组织的网络形式已经存在于其他时空中，新信息技术范式却为其渗透扩张遍及整个社会结构提供了物质基础……网络化逻辑会导致较高层级的社会决定作用甚至经由网络表现出来的特殊社会利益：流动的权力优于权力的流动。在网络中现身或缺席，以及每个网络相对于其他网络的动态关系，都是我们社会中支配与变迁的关键根源。[1]

此时的“网络社会”（Network society）中的“网络”（Network），既不是专指互联网（Internet），也不是专指电脑网络（Computer network），而是指一种分

[1]　曼纽尔·卡斯特 . 网络社会的崛起 [M]. 夏铸九 , 等译 . 社会科学文献出版社 ,2001.

析当今信息时代社会发展和整体结构的有力工具和视角。

现实社会是由团体、组织与社群聚集而成，而这样的网络社会环境却是由点与点之间连接而构成。卡斯特就认为，网络社会对于制造、经验、权力以及文化、教育等具有很大的影响力。

网络社会（Network society）首先在于它是现实的社会，属于一种世界普遍交往的社会结构；同时它是充分将信息网络（如Internet）作为人类交往实践活动的技术网络。在这样的界定下，我们可以说，“网络社会”（Network society）是在人类社会结构变迁过程中，一种作为人类交往实践活动的新生社会关系网络与信息技术网络的社会共同体。从微观来看，该“网络社会”是从原现实社会中分化出来的比特世界与原子世界分离与统一的新的现实社会。从宏观视之，它是由人们的交往实践主体与主体通过网络这一中介客体构成的一个相互交错或平行的交往大系统，是现代世界交往、互动联系的媒介，是交往实践全球化的共在结构。

另一个网络社会（Cyber society），Cyber是“电脑的；网络的”之意。所以，网络社会（Cyber society）是一个人们在互联网（Internet）上的网络空间中互动发生关系的社会形式。Internet连接着无数电脑终端，也连接着使用这些终端进行信息生产、传播和接受的“人”。既然连接是“人”，因此网络社会（Cyber society）也在一定意义上是社会网络（Social network），也就具有社会网络（Social network）的某些规律。

显然Network society和Cyber society存在很大的区别。为了区分作为信息化社会的共同的社会结构形态和基于互联网技术架构的网络空间中的新的社会形式的两个“网络社会”，有的研究者提出用“网络社会”来指涉Network society，用“赛博社会”来指涉Cyber society。[1]

二、网络技术环境

互联网是通过TCP/IP协议把全世界计算机、网站、网页等连接起来的巨大系统。运用计算机技术、网络技术、通信技术等科学技术使分布在全球的信息设备将各种信息资源跨越时空地联系在一起，为人们的利用提供了便捷的平台。人们借助一台个人计算机就可以浏览网络上的文本、图形、声音、图像等信息。这些信息利用了数字技术、多媒体技术等科学技术把不同载体、不同形式的信息搬上互联网。

超文本和WWW技术实现了Internet上客户机与服务器的集合，将全部的Web

[1] 郑中玉，何明升．“网络社会”的概念辨析[J]. 社会学研究，2004（1）：16-24.

站连接在一起，将全部的相关信息链接在一起，通过它可以存取世界各地的超媒体文件以及各式各样的软件。

人工智能技术、自然语言理解技术、自动索引技术、数据库技术以及相应的硬件，使快速地把浩如烟海的动态信息进行过滤、筛选、整序、建库成为可能，也为网络信息各种途径的快速查询提供了技术条件。Altavista 在一天内就可以把上亿的网页浏览一遍，把新数据加入到自己的索引库，没有这些技术的支持是不可想象的。

网络信息的组织和网络信息分类法的编制，只有与当时的网络信息环境技术相适应，才能最大限度地发挥信息组织的作用。

三、网络信息检索

网络信息检索是指通过网络信息检索工具检索存于 Internet 信息空间中各种类型的网络信息资源。目前，Internet 上信息检索的方式主要有两种：非 Web 信息检索和 Web 信息检索。

1. 非 Web 信息检索

非 Web 信息检索是以非 Web 资源（如：FTP、Gopher、Telnet、Usenet 等）为检索对象的信息检索。使用的检索工具有：Archie、Veronica、Gopher、WAIS[1] 等。

2. Web 信息检索

Web 信息检索是以 Web 信息为检索对象，又以 Web 形式提供结果的检索方式。此种信息检索方式目前应用最为普遍，几乎成了网络信息检索的代名词。其检索方式有：浏览器方式和搜索引擎方式。

（1）浏览器方式（Browsing systems）是指用户通过访问 Internet 浏览器，利用 HTTP 协议提供的 WWW 服务，浏览 Web 页面和通过 Web 页面提供的检索方式访问数据库。

（2）搜索引擎方式（Search Engines）。搜索引擎是 Internet 提供公共信息检

[1] WAIS 是基于关键词的 Internet 检查工具。WAIS 使用的是自己的协议是 Z39.50 标准（国际信息标准组织制定的标准）的 Internet。Web 用户可以下载一个 WAIS 客户机程序和一个“网关”到 Web 浏览器，或者通过远程登录，连接到一个公共的 WAIS 客户机，这样就可以使用 WAIS 了。由于丰富的服务器文件以及搜索引擎现已存在，所以大多数的 Web 用户将会觉得 WAIS 是多余的。但是，对于图书管理员、医学研究员等人，则可通过 WAIS 得到一些 Web 上没有的专业信息。

索服务的 Web 站点，它是以一定的技术和策略在 Internet 中搜集和发现网络信息，并对网络信息进行理解、提取和处理，建立数据库，同时以 Web 形式提供一个检索界面，供用户输入检索关键词、词组或短语等检索项，代替用户在数据库中查找出与提问相匹配的记录，同时返回结果且按相关度排序输出，从而起到快速查找信息的目的。搜索引擎所处理的信息资源主要包括 WWW 服务器上的信息，另外还包括电子邮件和新闻组信息。

常见的 Web 信息检索工具有 Yahoo![1]、Infoseek[2]、Excite[3]、Webcrauler[4]、Lycos[5]、Altavista[6]、和 Hotbot[7] 等等。

四、用户界面

用户界面（User Interface，UI）是信息系统、网络系统等和用户之间进行交互和信息交换的媒介，它实现信息的内部形式与人类可以接受形式之间的转换。好的 UI 设计不仅让信息检索软件变得有个性有品味，还要让信息检索软件的操作变得舒适、简单、自由，充分体现信息检索软件的定位和特点。

用户与搜索引擎的交互过程中，由于交互的背景不同、目的不同，会影响检索效果。

用户输入的检索词可能在多个领域都出现，搜索引擎关注的是客观上被检出信息被广泛认可的程度，而缺少对个体用户的个别关注，因此不能区分不同用户使用相同词语时不同的需求倾向，于是造成过载输出，提供了许多与用户需求无关的结果。用户缺乏检索技巧，无法真正检索到有用的相关信息，埋没了数据库中许多有价值的信息。

五、用户个人的信息素养

信息素养（Information Literacy）是一种知识管理的策略。根据美国德萨斯大学图书馆的信息素养培训计划指出，信息素养是一种“使人能够更有效地选择、查

[1] http：//www.yahoo.com/ 和雅虎中文 http：//cn.yahoo.com/。

[2] http：//go.com/（Infoseek 被迪斯尼收购，同时改名为 go.com）。

[3] http：//www.excite.com/。

[4] http：//www.webcrawler.com/。

[5] http：//www.lycos.com/。

[6] http：//www.Altavista.com/。

[7] http：//www.hotbot.com/。

找及评估传统或网上资源的技巧”[1]。

“信息素养”作为学术名词在1974年出现。美国图书馆学会（ALA）举办了“ALA Presidential Committee on Information Literacy”的会议。主席保罗·车可斯基（Paul Zurkowski）在会议中第一次提出这个名词“Information Literacy”。到了21世纪，“信息素养”这个名词在教育界逐渐取代了原来的“信息能力”（Information Competency）或“信息技能”（Information Skills）等名词。原因是“信息素养”讲求较高层次方面的知识、技能与态度，而不是仅指能力或认知上的评估。所谓“素养”，原指对于文字的读写能力。把这个概念应用到信息领域，就是指人对信息的解读及制作能力。而信息的载体又多种多样，除印刷媒介外，还有视频、音频、图片、流媒体、网上媒体等。由于互联网的出现，信息量开始呈几何倍数增长。面对这高速及大量出现的信息，其良莠不齐的特性，使信息使用者真伪莫辨。因此，信息素养也是衡量信息检索质量一个重要指标。

有较高信息素养的人能知道所需信息的性质和范围；有较高信息素养的人可以有效地获得需要的信息；有较高信息素养的人能评估信息，然后把有用的信息融合到他们的知识库中；有较高信息素养的人能够有效地利用信息来实现特定的目的；有较高信息素养的人熟悉许多与信息使用有关的经济、法律和社会问题，并能合理合法地获取信息。

第二节　Web2.0

Web2.0是2004年以后的互联网模式，是新一类互联网应用的统称。由Web1.0单纯通过浏览器浏览网页向Web2.0的内容更丰富、联系性更强、工具性更强的模式发展，已经成为互联网发展趋势。

一、什么是Web2.0

Web2.0始于O′Reilly Media公司与MediaLive International公司的一个头脑风暴会。后来在约翰·巴特勒（John Battelle）[2]的继续推动下，O′Reilly Media公司和MediaLive International公司共同举办了“2004国际Web2.0大会”，即第一届Web2.0大会。会议上人们就“以Web2.0为平台的新兴商务活动”的主题，对

[1]　http：//zh.wikipedia.org/wiki/资讯素养。

[2]　Federated Media Publishing董事会主席。

Web2.0 展开了热烈的讨论。2005 年，蒂姆·奥莱利（Tim O' Reilly）发表了《什么是 Web2.0？》[1] 一文。文中对 Web2.0 的概念、特征、应用等进行了独到的阐释，并描述了 Web2.0 的框图——Web2.0 Meme Map。

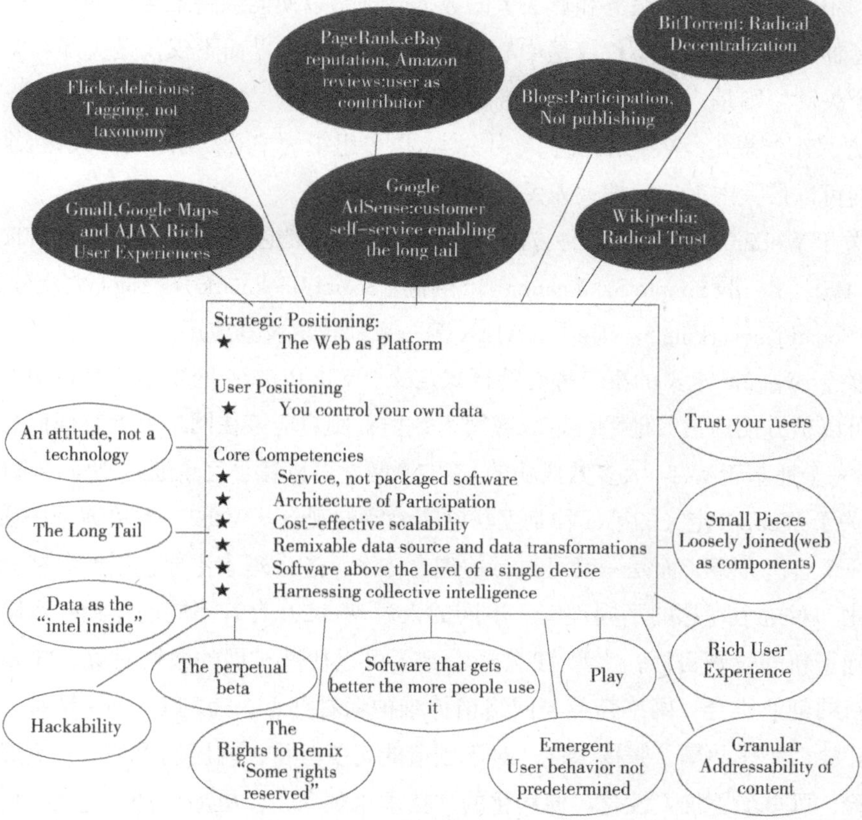

图源 [2]：http：//oreilly.com/web2/archive/what-is-web-20.html

从此，该文成为 Web2.0 的经典，蒂姆·奥莱利也一跃成为 Web2.0 的代表人物。同年，O' Reilly Media、Battelle 和 MediaLive 公司在美国举办了以"Web2.0 的创新与机遇"为主题的第二届 Web2.0 大会。此次大会带来显著变化：一年前漠视 Web2.0 的大公司，如微软、Yahoo!，也成为 Web2.0 的积极推动者。

2006 年第三届 Web2.0 大会对外发布了一份名为《Web2.0 原理和最佳实践》的商业报告。这份报告主要由 Programmable Web 公司的 John Musser 撰写，得到了 Tim O' Reilly 和 O' Reilly Radar Team 的大力支持。报告通过多种方式更加清晰地诠

[1]　提姆·奥莱理 . 什么是 Web2.0？ [J]. 玄伟剑，译 . 互联网周刊 ,2005（11）.

[2]　Tim O'Reilly.What is Web2.0?[J].O'ReillyMedia,Inc.,2009.

释了 Web2.0，包括 Web2.0 的新内涵与外延。

什么是 Web2.0？其实不管是在学界，还是那些互联网的实干家们，还没有达成一个一致的定义。比如，Web2.0 概念的提出者蒂姆·奥莱利说 Web2.0 的经验是有效利用消费者的自助服务和算法上的数据管理，以便能够将触角延伸至整个互联网，延伸至各个边缘而不仅仅是中心，延伸至“长尾”[1] 而不仅仅是头部。Web2.0 的一个关键原则是：用户越多，服务越好。

方兴东[2] 提出：Web2.0 以个人为主体，以自组织为中心，通过这两大核心特点，互联网可以最大限度地发挥“人民群众”的创造力。

关于 Web2.0 定义的第二种方法是列举。Web2.0 是包括 Blog（博客）、Wiki（维基）、RSS（Really Simple Syndication）、网摘（Social Bookmark）、Tag（大众分类）、SNS（Social Networking Service）、AJAX 等一系列技术及其应用。

关于 Web2.0 定义的第三种是特征式定义。WikiPedia：网站不能是封闭的，它必须可以很方便地被其他系统获取或写入数据；用户应该在网站上拥有他们自己的数据；完全地基于 Web，大多数成功的 Web2.0 网站可以几乎完全通过浏览器来使用。

关于 Web2.0 定义的第四种是互联网实验室的观点。Web2.0 不单纯是一项技术或者一个解决方案，而是一套可执行的理念体系。这个理念主要包括网络社会化和个性化。对这个理念的不同理解，不同的人对 Web2.0 有着不同的诠释：风险投资人看到了新的投资目标；大型 IT 公司看到了可以快速扩展的收购对象；IT 草根看到了新的创业机会；网络精英与网络精神维护者看到了久违的 Internet 精神——平等、开放、协作共享、张扬个性、对于创造的高度尊重；网民们看到的是更好的网络体验，可享受更加人性化、便利化的“技术与观念”，更加丰富、优质，可获得的网络信息服务，网络上的社区、互动、资源的自我组织等。

因此，我们认为，Web2.0 使与互联网有关的一系列技术与用户需求得以完美结合，从而产生的一次大规模的应用普及，它将深刻影响经济、文化、思想理念和社会生活等各个方面。

---

[1] 根据维基百科，长尾（The Long Tail）这一概念是《连线》杂志主编克里斯·安德森（Chris Anderson）在 2004 年“长尾”一文中最早提出，用来描述诸如亚马逊和 Netflix 之类网站的商业和经济模式。“长尾”实际上是幂律（Zipf 定律与 Pareto 定律）的一个口语化表达。

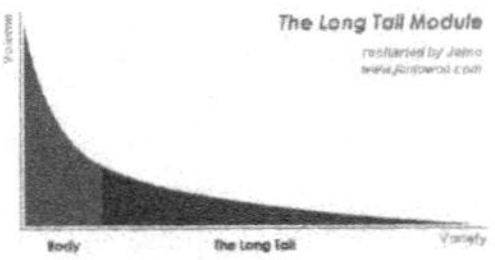

（图片来自 http：//wiki.mbalib.com/wiki/ 长尾理论）

例如，我们常用的汉字数量并不多，但因出现频次高，所以这些为数不多的汉字占据了图中的浅色区；其他汉字使用率相当低，它们就属于长尾。

[2] 中国博客教父、“博客中国”创始人、Web2.0 倡导者。

二、Web2.0 与 Web1.0 比较

Web2.0 是以 Web1.0 为基础和条件发展起来的新一代互联网体系，在形式与特征等诸多方面存在很大的不同，如下表[1]所示。

	Web1.0	Web2.0
发展时间	1993—2003 年	2003 年—至今
应用基础	操作系统	浏览器或桌面系统
信息传播目的	满足尽可能多的用户的共同需求	满足尽可能多的用户的个性需求
内容单元	网页	篇或记录
信息交互方式	网站对用户	群体、内容的 P2P 互动传播
信息组织方式	他组织	自组织、协同组织
内容创建主题	网页编写者、IT 经营	任何人
体系结构	C/S	Web/Server
网络增值基点	信息加工	服务深化
创业基础	成本与门槛较高	成本低、融资额度与规模较大

三、Web2.0 的技术基础

Web2.0 是以信息获取、信息发布、信息共享等技术为主的一系列技术及其应用。

（一）信息发布

在 Web1.0 时代，用户是无法通过网络发表自己的个人观点或信息的，只能通过浏览器获取信息。Web2.0 则注重用户的交互作用，用户既是网站内容的浏览者，也是网站内容的制造者。所谓网站内容的制造者是说互联网上的每一个用户都可以一定的媒介发布消息。这些媒介包括 Blog、Comment 等。

1. Blog

博客，又译为网络日志、部落格等，是一种通常由个人管理、不定期张贴新文章的网站。1997 年 Jorn Barger 首次提出 Blog 概念，1999 年，Prter Merholz 首次使用缩略语“Blog”[2]。Blog，来自 WeBlog 的简称；WeBlog，又来自 Web 和 Log 的组合。Web，指 World Wide Web；Log，指“航海日志”，现指任何类型的流水记

[1] 王伟军，黄杰企 . 企业信息资源集成管理 [M]. 华中师范大学出版社 ,2008（6）：266.

[2] 博客的历史 .http：//finance.people.com.cn/GB/43429/66424/4544692.html。

录。合起来，WeBlog 就是在网络上的一种流水记录形式或者简称“网络日志”。Blogger 或 WeBlogger，是指习惯于日常记录并使用 WeBlog 工具的人。写 Blog 的人（Blogger）可以发表自己的想法，放置自己喜欢的图片，其他人可以对放置的内容进行浏览、评论等。博客中国、新浪博客、网易博客等都是具体应用中用户群体比较大的博客网站范例。截至 2012 年 12 月底，我国博客和个人空间用户数量为 3.72 亿人，较上年底增长 5 435 人。[1]

新浪博客[2]，中国门户网站——新浪网的网络日志频道。新浪网博客频道是全国最主流、人气颇高的博客频道之一。拥有娱乐明星博客、知性的名人博客、动人的情感博客、自我的草根博客等。

2006 年世上开始出现一种和 Blog 有渊源关系，但是与博客又有些许不同的 MicroBlog，微博客。

2006 年 3 月，Blog 技术先驱 Blogger 创始人埃文·威廉姆斯（Evan Williams）推出了大微博服务产品——Twitter。在最初阶段，这项服务只是用于向好友的手机发送文本信息。Twitter 的出现把世人的眼光引入了一个叫“微博”的小小世界里。Twitter 是一个社交网络及微 Blog 服务。用户可以经由 SMS、即时通信、电邮、Twitter 网站或 Twitter 客户端软件（如 Twitterrific）输入最多 140 字的文字更新。

2009 年中国门户网站新浪推出“新浪微博”内测版，成为门户网站中第一家提供微博服务的网站，微博正式进入中文上网主流人群视野。截至 2012 年 12 月底，我国微博用户规模为 3.09 亿，较 2011 年底增长了 5 873 万，增幅达到 23.5%。[3]

2. Comment[4]

即评论，由网民对某种信息进行内容点评，反馈给其他的用户及系统管理员，以便更好地掌握信息的价值。

在 Web2.0 时代，评论形成了一个评论圈，参评的对象不仅仅局限于一篇文章，也可以针对某一种商品对象，通过广大网民的评论，为其他购买该商品的用户提供参考价值，又能够进行商品之间的有效竞争，提高服务质量，如旅游点评、餐饮点评。如豆瓣网、五点二十九、下班网、大众点评网等。

[1] 中国互联网络信息中心 . 第 31 次中国互联网络发展状况统计报告 .2013.1.

[2] http：//Blog.sina.com.cn。

[3] 中国互联网络信息中心 . 第 31 次中国互联网络发展状况统计报告 .2013.1.

[4] 徐晓昕，邹晨，朱慧华 .Web2.0 动态网站开发：ASP.NET 技术与应用 [M]. 清华大学出版社 ,2008.9：10.

豆瓣[1]是以技术和产品为核心、生活和文化为内容的创新网络服务。它的核心用户群是具有良好教育背景的都市青年，包括白领及大学生。他们热爱生活，除了阅读、看电影、听音乐，更活跃于豆瓣小组、小站，对吃、穿、住、用、行等进行热烈的讨论。

当然，豆瓣表面上看去是一个评论（书评、影评、乐评）网站，但实际上它却提供了书目推荐和以共同兴趣交友等多种服务功能，它更像一个集 Blog、交友、小组、收藏于一体的新型社区网络。

（二）信息获取

在 Web1.0 时代，用户通过浏览器获取信息，Web2.0 延续了这一特点，同时注重用户间的交互。也就是说，Web2.0 由被动地接收互联网信息向主动创造互联网信息发展。

1. RSS

简单来说，RSS 可能是 Really Simple Syndication，也可能是 RDF（Resource Description Framework） Site Summary，还可能是 Rich Site Summary。造成这种情况的原因是不同的技术团体做 RSS 的数据格式不一样，因此存在不同的解释。但是基本 RSS 就是一种简单的信息发布和传递方式，可使一个网站方便地调用其他提供 RSS 订阅服务的网站的内容，从而形成“新闻聚合”，让网站发布的内容在更大的范围内传播。

RSS 的思想要追溯到 1995 年，那时 Ramanathan V. Guha 和苹果电脑公司高级技术组的其他人员开发了测试内容框架（Meta Content Framework）。[2]1997 年，戴夫·维纳（Dave Winer）开发出 ScriptingNews，是 RSS 的诞辰。

RSS 可用来订阅 Blog 和新闻等。

有了 RSS，你就在不同网站中来回转换。只要将你需要的内容订阅在 RSS 阅读器中，这些内容就会自动推送你的阅读器里。

RSS 优点很多，但主要体现在以下四点：①多样性、个性化信息的聚合。RSS 是一种基于 XML（Extensible Markup Language，扩展性标识语言）标准，是一种互联网上被广泛采用的内容包装和投递协议，任何内容源都可以采用这种方式来发布，包括专业新闻、网络营销、企业甚至个人等站点。只要在用户安装了 RSS 阅读器软

[1] http：//baike.baidu.com/view/306024.htm。

[2] http：//en.wikipedia.org/wiki/RSS[2013-03-10]。

件，用户就可以按照喜好有选择性地将感兴趣的内容来源聚合到该软件的界面中，为用户提供多来源信息的“一站式”服务。②信息发布的时效强、成本低廉。由于RSS阅读器中的信息是随着订阅源信息的更新而及时更新的，所以极大地提高了信息的时效性和价值。此外，服务器端信息的RSS包装在技术实现上极为简单，而且是一次性的工作，使长期的信息发布边际成本几乎降为零，这完全是传统的电子邮件、互联网浏览等发布方式所无法比拟的。③无“垃圾”信息和信息量过大的问题。RSS阅读器中的信息是完全由用户订阅的，对于用户没有订阅的内容，以及弹出式广告、垃圾邮件等无关信息则会被完全屏蔽掉。因而不会有令人烦恼的“噪音”干扰。④本地内容管理便利。对下载到RSS阅读器里订阅内容，用户可以进行离线阅读、存档保留、搜索排序及相关分类等多种管理操作，使阅读器软件不仅是一个“阅读”器，而且还是一个用户随身的“资料库”。

新浪点点通、FeedDemon、飞火流星、周博通、看天下等RSS阅读器在用户中占一定份额。

2. Digg

掘客。所谓“掘客”，就是不断挖掘互联网新闻，提交到Digg网站，最后通过其他用户的投票，决定该新闻的价值。再经过Digg网站的算法，发布到相应位置。Digg的新闻发布靠的是用户的投票，不同于以往CMS（Content Management System，内容管理系统）的发布是凭借编辑个人的主观判断。digg.com采用了一个更加民主的方法——评分。用户可以随意提交文章，然后由阅读者来判断该文章是否有用，Digg此文章的用户人数越多，说明该文章越热，当Digg数达到一定程度，那么该文章就会出现在首页或者其他页面上。当然，为避免蓄意Digg，规定一个人或者相同的IP是不能重复Digg的。

2004年，美国人凯文·罗斯（Kevin Rose）创办了digg.com，这是全世界第一个掘客网站。最初定位于科技新闻的挖掘；后扩充到其他的门类。Digg曾是全美第24位大众网站，逼近纽约时报（第19位）。每天有超过100万人聚集在掘客阅读、评论信息。[1] 但是，由于Facebook等社交网站迅速兴起，Digg日渐衰落以至2012年以很低的价格将网站域名转让。

3. Search

搜索引擎（Search Engine），是一个对互联网信息资源进行搜索、整理和分类，

[1] Digg.http：//baike.baidu.com/view/394220.htm[2013-03-10]。

并储存在网络数据库中供用户查询的系统，包括信息搜集、信息分类、用户查询三部分。目前流行的搜索引擎有三大类。

（1）目录式搜索引擎。目录索引，顾名思义就是将网站分门别类地存放在相应的目录中，因此用户在查询信息时，可选择关键词搜索，也可按分类目录逐层查找。如以关键词搜索，返回的结果跟搜索引擎一样，也是根据信息关联程度排列网站，只不过其中人为因素要多一些。如果按分层目录查找，某一目录中网站的排名则是由标题字母的先后顺序决定（但也有例外）。

这类搜索引擎的特点是网站提供目录浏览服务和直接检索服务。优点是信息准确、导航质量高，缺点是需要人工介入、维护量大、信息量少、信息更新不及时。这类搜索引擎的主要代表有 Yahoo!、LookSmart、OpenDirectory、GoGuide 等。

Yahoo!，中文名雅虎，是最老的"分类目录"搜索数据库之一，也是目前最重要的搜索服务网站之一。公司由杨致远和戴维·费洛于 1994 年 4 月创立，开启了人类的网络时代。

1994 年，当时刚出现的因特网浏览器 Mosaic 吸引了他们。于是，他们也制作了自己的主页，把喜欢的网址收集起来，链接到自己的主页上。他们在因特网上通宵达旦地游历以收集自己喜欢的站点。随着收集的站点资料日益增多，他们开发了一个数据库系统来管理资料，并把资料整理成方便的表格。站点的名单越来越长了，于是他们将站点分成不同类别，很快每一类站点也太多了，他们又将每一类分成子类。Yahoo! 的雏形就这样诞生了，核心就是按层次将站点分类，这很像中国的图书分类法，中国图书分类法将图书根据内容分成大类，大类下面再分小类、细类，直到书名目录。

Yahoo! 所收录的网站全部用人工按照类目编辑分类。其能击败竞争对手的有力武器即是其分类的质量非常高。[1]

（2）机器人搜索引擎。和依靠人工进行站点搜集与分类的搜索引擎不同，机器人搜索引擎由一个称为蜘蛛（Spider）的机器人程序以先定策略自动地在互联网中搜集和发现信息然后建立索引，由检索器根据用户的查询输入检索索引库。搜索引擎机器人也称网络蜘蛛（Web Spider），这是一个很形象的名字。如果把互联网比喻成一个蜘蛛网，那么 Spider 就是在网上爬来爬去的蜘蛛。网络蜘蛛通过网页的链接地址来寻找网页，从网站某一个页面（通常是首页）开始，读取网页的内容，找到在网页中的其他链接地址，然后通过这些链接地址寻找下一个网页，这样一直

[1] 杨致远 .http：//finance.ifeng.com/people/comchief/yangzhiyuan.shtml[2013-03-10]。

循环下去，直到把这个网页都抓取完为止。如果把整个互联网比作一个网站，那么网络蜘蛛就可以用这个原理把互联网上所有的网页都抓取下来。

机器人搜索引擎的服务方式是面向网页的全文检索服务。优点是信息量大、更新及时、无需人工干预，但返回信息过多，有很多无关信息。

这类搜索引擎的代表有 Altavista、NorthemLight、Excite、Infoseek、Inktomi、FAST/FastSearch、Lycos、Google。

Altavista 是全球最知名的网上搜寻引擎公司之一，同时提供搜寻引擎后台技术支持等相关产品。1995 年由迪吉多公司（Digital Equipment Corporation）创立。Altavista是一个以网页全文检索为主,同时提供分类目录的搜索引擎。内容极其丰富，可以真正称为海量信息检索。截至 2002 年 6 月，Altavista 宣称其数据库已存有 11 亿个 Web 文件，并且经过升级，其搜索精度已达搜索界领先水平。[1]

Altavista 提供常规搜索、高级搜索和主题搜索，主题包括图像（Images）、MP3/Audio & Video 等。高级搜索提供日期、语种、布尔逻辑和近似条件搜索。常规及高级搜索均允许针对 Title、URL 或特定的域名进行检索。用户还可以在定制的搜索条件（包括 Title、URL、Host、Links 等）输入框中填入文字进行搜索。

目前，搜索引擎与目录搜索引擎已开始相互融合、渗透。原来一些纯粹的全文搜索引擎现在也提供目录搜索，如 Google 就借用 OpenDirectory 目录提供分类查询。而 Yahoo! 通过与 Google 等搜索引擎合作扩大搜索范围。Altavista 主页显示 LookSmart 的索引目录并提供 LookSmart 注册。

（3）元搜索引擎。元搜索引擎由三部分组成：检索请求提交机制、检索接口代理机制、检索结果显示机制。“请求提交”负责实现用户个性化的检索设置要求，包括调用哪些搜索引擎、检索时间限制、结果数量限制等。“接口代理”负责将用户的检索请求翻译成满足不同搜索引擎要求的格式。“结果显示”负责所有元搜索引擎检索结果的去重、合并、输出处理等。元搜索引擎的出现，对于那些需要连续地使用不同的搜索引擎重复相同的检索的人来说，是一个福音。使用元搜索引擎同时对几个搜索引擎进行检索，获得分级编排的检索。

这类搜索引擎服务方式为面向网页的全文检索。返回结果的信息量更大、更全，但不能够充分使用所有搜索引擎的功能。这类搜索引擎的代表是 WebCrawler、InfoMarket 等。

[1] 国外搜索引擎介绍 .http：//www.se-express.com/about/Altavista.htm[2013-03-10]。

（三）信息共享

在 Web2.0 模式下，可以不受时间和地域的限制分享各种观点。用户可以得到自己需要的信息也可以发布自己的观点。

1. Wiki

Wiki 是一种多人协作的写作工具。Wiki 站点可以有多人（甚至任何访问者）维护，每个人都可以发表自己的意见，或者对共同的主题进行扩展或者探讨。

Wiki 源自夏威夷语的 WikiWiki，本是“快点快点“之意。Wiki 的中文翻译有维客、共笔或维基等，其中“维基”一词是中文维基百科人特别为维基百科创造的词，属于 Wiki 媒体的专用术语。Wiki 是由软件设计模式社区发展出来，用来书写与讨论模式语言。沃德・坎宁安（Ward Cunningham）于 1995 年 3 月 25 日成立了第一个 Wiki 网站：WikiWikiWeb。他使用了 Wiki 这个名字以及相关概念，并且实现了第一个 Wiki 引擎。[1]

Wiki 是一个供多人协同写作的系统。与 Blog、论坛等常见系统相比，Wiki 有以下特点：①使用方便、维护快速、格式简单、链接方便；②自组织（同页面的内容一样，整个超文本相互关联也可以不断修改、优化）；③信息是不断增长的；④开放性。

Wiki 最适合做百科全书、知识库、整理某一个领域的知识等知识型站点，几个分别在不同地区的人利用 Wiki 协同工作共同写一本书等。Wiki 技术已经被较好地用在百科全书、手册 / FAQ 编写、专题知识库方面。

作为一种工具，Wiki 目前最成功地应用包括维基百科[2]、网络天书[3]等。

维基百科是一个自由、免费、内容开放的百科全书协作计划，参与者来自世界各地，是目前世界上最大的 Wiki 系统，是一个基于 Wiki 和 GNU FDL（GFDL）[4]的百科全书网站系统。该系统于 2001 年 1 月投入运行，截至 2013 年 1 月，维基百科条目数第一的英文维基百科已有 415 万个条目，而全球所有 282 种语言的独立运作版本共突破 2 100 万个条目，总登记用户也超越 3 200 万人，而总编辑次数更是超越 12 亿次。大部分页面都可以由任何人使用浏览器进行阅览和修改，英文维基百科的普及也促成了其他计划。[5]

网络天书，是基于 Wiki 技术的网站，2003 年 8 月 1 日成立，是中国大陆第一

[1] http：//zh.wikipedia.org/wiki/wiki。

[2] www.wikipedia.org。

[3] www.cnic.org。

[4] GNU, 一个类似 UNIX 的操作系统（http：//zh.wikipedia.org/zh-cn/GNU）。FDL（Free Documentation License）。

[5] 维基百科 ,http：//baike.baidu.com/view/1245.htm[2013-03-11]。

个自主创办的中文的 Wiki 站点。[1] 创始人叶群峰 [2]。

网络天书创办的宗旨是建立一个完整、准确、内容开放和立场中立的网络天书（不仅仅是百科全书），形成一个尽可能涵盖各个领域各方面知识，凝聚实践经验与智慧的在线天书。网络天书是一个自由、免费、内容开放的百科全书协作计划。

2. P2P

P2P 是英文“Peer-to-Peer”（对等）的简称，意思是“点对点”。“对等”技术，是一种网络新技术，依赖网络中所有参与者的计算能力和带宽，而不是把计算都聚集在较少的几台服务器上。P2P 还是英文“Point to Point”（点对点）的简称。它是下载术语，意思是在你自己下载的同时，自己的电脑还要继续做主机上传，这种下载方式，人越多速度越快，但缺点是对硬盘损伤比较大（在写的同时还要读），还有对内存占用较多，影响整机速度。

我们介绍的是 Point to Point。在“点对点”的应用中，软件很多，包括 QQ、eMule 等都是。

eMule。eMule 是一个开源免费的 P2P 文件共享软件，基于 eDonkey2000 的网络，遵循 GNU 通用公共许可证协议发布，运行于 Windows 环境。早期 eMule 中文名称是“电驴”，现在根据 eMule 官方网站的简体中文版说法，“eMule”译为“电骡”。当然，也有人说，电骡并不是电驴的“继承者”[3]。

（四）沟通交流

沟通交流是人与人之间、人与群体之间思想与感情的传递和反馈的过程。在信息时代，人们沟通交流又多了一个渠道——网络。人们利用网络、软件可以实现在线的实时和非同步沟通。

1. SNS

SNS 是不同词组的缩写，可能是 Social Network Software，也可能是 Social Network Services，还可能是 Social Network Site 等。Social Network Software 即社会性网络软件，是以认识朋友的朋友为基础，用于扩展自己人脉的一种网络软件，包括网络游戏、Blog、Wiki、即时通信（IM）、即时聊天等。Social Network Services 即社会性网络服务，指旨在帮助人们建立社会性网络的互联网应用服务。Social

[1] 网络天书，http：//zh.wikipedia.org/wiki/ 网络天书 [2013-03-11]。

[2] 叶群峰是第一个将 wiki 这个名字翻译成中文，并且带到中国来的 wiki 最早的中文用户。

[3] http：//baike.baidu.com/view/76.htm?fromId=4611&redirected=seachword。

Network Site 即社交网站或社交网。它们都是指社会性网络（Social Networking）在个人之间的桥梁作用，这种基于社会网络关系系统思想的网站或软件就是 SNS。截至 2012 年 12 月底，我国使用社交网站的用户规模为 2.75 亿，较上年底提升了 12.6%。[1]

在 Web2.0 的背景下，很多人都拥有自己的 Blog、自己维护的 Wiki、社会化书签或者 Podcast，用户通过 Tag、RSS 或者 IM、邮件等方式连接到一起，按照六度分隔理论[2]，每个个体的社交圈都不断放大，最后成为一个大型网络，即社会化网络。

互联网早期就有很多支持用户互动的服务，例如 BBS、新闻组等。随着 Blog 等网络社交工具的出现，用户和其阅读者之间可以通过 Blog 这个平台分享自己的信息。在 Web1.0 时代，世界上最受欢迎的社交网络服务网站 Friendster、MySpace 等。Web2.0 时代，MySpace 开始成为世界上最大的社交网络服务网站。2006 年，Facebook 允许第三方开发基于其 API 的应用，这使得 Facebook 成为了全球用户增长速度最快的 SNS 网站之一。

“社交化”作为一种功能元素，正在全面融合到各类互联网应用中。一方面，2012 年涌现出大批具备社交基因的新应用，包括图片社交、私密社交、购物分享等，尤其在移动互联网领域，由于手机天生的通讯功能，2012 年许多热门移动应用都具备社交功能；另一方面，搜索、网购、媒体等互联网应用正在融合社交因素，以丰富自身的功能、提升用户体验，创新服务和盈利模式。在整个互联网都走向社交化的大趋势下，传统的实名制社交网站也不断增加平台功能，在原有网站基础上融入以上新型的社交功能组件，尤其是将业务发展重点转向移动终端，进而带动了 2012 年社交网站用户增长。然而，整体上传统的实名制社交网站进入到用户增长的平台或衰退期，引入这些应用很难再刺激用户大规模增长，因而一些社交网站在发展移动应用时甚至另辟道路，推出全新的产品。

国内，开心网是国内第一家以白领用户群体为主的社交网站。由北京开心人

---

[1]　中国互联网络信息中心 . 第 31 次中国互联网络发展状况统计报告 .2013.1.

[2]　六度分隔理论（Six Degrees of Separation），也称六度分离、六度分割、小世界现象、小世界效应。即假设世界上所有互不相识的人只需要很少中间人就能建立起联系。六度分隔理论来自一个数学猜想。1967 年哈佛大学的心理学教授斯坦利 · 米尔格拉姆（Stanley Milgram）根据这猜想做过一个实验，尝试证明平均只需六个人就可以联系任何两个互不相识的美国人。这种现象，并不是说任何人与人之间的联系都必须要通过六个层次才会产生联系，而是表达了这样一个重要的概念：任何两位素不相识的人之间，通过一定的联系方式，总能够产生必然联系或关系。显然，随着联系方式和联系能力的不同，实现个人期望的机遇将产生明显的区别。

信息技术有限公司创办于2008年。开心网为广大用户提供包括日记、相册、动态记录、转帖、社交游戏在内的丰富易用的社交工具，使其与家人、朋友、同学、同事在轻松互动中保持更加紧密的联系。[1]开心网曾获“网民最喜欢的SNS类社区”、“最有价值网站（社交类）”等多项奖励。目前，以良好的发展势头保持着中国SNS的领先地位。

人人网。2009年，著名的校内网更名为人人网，摆脱了用户为单一在校学生的限制，让社会上所有人都可以来到这里，从而扩大了用户群体。给所有愿意加入人人网的用户提供了一个互动交流平台，提高用户之间的交流效率，通过提供发布日志、保存相册、音乐视频等站内外资源分享等功能搭建了一个功能丰富高效的用户交流互动平台。

2. IM

IM是Instant Messaging（即时信息），指的是可以在线实时交流的工具，也就是通常所说的在线聊天工具。目前使用较多的即时信息工具有MSN、ICQ、QQ和UC等。截至2012年12月底，我国即时通信用户规模达4.68亿，比2011年底增长5 265万，年增长率为12.7%。[2]

QQ是深圳市腾讯计算机系统有限公司开发的一款基于Internet的即时通信软件。腾讯QQ支持在线聊天、视频电话、点对点断点续传文件、共享文件、网络硬盘、自定义面板、QQ邮箱等多种功能，并可与移动通讯终端等多种通讯方式相连。1999年2月，腾讯正式推出。现在已经发展到上亿用户了，是中国目前使用最广泛的聊天软件之一。

3. BBS

BBS是Bulletin Board System（电子公告板）。BBS与一般街头和校园内的公告栏性质相同，只不过BBS是通过网络来传播消息。BBS的基本功能包括：信件交流、文件传输、资讯交流、经验交流及资料查询等，用户之间可以借助BBS突破以往的封闭环境，认识更多的新朋友。如果是大型多线的BBS站，还可以跟好友一起上线，彼此通过线上会议室讨论问题。BBS按照栏目不同，一般把发帖子最多的网友叫作版主；把发的帖子只写一两行且言之无物的现象称为“灌水”；态度认真且心平气和写帖子成为“造砖”；发帖不求质量只求数量且唯恐天下不乱的称为“码砖”；而讽刺挖苦乃至破口大骂的帖子则称之为“拍砖”；长期看帖而不发言者称

[1] http：//baike.baidu.com/view/1629630.htm[2013-03-11]。

[2] 中国互联网络信息中心．第31次中国互联网络发展状况统计报告．2013.1.

为“潜水”。包括天涯社区、搜狐社区等。

天涯社区[1]，创办于1999年3月。自创立以来，以其开放、包容、充满人文关怀的特色受到了全球华人网民的推崇，经过10多年的发展，已经成为以论坛、部落、博客为基础交流方式，综合提供个人空间、相册、音乐盒子、分类信息、站内消息、虚拟商店、来吧、问答、企业品牌家园等一系列功能服务，并以人文情感为核心的综合性虚拟社区和大型网络社交平台。

4. E-mail

E-mail是Internet上的重要信息服务方式，它为世界各地的Internet用户提供了一种极为快速、简单和经济的通讯和交换信息的方法。与常规信函相比，E-mail非常迅速，把信息传递时间减少到几分钟，而且E-mail使用方便，即写即发；与电话相比，使用E-mail是非常经济的，几乎免费。正是由于这些优点，Internet上数以亿计的用户都有自己的E-mail，成为利用率最高的Internet应用。

5. 聊天室

聊天室主要分为WebChat（网页聊天室）和BBSChat（电子公告板聊天室）。WebChat采用浏览器方式，实际上是一个多人共同使用的CGI程序。其基本原理是把每个用户的发言通过浏览器传给系统，再由系统收集处理后分发给特定用户。BBSChat是基于Telnet的TCP协议，是BBS的附设功能，需要客户端Telnet程序。

6. 留言板

留言板是用户给网站留言的小型系统，便于接收反馈信息，通常作为网站系统的必备工具。留言板的功能通常都很简单，只需提供发表留言、查看留言、管理留言的功能即可。

（五）网络新媒体[2]

网络新媒体包括网络硬盘、网站统计、网络投票、网络相册、网络地图、网络游戏、网络广告、网络多媒体和电子商务等。

1. 网络硬盘

网络硬盘是在网络上提供一个虚拟空间给网络用户保存文件。之所以称为网

[1] www.tianya.cn。

[2] 徐晓昕，邹晨，朱慧华编著.Web2.0动态网站开发：ASP.NET技术与应用[M].清华大学出版社，2008.9.

络硬盘，是因为它就是一个实际的硬盘，只不过是存在于提供网络硬盘服务的服务器上，通过网络来访问而不是通过 Windows、Unix 等操作系统访问。

经典应用常见的如网易硬盘、QQ 硬盘。

2. 网站统计

网络统计即是对网络的访问、流量进行统计，反馈网站的运行、访问状况。网站流量统计系统用于对网站访问的相关指标进行统计，主要包括以下几个方面。对网站访问的用户总量、页面浏览总量、每个页面用户浏览量等的统计；针对不同时段、用户通过搜索引擎或者其他入口等访问情况进行统计；统计用户浏览网站的方式，如用户上网设备类型、用户浏览器的名称和版本、访问者电脑分辨率显示模式等。根据目的的不同，网站统计主要有两种应用：①网络流量统计排名；②网络流量统计计费。在网络营销评价方法中，网站访问统计分析是重要的方法之一，通过网站访问统计报告，不仅可以了解网络营销所取得的效果，而且可以从统计数字中发现许多有说服力的问题。另一种统计，就是服务计费统计，如网络按照流量来统计收费，按照页面统计收费，还有搜索引擎利用统计来计费。

经典应用要数 Alexa 了，它进行网站排名统计。国内的 51la、中国站长联盟等网站，都提供了对网站的访问流量统计报表，反映了某一个阶段网站的访问情况。

3. 网络投票

网络投票模拟现实世界的投票，由大众投票推选某一种对象，选举出一些代表。网络投票系统的作用是节省了人力成本和时间成本，可以通过网络这一便利手段快速统计出结果。它唯一的技术问题就是防止重复投票。随着网络的发展，网络投票系统的应用越来越广泛，常见的如春节晚会投票、超级女生投票、创业大赛投票等，通常用在娱乐、电视等行业。

4. 网络相册

网络相册就是网络图片管理系统。随着网络的发展，信息不再局限于文字。直观的图片能够带给用户更直接的感受，于是出现了图片管理系统 Flickr，就是为了解决图片的存储与共享困难而创建的网站。

国内的图片网站，有拍拍乐、网易相册、天涯相册、和讯图片、百度图片搜索、扑扑网、巴巴变、拉风网等。

5. 网络地图

国内外有大量的厂商在生产、使用、销售各种形式的电子地图，概括起来主要分三种：以光盘出版物为载体的电子地图；网络地图，即在 Internet 上供人查询的地图；GIS、GPS 行业用的专业地图。

经典应用常见的网络地图有：Q 图、E 都市、城市吧、地图广告、活图网、有 E 手和百度图行天下等。

6. 网络游戏

网络游戏现在已经是相当普及了，魔兽世界、红色警戒等著名网络游戏都拥有相当大的客户群，也给开发运营企业带来了很不错的经济效益。

7. 网络广告

网络广告，是通过网络为商品做的广告。与传统的广告形式行相比，具有投放简单、见效快的特点。

8. 网络多媒体

网络多媒体，就是在网络上传播多媒体信息，包括音乐、视频、Flash、电台、电视等，还有手机娱乐。

常见的如 PPLive 网络电视、QQ 网络电台等，视频网站如 Youtube、土豆网、VeryCD 等，都是此类网站的佼佼者。

9. 电子商务

电子商务一般来说是指利用电子信息网络等电子化手段进行的商务活动，是指商务活动的电子化、网络化。广义而言，电子商务还包括政府机构、企事业单位各种内部业务的电子化。电子商务可以减低交易成本、增加贸易机会、简化贸易流程、提高生产率、改善物流系统，是一种改进传统商务活动的新形式，是一个新的市场。

第三节　网络民族学信息资源及其检索

网络民族学信息资源是指以数字化形式记录、存储，并依托网络进行传播的民族学有关的信息资源集合。网络民族学信息资源的内容非常丰富，包括少数民族信息活动所产生的相关信息资源；通过社会调查、田野调查等形成的描述各少数民族经济活动、政治活动、日常生活等信息资源；研究少数民族社会发展的各种规律、知识、理论、学说等，开展民族学领域学术研究活动及教学活动方面的信息资源等。随着网络的普及和数字化信息技术的发展，数字信息资源的数量比重日益增多，网络民族学信息资源已成为相关人员搜寻信息的重要来源。

一、网络民族学信息资源的类型

网络民族学信息资源的类型很丰富，按信息资源的组织方式及其检索特点划分的话，主要有以下几类。

1. 民族信息网站

主要指提供民族学研究信息、少数民族信息的网站，可能有研究性网站、服务性网站和机构网站。根据其内容划分的话，也可分为综合性信息网站和专门性信息网站。

综合性信息网站是由专门的信息代理机构建立，主要提供少数民族文化信息的网站，如中国民族网[1]。综合民族信息网站集资源集成、专题报告、信息发布、信息服务等为一体，信息组织规范度高，能提供丰富的信息资源检索。它们汇聚的信息资源内容十分丰富，既包括宏观环境和整体民族情况、研究情况，也提供微观民族信息。其信息来源可靠、权威性强、更新较快、服务方式多样，可满足多种类型用户的信息需求。

还有综合性的门户网站、大众新闻传媒机构等主办的新闻网站及其网络媒体中也存在大量的民族学信息资源。

专门性民族信息网站是指各种与民族工作领域密切相关的机构创建，主要提供少数民族或民族研究某一类别或某一方面信息的网站。包括民族文化、民族企业、某些行业协会等机构的网站，民族工作政府部门、民族文化部门等，民族研究机构、民族高校的研究机构等，民族学相关学科的学会等网站，与少数民族有关的新闻媒体网站等。如中国民族宗教网[2]、中国古筝音乐网[3]、中国人类学民族学研究会[4]等。其内容涉及民族信息、民族知识、民族文化、民族经济、民族宗教、民族政治、民族发展、民族法、学术研究动态、学术机构等。除了有相关的丰富新闻动态信息外，还有资料性的民族学信息资源，有相关文件、法律法规、田野调查报告等资源。这

[1] http：//mz.china.com.cn/。
[2] http：//www.mzb.com.cn/。
[3] http：//www.51zheng.com/。
[4] http：//www.cuaes.org/index.htm。

类网站数量众多、内容各有不同，针对性强，主要依附机构的功能和资源特点来组织信息。

2. 网络数据库

网络数据库是由出版商、数据库生产商或服务商在互联网上发行、提供，用户可通过网络访问的数据库。网络数据库包括数目数据库、全文数据库、数值数据库、多媒体数据库等形式。其特点是信息组织的结构化程度高，检索功能全面，所收录的资源来源权威、可靠，内容系统，学术性强。

民族相关网络数据库的主要类型是民族文化企业或商业数据库，这类数据库提供有关少数民族文化、民族地方、民族学人等与民族有关的各种信息资源。此外，学术数据库、特种文献数据库等也是检索民族信息的很重要来源。

3. 其他网络资源

民族学相关的电子图书、电子报刊、Blog、BBS、公共服务信息、社区分享资源、开放存取资源等，也是民族学相关信息资源的重要组成部分。这些信息内容繁杂，散放在大量信息资源内，需要通过网络资源导航等检索工具查检，虽然量少，但不失为一个民族学相关信息资源的来源。

二、民族相关信息资源的特征

1. 客观性

信息不是能源，也不是物质，无论是否认识到，信息总是存在着。特别是民族学很多相关信息资源需要民族学研究者到田野中才能搜集来，经过整理、加工才能成为民族学信息资源。主要包括以下类型：

（1）口语信息资源。交谈、聊天等方式获得的信息资源。特点是传递迅速，互动性强，但稍纵即逝、久传易出差异。因此通过这种方式了解到的信息应记录下来，并加以证实。

（2）体语信息资源。以手势、表情、姿势，如民族舞蹈、民族体育、民族节日杂技等方式传递的信息资源。特点是直观性强生动丰富、印象深刻、富有感染力，但此类信息的容量有限。

（3）实物信息资源。以实物如文物、产品样本、模型、碑刻、雕塑等形式表示的信息资源。特点是直观性强、感觉实在、信息量大，但需要通过知识、智慧、经验和工具挖掘大量隐含的信息。

2. 寄载性

信息必须借助于一定的符号存储与一定的载体中（包括人脑），才能被表现，没有载体，就没有信息。信息与载体，两者不能割裂开。

3. 传递性

信息可以通过一定的载体在空间、时间上传递，从近到远，从古到今都能传递。

4. 动态性

信息是对事物存在方式及运动方式的反映，随着事物的变化，信息也将变化。这里动态性是指信息的时效性。

5. 相对性

人们认识能力与认识条件不同，信息接受者（信宿）获得信息与信息量的多寡不同，从这个意义上说，信息的价值具有相对性。

6. 增长性

信息资源的使用，不但不会使信息资源减少，再利用中，还会产生更多的信息。

7. 共享性

使用同一种信息资源，均不需要任何的限制条件，信息资源共享的双方或多方均不会损失信息内容，相反还会产生新的信息。

8. 规模性

信息资源作为整体要有一定的量，分散、片面的信息不能较好地反映事物的情况。

三、网络民族学信息资源检索

网络民族学信息资源检索有多种途径，可以通过搜索引擎、网络资源导航等查找分散在互联网上的民族学信息资源，也可以通过专门的书目数据库及全文数据库检索图书、期刊、论文及各类特种文献信息资源。不同检索系统的信息内容、范围和检索方法既有共性也有差异。

网络民族学信息资源的检索和利用主要通过以下几种检索系统来实现。

（一）搜索引擎

搜索引擎是指根据一定的策略、运用特定的计算机程序从互联网上搜集信息，在对信息进行组织和处理后，为用户提供检索服务，将用户检索相关的信息展示给用户的软件系统。搜索引擎是查找庞杂无序的网络信息资源的主要检索工具。其特点是通过网络搜索软件，从分散于世界各地的服务器上提取网页信息以建立索引数据库，在此基础上为用户提供浏览或关键词检索，检索结果是指向所命中的信息资源网页的链接及其摘要信息，而不是信息资源本身。

搜索引擎的种类很多，包括独立搜索引擎、元搜索引擎、垂直搜索引擎、集合式搜索引擎、门户搜索引擎、综合搜索引擎、专门搜索引擎等。百度和Google等是搜索引擎的代表。

1. 独立搜索引擎

独立搜索引擎是指具有完整的信息搜索、整理和检索机制，有独立的数据库的搜索引擎。依据其搜索机制的不同，又可以分为索引式搜索引擎和目录式搜索引擎。索引式搜索引擎主要通过关键词的匹配进行检索，常用的有Google、百度等。目录式搜索引擎是通过分类浏览的方式查找信息，常用有Yahoo!、Galaxy等。但是，目前二者之间已相互融合，它们都同时提供这两种查检方法。

（1）综合性独立搜索引擎，综合性的搜索引擎包含了大量的民族学信息。综合性的搜索引擎对于检索民族新闻、人物、数据、相关事件及机构网址、图书及报刊、论文、研究报告等，有一定优势。常用的有：

Google：http：//www.google.com/

Altavista：http：//www.Altavista.com/

Infoseek：http：//www.infoseek.com/

Excite：http：//www.excite.com/

Yahoo!：http：//www.yahoo.com/

Galaxy：http：//www.galaxy.com/

Wasite：http：//www.wasite.com/

百度：http：//www.baidu.com/

天网：http：//e.pku.edu.cn/

搜狐：http：//www.sohu.com/

网易：http：//www.netease.com/

新浪：http：//www.sina.com

不同搜索引擎的数据采集、搜藏范围不一样，检索算法也不一样。因此，在进行民族学信息检索时，不妨多用几种搜索引擎检索，以便搜索尽可能多的信息资源。

（2）专业独立搜索引擎，专业独立搜索引擎又可称垂直搜索引擎，是专门针对特定专业领域的搜索引擎。民族学信息搜索引擎就是指以检索民族相关信息资源的搜索引擎。

2. 元搜索引擎

元搜索引擎是指通过一个统一的用户界面帮助用户在多个搜索引擎中选择和利用合适的搜索引擎。元搜索引擎体现了对分布在网络中的多种检索工具的全局控制机制。元搜索引擎中，有的利用若干个搜索引擎来实现检索工作，如：

MetaCrawle：www.metacrawler.com

Savvysearc：http：//www.search.com

Profusio：http：//www.profusion.com

Allsearches：http：//www.allsearches.net

有的利用罗列各搜索引擎以提供选择，这类可称为“搜索引擎指南”。如：

Easysearcher：http：//www.easysearcher.com/

Search：http：//www.search.com/

中文搜索引擎指南：http：//www.sowang.com/

好 123：http：//www.hao123.com/

（二）网络资源导航网站

网络资源导航也称主题网关，指依据特定目标，将网络上分散的网站网页加以搜索、整理，并对这些网页进行分类、编排组织，提供浏览、检索和链接，为用户定位、获取所需信息资源提供指引的网站。需要注意的是，网络信息资源导航网站提供的是相关信息资源的链接，而不是信息资源本身。其中的网络信息资源经过了专家的筛选和评价，通过明确的分类和清晰的元数据描述然后有序组织起来，提供给用户分类浏览或进行题名、关键词等字段的检索。网络信息资源网站便于用户快速准确地获取专题的学术资料以及相关的权威机构、出版物、专家、学术动态等信息。通过网络信息资源导航网站寻找民族学信息资源站点是便捷的途径。网络信息资源导航人工干预程度高，准确性较高，能弥补搜索引擎的不足。

1. 综合网络信息资源导航

综合性的网络信息资源导航中，有不少都可通过分类浏览找到民族学信息。比如中国高等教育文献保障系统就具有这样的功能。

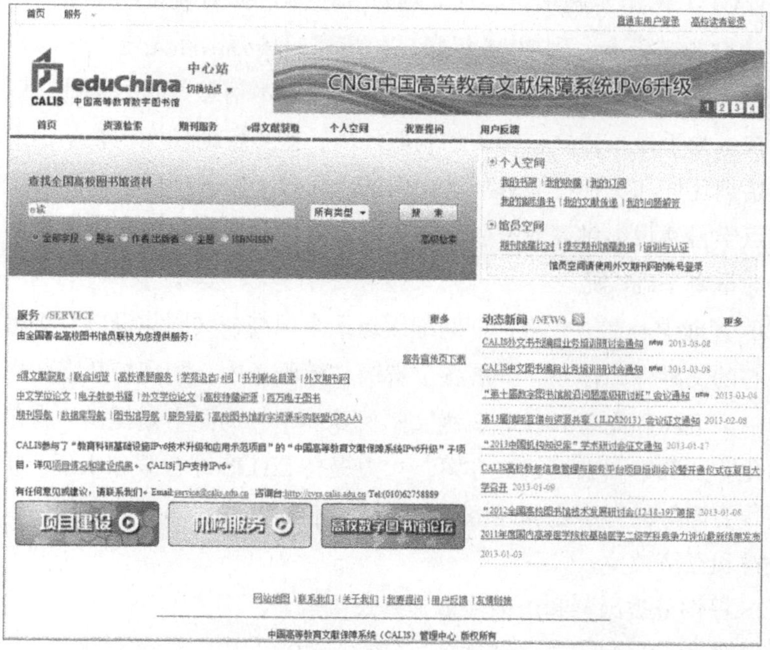

中国高等教育文献保障系统（China Academic Library & Information System，简称 CALIS），是经国务院批准的我国高等教育“211 工程”“九五”“十五”总体规划中三个公共服务体系之一。CALIS 的宗旨是在教育部的领导下，把国家的投资、现代图书馆理念、先进的技术手段、高校丰富的文献资源和人力资源整合起来，建设以中国高等教育数字图书馆为核心的教育文献联合保障体系，实现信息资源共建、共知、共享，以发挥最大的社会效益和经济效益，为中国的高等教育服务。

从 1998 年开始建设以来，CALIS 管理中心引进和共建了一系列国内外文献数据库，包括大量的二次文献库和全文数据库；采用独立开发与引进消化相结合的道路，主持开发了联机合作编目系统、文献传递与馆际互借系统、统一检索平台、资源注册与调度系统，形成了较为完整的 CALIS 文献信息服务网络。迄今参加 CALIS 项目建设和获取 CALIS 服务的成员馆已超过 500 家。[1]

“十五”期间，国家继续支持“中国高等教育文献保障系统”公共服务体系二期建设，并将“中英文图书数字化国际合作计划”列入该公共服务体系建设的重要组成部分，项目名称定为“中国高等教育文献保障体系——中国高等教育数字化

[1]　CALIS 介绍 ,http：//project.calis.edu.cn/calisnew/calis_index.asp?fid=1&class=1[2013-03-13]。

图书馆（China Academic Digital Library & Information System，简称 CADLIS）”，由 CALIS 和 CADAL 两个专题项目组成。项目和总体目标明确为：在完善“九五”期间 CALIS 建设的基础上，到 2005 年底，初步建成具有国际先进水平的开放式中国高等教育数字图书馆。它将以系统化、数字化的学术信息资源为基础，以先进的数字图书馆技术为手段，建立包括文献获取环境、参考咨询环境、教学辅助环境、科研环境、培训环境和个性化服务环境在内的六大数字服务环境，为高等院校教学、科研和重点学科建设提供高效率、全方位的文献信息保障与服务，成为中国经济和社会发展的重要基础设施。

CALIS 管理中心在“十五”期间继续组织全国高校共同建设以高等教育数字图书馆为核心的文献保障体系，开展各个省级文献服务中心和高校数字图书馆基地的建设，进一步巩固和完善 CALIS 三级文献保障体系，为图书馆提供“自定义、积木式、个性化”的数字图书馆解决方案，大力提高 CALIS 综合服务水平，扩大 CALIS 服务范围，为高等教育事业和经济文化科技事业的发展发挥更大的作用，取得良好的社会效益和经济效益。

CALIS 提供分类浏览和语词检索等方式检索。

分类浏览方式通过点击学科选项进行项目浏览。

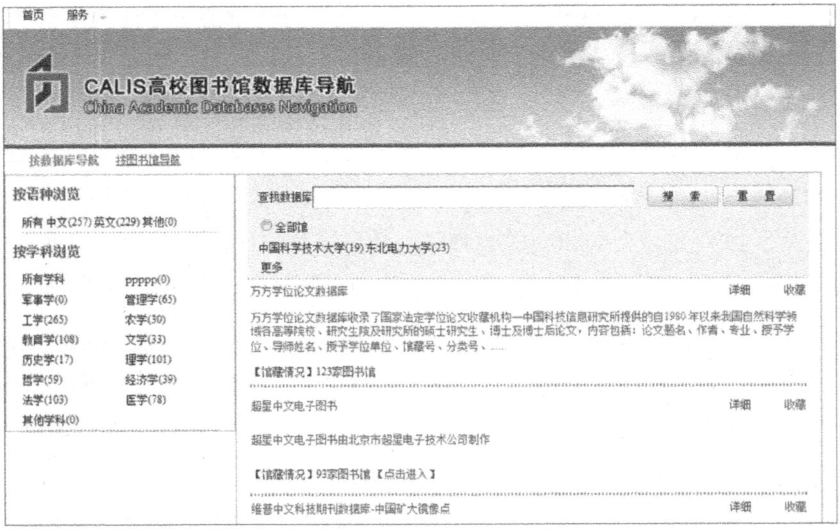

如图，在 CALIS 高校图书馆数据库导航页面的左侧，是按学科分类排列的数据库列表。CALIS 中一共建设有 898 个数据库。在 CALIS 中，民族学数据库是作为特藏数据库分类的。需要在首页点选“高校特藏资源”，如下图。

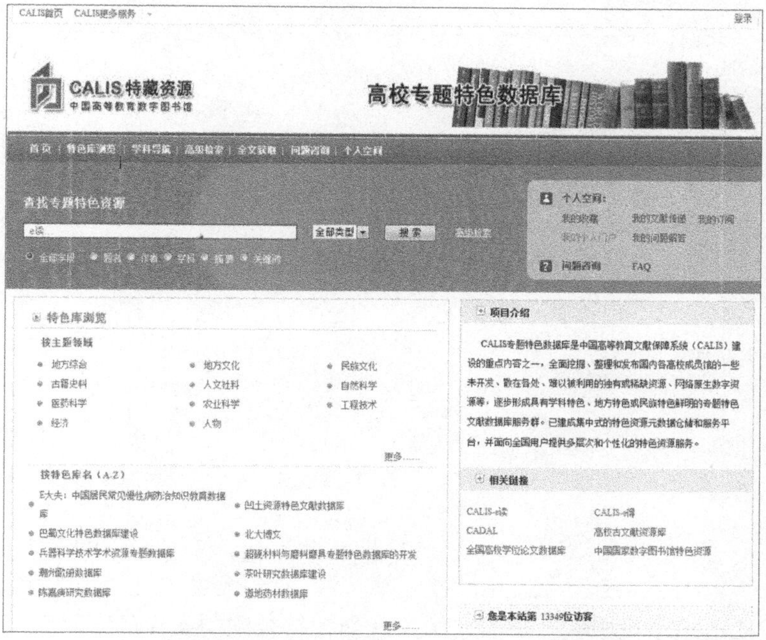

特色库浏览可以按两种方式进行：①按主题浏览；②按特色库的名称浏览。

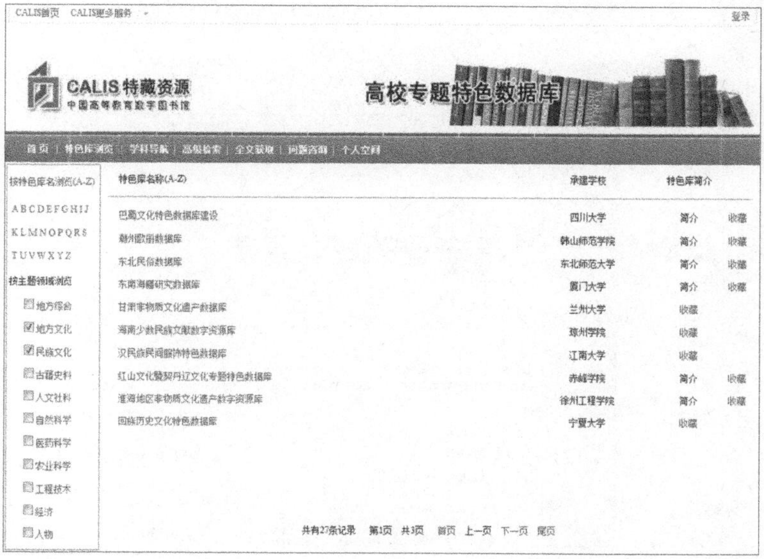

如果按主题领域浏览的话，如上图，选取民族文化和地方文化选项，会有 27 个特藏库在其中。点击需要浏览的特色库名称即可进入数据库浏览。

CALIS 还提供的有语词检索。

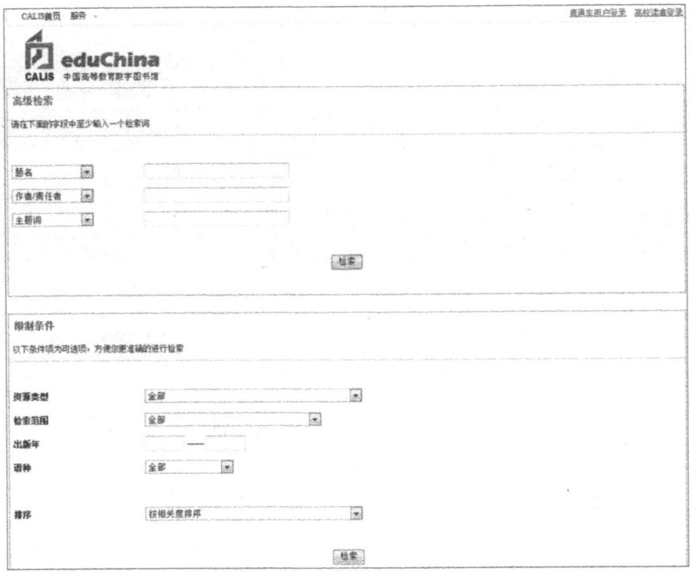

通过在选定字段中输入检索，结果就会在符合限制条件的记录显示出来。如下图。

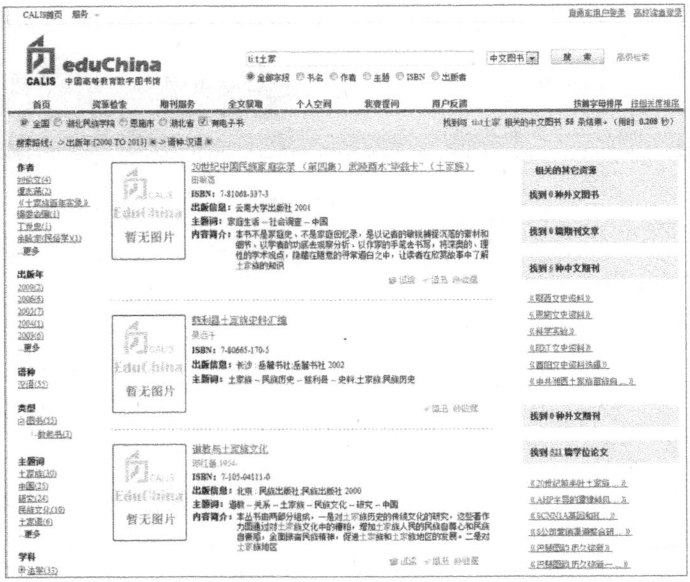

除了CALIS以外，还有一些综合性的信息资源导航中也提供有关民族学的信息资源导航。

（1）中国社会科学院图书馆：http：//www.cendi.cass.org.cn/

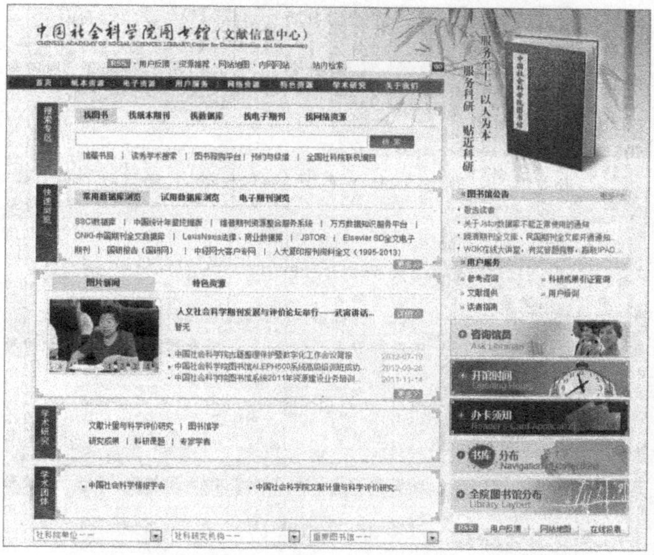

在“特色资源”中，有自建数据库若干，其中就有《中国民族研究文献数据库》、《民族文学研究在线题录数据库》、《社会学文献数据库》等。

（2）北京大学图书馆：http：//www.lib.pku.edu.cn/portal/

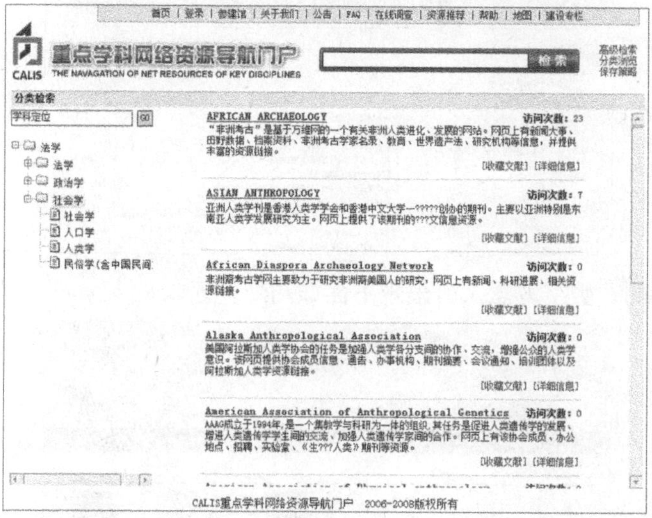

2. 专题类网络信息资源导航

民族学信息资源导航是专为民族学研究和学习人员、民族工作人员提供民族学学科领域资源和服务的入口。下面以国家图书馆“华夏记忆”为例说明专题信息资源的特点。

从中我们可以看到，里面有很多的特色资源库，每一个特色资源库就是一个专题。左侧是“馆外数字资源”的导航，往右依次为“在线工具书”、“特色资源库”和“海外中华古籍资源库”。点击“馆外数字资源导航”会出现如下图的布局。

点击中间的“数字方志”，出现下面如图的页面。

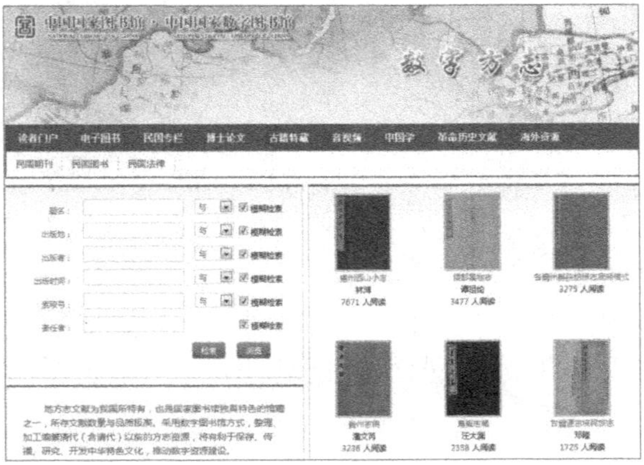

如果我们在左侧的检索框中输入关键词，会检索到结果。下面是检索结果图。

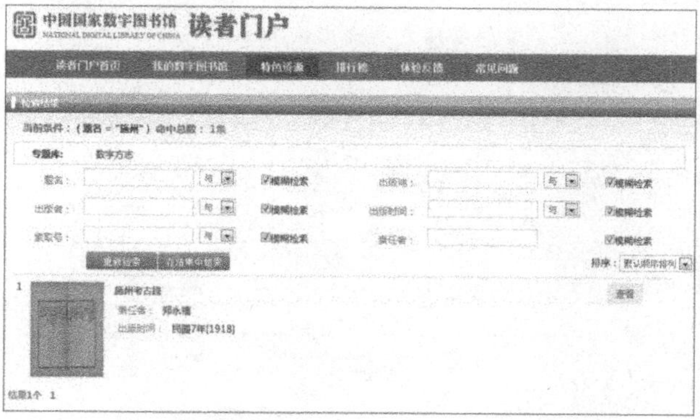

点击左侧的书影，可直接阅读。

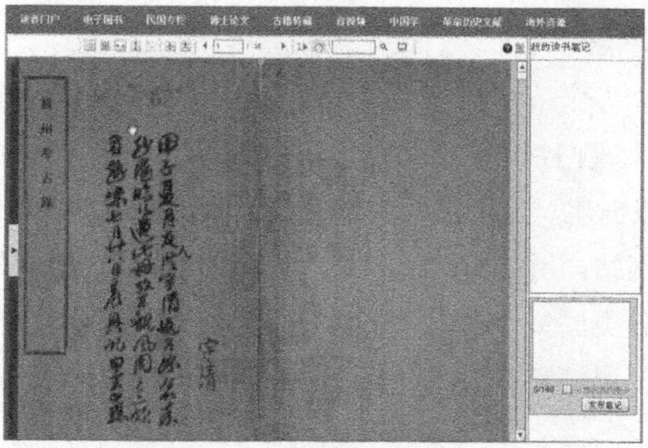

这一类的信息资源网站还有很多。如贵州省地方志全文数据库，见下图。

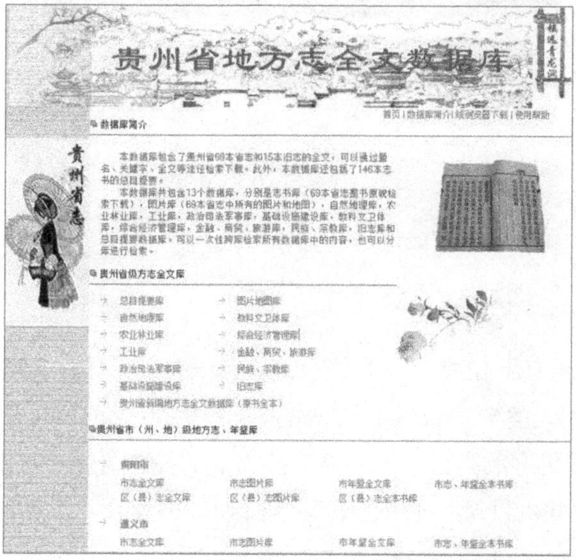

下面是其中某一资源的全文下载页面。

贵州省地方志全文数据库的阅读采取的是下载阅读方式。点击左侧序号旁的磁盘标志即可下载，下载后文档格式是 PDF。

3. 国外网络信息资源导航

英国网络资源发现门户 [1]，由包括曼彻斯特大学、布莱明翰大学、牛津大学等 7 所大学组成的联盟创建。这个由大学精英技术人士组成的团队，力求精心打造、发现和评价最好的网站，并提交社会。Intute 从专业的角度选择相关网站并加以描述，采用《国际十进制分类法》（UDC）作为分类标准，并进行关键词标引，信息组织合理。可分类浏览。和民族学相关信息资源在 Social sciences 类目下。如下图。

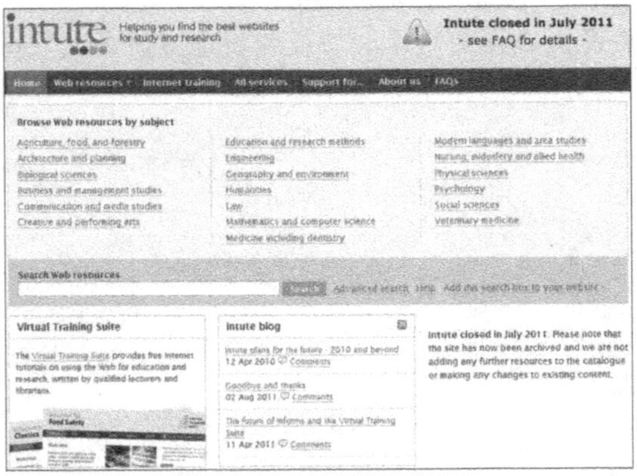

每个类目下还有下位类目。如在 Anthropologists 下就有普通人类学（General anthropology）、应用人类学（Applied anthropology）、文化（Culture）、人格（Personality）、认同（Identity）等更多的类目。每一类下都收集了各种重要的数据库、电子期刊、电子图书、BBS、联机目录、论文等，甚至图片、声音等。所显示的资源还可以依

[1] http：//www.intute.ac.uk/。

据时间和标题排序。非常方便！

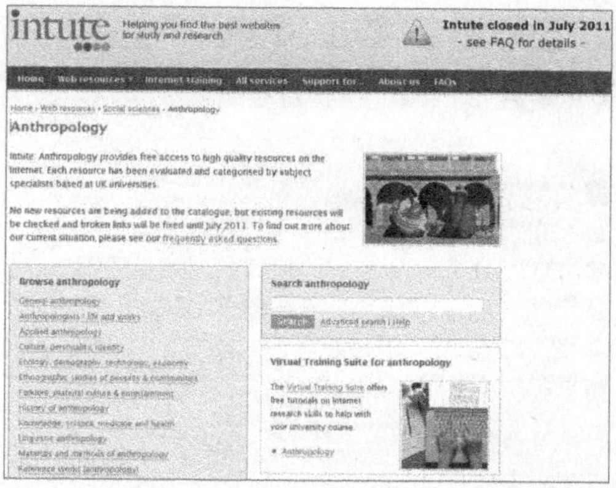

"信息，你可以信任"（Information You Can Trust，IPL2）[1]，下图是其主页。IPL2 是由网上公共图书馆（Internet Public Library，IPL）和图书馆员因特网索引（Librarians' Internet Index，LII）在 2010 年合并而成，取名为 IPL2。[2]IPL 是由美国密歇根大学开发的虚拟图书馆。它将传统图书馆的职能、服务等与先进的信息技术结为一体，从而实现网上资源的利用与共享，收藏范围广泛。LII 则是美国加州图书馆的导航系统。内容包括艺术人文、商业金融、政治法律、教育、新闻媒体、社会学专题等 14 个大类、上百个子类的学科导航，收集超过 1.4 万个经过严格的选择、评估，高质量，有学术意义的 Internet 站点。

显然，从主页我们可以发现，新的 IPL2 提供了更多的服务，也面向更多的读者群。

就学科服务主题信息资源这一块而言，有人文艺术、经济、计算机、教育、健康、法律、社会科学等几大类。需要某类资源可点击相应栏目名称进入下一级类目浏览。

[1]　http：//www.ipl.org/。

[2]　http：//www.ipl.org/div/about/LII_About/lii_ipl_merger.html。

如下图。

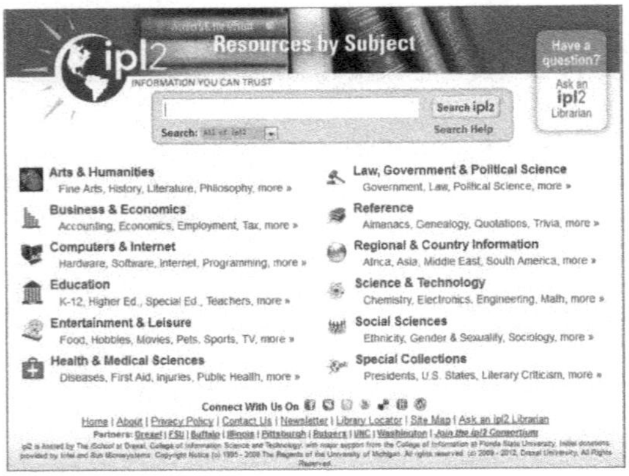

下图是我们点击“社会科学”栏目后的页面。页面左侧是下级类目的列表，右侧则是整个资源的列表。

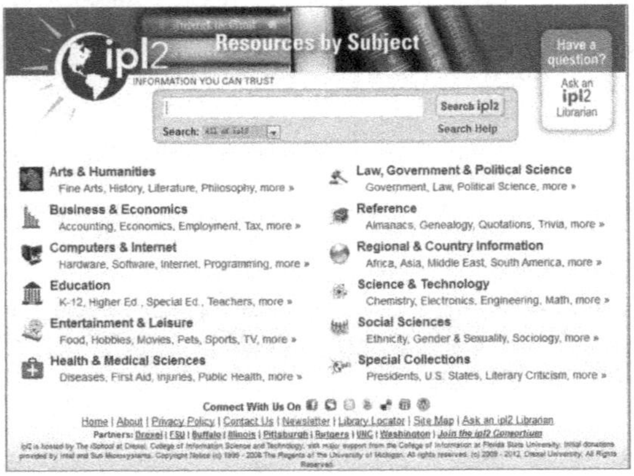

下图是我们点击人类学（Anthropology）后的页面。

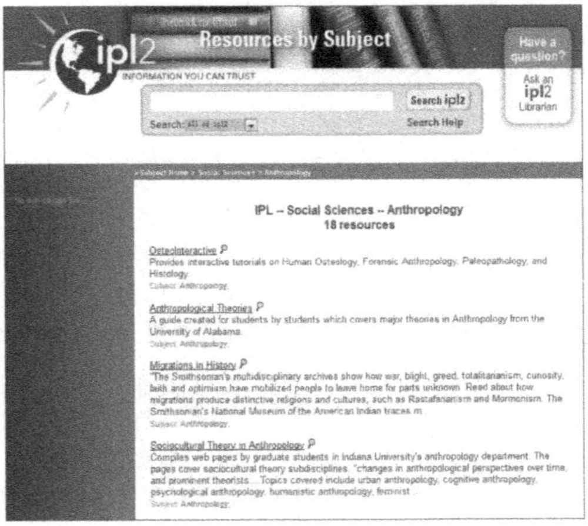

社会科学研究网络（Social Science Research Network，SSRN）[1]，主页如下图。

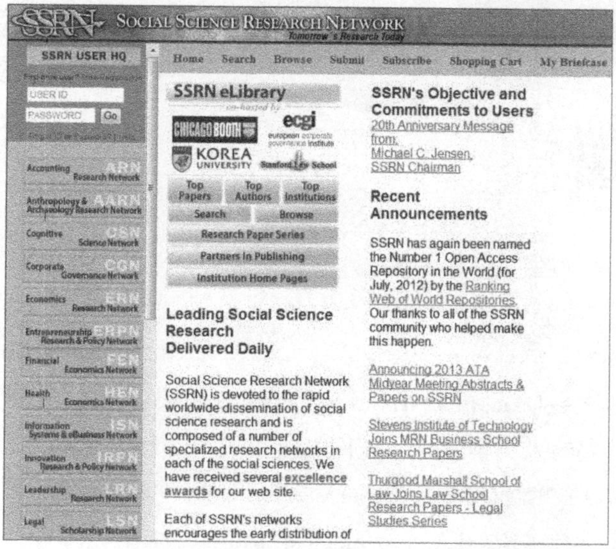

社会科学研究网（SSRN）致力于通过网络向全世界传播社会科学研究。由美国的哈佛大学、普林斯顿大学等创建，主要提供社会科学教育和研究等方面的网络链接服务。该网站包括社会科学中的各类学科，包括会计学、人类学、财经等相关信息资源。提供分类浏览和关键词检索。可检索学术论文、电子预印本的题录和文摘，部分论文的全文下载。下图是人类学的链接。

点击该链接，会链接到 AAA 的主页，如下图。

[1]　http：//www.ssrn.com/。

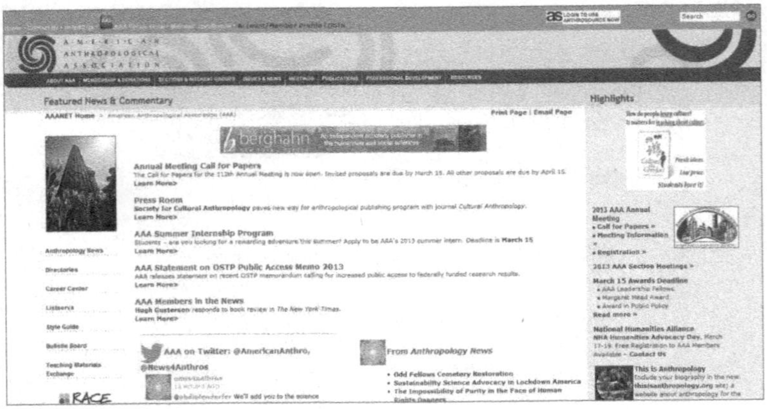

美国人类学学会（American Anthropological Association，AAA）[1] 成立于1902年，是世界上规模最大的人类学学会。该网站提供人类学新闻（Anthropology News）、目录（Directories）、就业指导（Career Center）、邮件服务（Listservs）等栏目。

英国人类学学会（Royal Anthropological Institute，RAI）[2]。

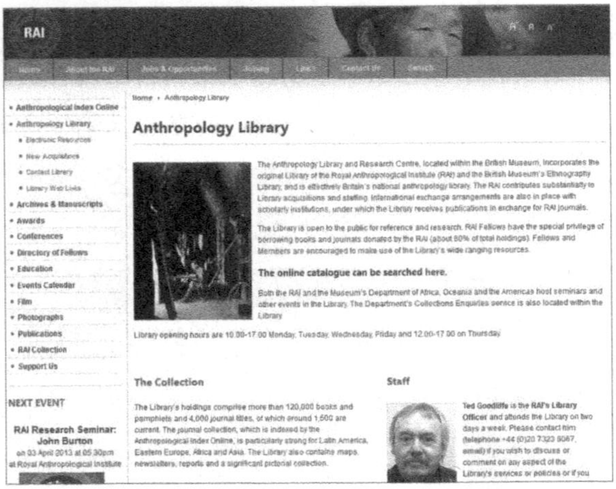

InfoMine[3] 是为大学教师、学生和研究人员建立的网络学术资源虚拟图书馆。主页如左下图。建于1994年，由加利福尼亚大学、威克福斯特大学、加利福尼亚州立大学、底特律－麦西大学等多家大学的图书馆联合建立。它拥有电子期刊、电子图书、公告栏、邮件列表、图书馆在线目录、研究人员人名录，以及其他类型的信息资源40 000多个。InfoMine对所有用户免费开放，但是它提供的资源站点并不都是免费的，能否免费使用，取决于用户所在图书馆是否拥有该资源的使用权。

[1] http：//www.aaanet.org/。
[2] http：//www.therai.org.uk/。
[3] http：//infomine.ucr.edu/。

InfoMine 共包括 12 个数据库：生物、农业和医学数据库，商业和经济数据库，多样性文化及种族资源数据库，电子期刊，政府信息数据库，教育资源数据库（K–12），教育资源数据库（大学），Internet 利用工具，地图和地理信息系统（GIS）数据库，物理、工程、计算机和数学数据库，社会学和人类学数据库，视觉艺术和表演艺术数据库。InfoMine 款目的著录内容包括资源名称、简介、URL、相关资源链接、人工选择或专家选择、收费情况，并为用户提供了对资源发表评论的平台。InfoMine 的检索界面友好，检索方法简单易用。检索功能包括基本检索、高级检索和浏览三种方式。

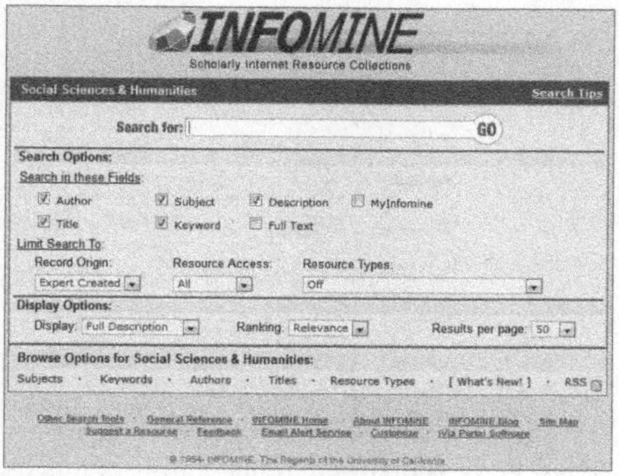

右上图是点击 Social Sciences & Humanities 的显示效果。

下图是点击 Culturl Diversity & Ethnic Resources 的显示效果。

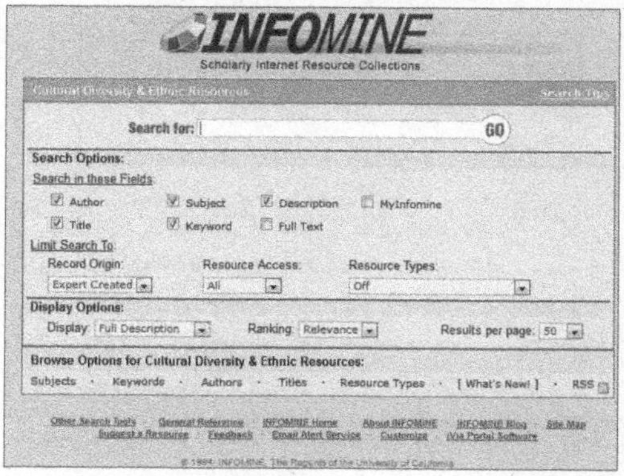

万维网虚拟图书馆（The WWW Virtual Library）[1] 是由一批志愿者组成的松散联合体所构建和维护的网站。这些志愿者大都是某一学科领域的专家，他们把针对某一特定学科的重要链接编辑成网页，从而组成高质量的网络信息资源指南。下图

[1]　http：//www.vlib.org.uk/。

是主页。

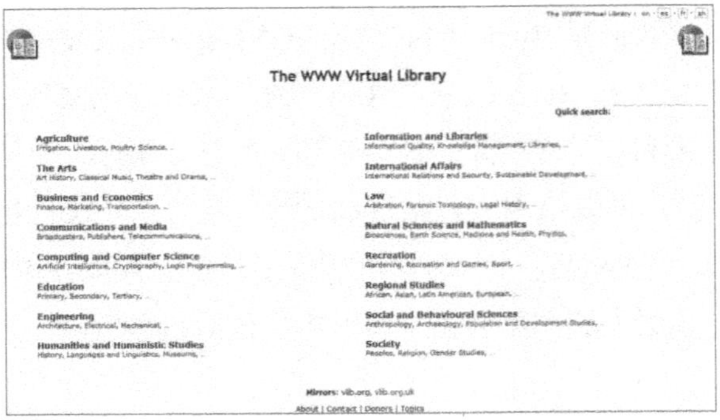

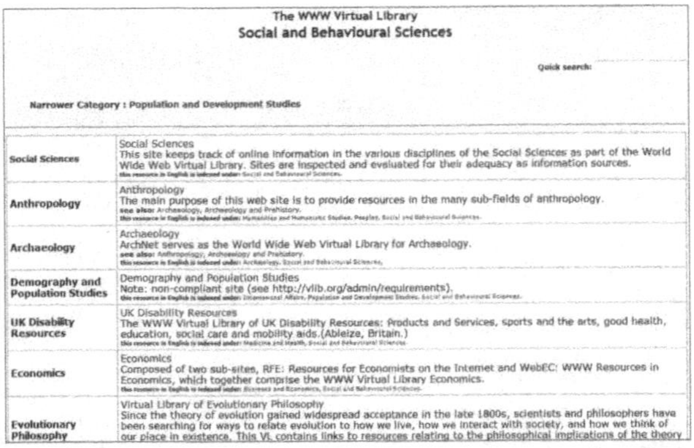

上图是点击 Social and Behavioural Sciences 的页面。需要什么资源按照页面提示继续即可。例如下图就是点击 Archaeology 之后的页面。

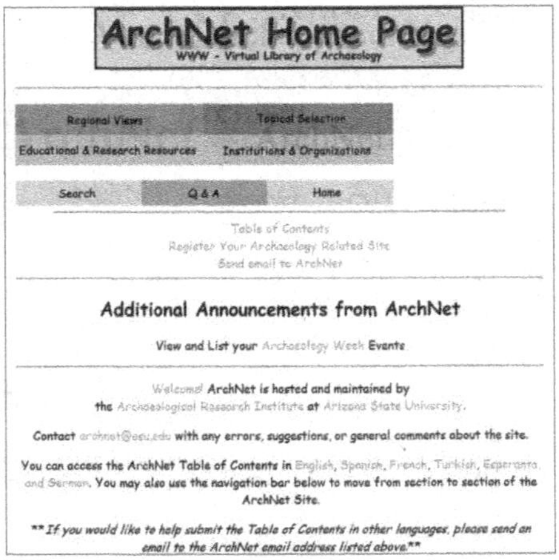

（三）书目检索系统

对于查找民族图书及其文献的详细书目信息，了解特定主题的文献分布，追溯某一专题文献的出版状况等目的，利用书目检索系统是最佳选择。书目检索系统有免费和付费使用两种方式。付费的如读秀、Apabi 数字资源检索平台等；免费的如 CNKI、万方数据、VIP 等。

联机公共书目检索系统（Online Public Access Catalog，OPAC）是图书馆在互联网上面向公众免费开放的馆藏书目检索系统。如中国国家图书馆的 OPAC。

中国国家图书馆的 OPAC[1]（如下图）整合了中西文期刊、图书、国际组织和外国政府出版物、学位论文等多种文献，检索迅速。

美国国会图书馆联机目录（Library of Congress Online Catalog，LCOC）[2] 是查找西文的重要书目检索系统。如下图。

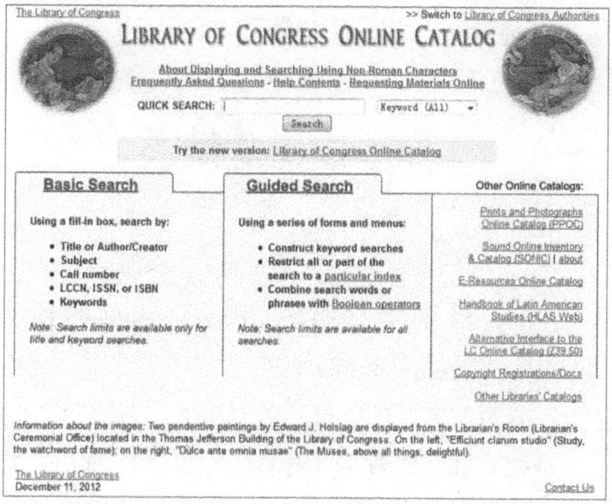

谷歌学术搜索（Google）[3]，如左下图。Google 学术搜索提供可广泛搜索学术

[1] http：//www.nlc.gov.cn/。

[2] http：//catalog.loc.gov/。

[3] http：//scholar.google.com.hk/schhp?hl=zh-CN。

文献的简便方法。用户可以从一个位置搜索众多学科和资料来源，有来自学术著作出版商、专业性社团、预印本、各大学及其他学术组织的经同行评论的文章、论文、图书、摘要和文章。Google 学术搜索可帮助用户在整个学术领域中确定相关性最强的研究。

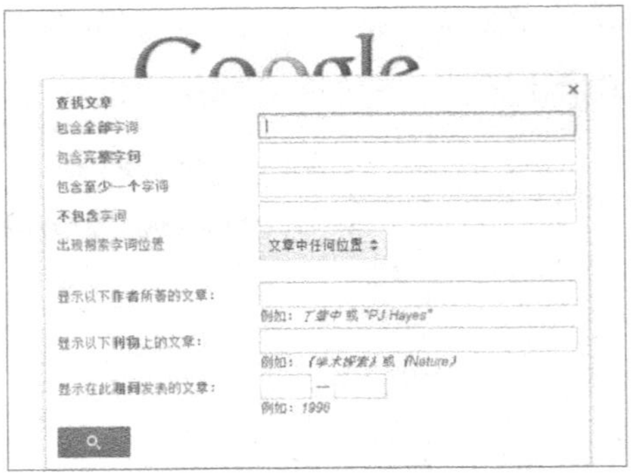

Google 的搜索人机界面简洁明快，如若需要更详细的搜索功能，只需要点击输入框右侧的三角形图标即可。如右上图。

Google 还提供有图书搜索模块。

中国高校人文社会科学文献中心（China Academic Humanities and Social Sciences Library，CASHL）[1]是在教育部的统一领导下，本着“共建、共知、共享”的原则、“整体建设、分布服务”的方针，为高校哲学社会科学教学和研究建设的文献保障服务体系，是教育部高校哲学社会科学“繁荣计划”的重要组成部分，也是全国性的唯一的人文社会科学文献收藏和服务中心，其最终目标是成为“国家哲学社会科学资源平台”。

CASHL 的建设宗旨是组织若干所具有学科优势、文献资源优势和服务条件优

[1] http：//www.cashl.edu.cn/portal/index.jsp。

势的高等学校图书馆，有计划、有系统地引进和收藏国外人文社会科学文献资源，采用集中式门户平台和分布式服务结合的方式，借助现代化的网络服务体系，为全国高校、哲学社会科学研究机构和工作者提供综合性文献信息服务。

CASHL 于 2004 年 3 月 15 日正式启动并开始提供服务。目前已收藏有 11 796 种国外人文社会科学领域的核心期刊和重要期刊；1 799 种电子期刊以及 34 万种电子图书；91 万种外文图书；以及“高校人文社科外文期刊目次库”和“高校人文社科外文图书联合目录”等数据库，提供数据库检索和浏览、书刊馆际互借与原文传递、相关咨询服务等。任何一所高校，只要与 CASHL 签订协议，即可享受服务和相关补贴。

CASHL 目前已拥有 600 家成员单位，包括高校图书馆和其他人文社会科学研究机构。个人用户 50 000 多个，机构（团体）用户逾 3 000 家。期刊 / 书目接受检索逾 4 000 万次，提供文献传递服务 56 万多笔。下图是 CASHL 主页。

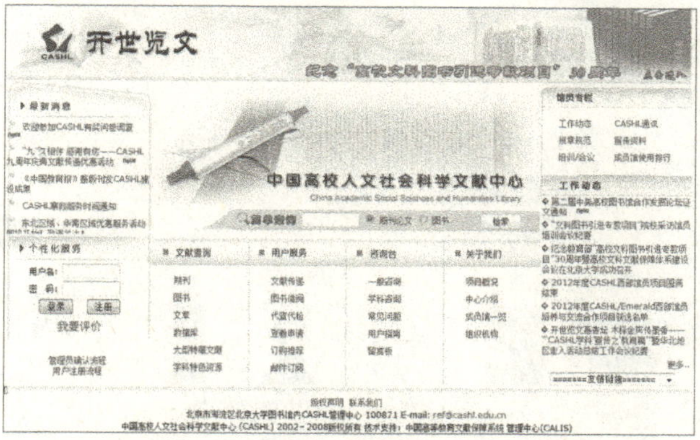

全国图书馆参考咨询联盟（UCDRS）[1] 是在全国文化信息资源共享工程国家中心指导下，由我国公共、教育、科技系统图书馆合作建立的公益性服务机构，其宗旨是以数字图书馆馆藏资源为基础，以因特网的丰富信息资源和各种信息搜寻技术为依托，为社会提供免费的网上参考咨询和文献远程传递服务。

全国图书馆参考咨询联盟拥有我国目前最大规模的中文数字化资源库群：电子图书 120 万种，期刊论文 4 000 多万篇，博硕士论文 300 万篇，会议论文 30 万篇，外文期刊论文 500 万篇，国家标准和行业标准 7 万件，专利说明书 86 万件，以及全国公共图书馆建立的规模庞大的地方文献数据库和特色资源库，提供网络表单咨询、文献咨询、电话咨询和实时在线咨询等多种方式的服务。下图是其主页。

[1]　http：//www.ucdrs.net/admin/union/index.do。

一些商业性的网站也提供书目信息。比如亚马逊书店[1]（下图是其主页）、当当网[2]。

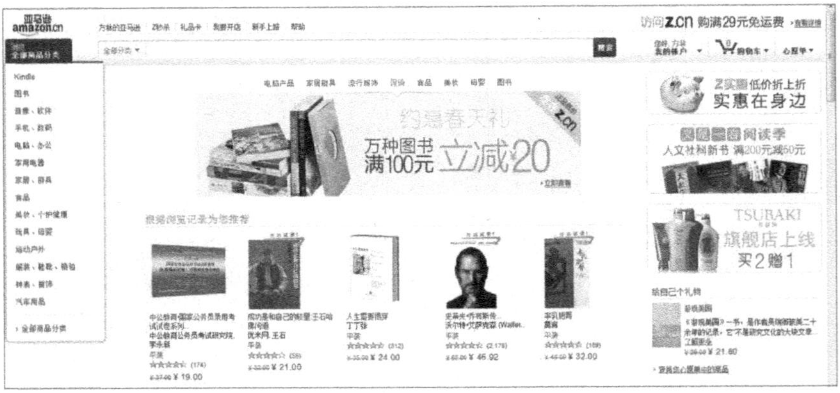

第四节　网络民族学信息资源例举

民族学信息资源网站依据不同的划分标准，有多种情况。如果按网站的内容划分，有综合性信息网站和专门性信息网站；按网站的创建者划分，有国际机构网站、政府机构网站、民族学教学和科研机构网站、民族企业网站、民族商业网站、个人创办的网站等。

[1] http：//www.amazon.cn/ref=gno_logo。

[2] http：//book.dangdang.com/。

一、按内容划分的网站

（一）综合性网站

1. 中国知网（CNKI）[1]

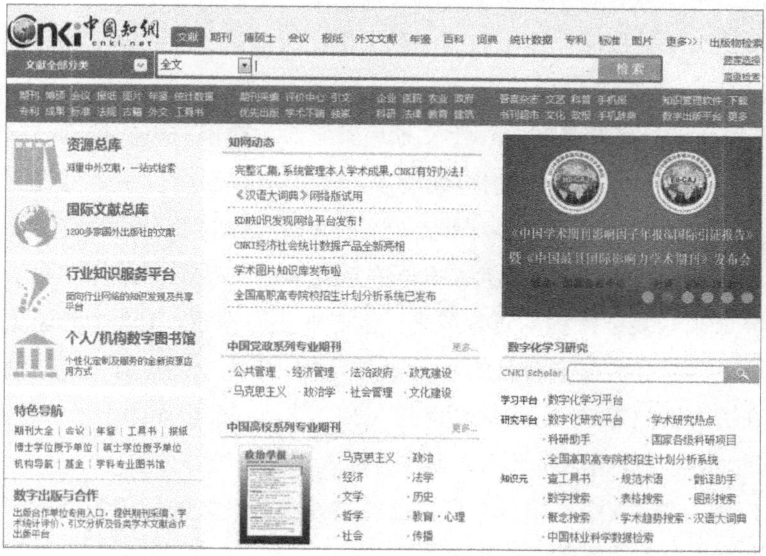

中国知网是国家知识基础设施（China National Knowledge Infrastructure，CNKI）的简称。CNKI 工程是以实现全社会知识资源传播共享与增值利用为目标的信息化建设项目，由清华大学、清华同方发起，始建于 1999 年 6 月。在国家教育部、中宣部、科技部、新闻出版总署、国家版权局、国家计委的大力支持下，在全国学术界、教育界、出版界、图书情报界等社会各界的密切配合和清华大学的直接领导下，CNKI 工程集团经过多年努力，采用自主开发并具有国际领先水平的数字图书馆技术，建成了世界上全文信息量规模最大的“CNKI 数字图书馆”，并正式启动建设中国知识资源总库及 CNKI 网格资源共享平台，通过产业化运作，为全社会知识资源高效共享提供最丰富的知识信息资源和最有效的知识传播与数字化学习平台。

CNKI 工程的具体目标：①大规模集成整合知识信息资源，整体提高资源的综合和增值利用价值；②建设知识资源互联网传播扩散与增值服务平台，为全社会提供资源共享、数字化学习、知识创新信息化条件；③建设知识资源的深度开发利用平台，为社会各方面提供知识管理与知识服务的信息化手段；④为知识资源生产出

[1] http：//www.cnki.net/。

版部门创造互联网出版发行的市场环境与商业机制，大力促进文化出版事业、产业的现代化建设与跨越式发展。

中国知网提供 CNKI 源数据库、外文类、工业类、农业类、医药卫生类、经济类和教育类多种数据库。其中综合性数据库为中国期刊全文数据库、中国博士学位论文数据库、中国优秀硕士学位论文全文数据库、中国重要报纸全文数据库和中国重要会议文论全文数据库。每个数据库都提供初级检索、高级检索和专业检索三种检索功能。

CNKI 提供的检索服务包括：①文献搜索服务。精确完整的搜索结果、独具特色的文献排序与聚类，是科研的得力助手。②数字搜索。“一切用数字说话”，CNKI 数字搜索让学术趋势、学术热点、学术发展历程的学习和研究变得简单而明白。③翻译助手。CNKI 还是文献、术语中英互译的好帮手。④各专业珍贵的学术图表，研究成果和复杂流程能直观展现。⑤专业主题搜索。168 个专业主题数字图书馆，各领域学者均有属于自己的专业知识搜索引擎大众热点特色热点话题，帮读者了解大众关心的热点知识。⑥学术资源。CNKI 就是一个全面的学术资源网站导航。CNKI 还做学术统计分析。对学术文献进行绩效评价及统计分析。

CNKI 建设的信息资源相当丰富，已经成为国内最大的知识数据库产品。下图是 CNKI 的中外文文献列表。

在 CNKI 中，以“民族”作为主题词在所有数据库中检索，有 225 428 条数据；以“人类学”作为主题词在所有数据库中检索，有 9 077 条数据；以“社会学”作

为主题词在所有数据库中检索，有 17 399 条数据。[1]

2. 万方数据股份有限公司（简称万方数据）[2]

是由中国科技信息研究所以万方数据（集团）公司为基础，联合中国文化产业投资基金、中国科技出版传媒有限公司、北京知金科技投资有限公司、四川省科技信息研究所和科技文献出版社发起组建的高新技术股份有限公司。

万方数据股份有限公司是国内第一家以信息服务为核心的股份制高新技术企业，是在互联网领域，集信息资源产品、信息增值服务和信息处理方案为一体的综合信息服务商。

公司以客户为导向，依托强大的数据采集能力，应用先进的信息处理技术和检索技术，为科技界、企业界和政府部门提供高质量的信息资源产品。在丰富信息资源的基础上，万方数据还运用先进的分析和咨询方法，为用户提供信息增值服务，并陆续推出企业竞争情报系统、通信、电力和医药行业竞争情报系统等一系列信息增值产品，以满足用户对深度层次信息和分析的需求，为用户确定技术创新和投资方向提供决策。

在为用户提供信息内容服务的同时，作为国内第一批开展互联网服务的企业之一，万方数据坚持以信息资源建设为核心，努力发展成为中国第一的信息服务提供商，开发独具特色的信息处理方案和信息增值产品，为用户提供从数据、信息到知识的全面解决方案，服务于国民经济信息化建设，推动中国全民信息素质的成长。

[1]　检索日期：2013-03-15。

[2]　http：//g.wanfangdata.com.cn/。

万方的知识脉络分析服务便于研究人员关注学术动态、了解学术趋势、把握科研热点。研究人员借助该服务可了解知识点在不同时间的关注度，以知晓学科发展规律或研究选题；清晰知识点随时间变化的演化关系，以发现知识点之间交叉、融合的演变关系，或发现新的研究方向、趋势和热点；还可以对不同知识点进行比较分析。

知识脉络分析服务针对电子期刊论文进行量化分析，将分析结果通过图形方式客观的呈现出来，方便直观。正如展现在学者面前的一张学术气象地图，清晰描绘了学术热点的方位、温度和历史数据。

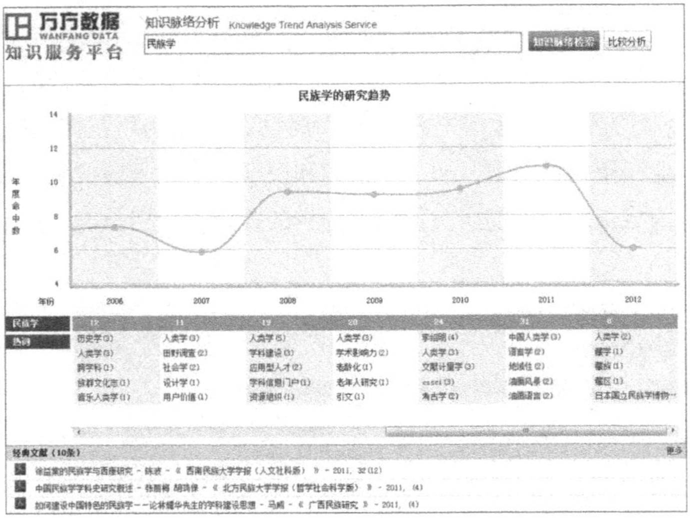

上图是关于关键词“民族学”的知识脉络分析图。

万方的知识脉络分析还可以做比较分析。下图就是关于“民族学”、“人类学”和“社会学”的比较分析趋势图。

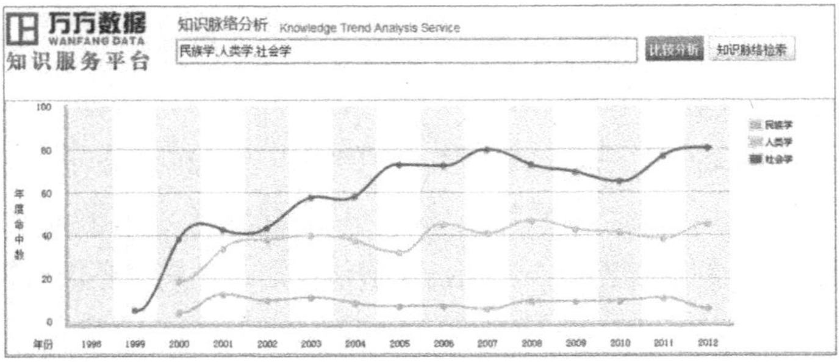

图注：图中最上面的曲线是社会学，中间的是人类学，最下面的曲线是民族学。

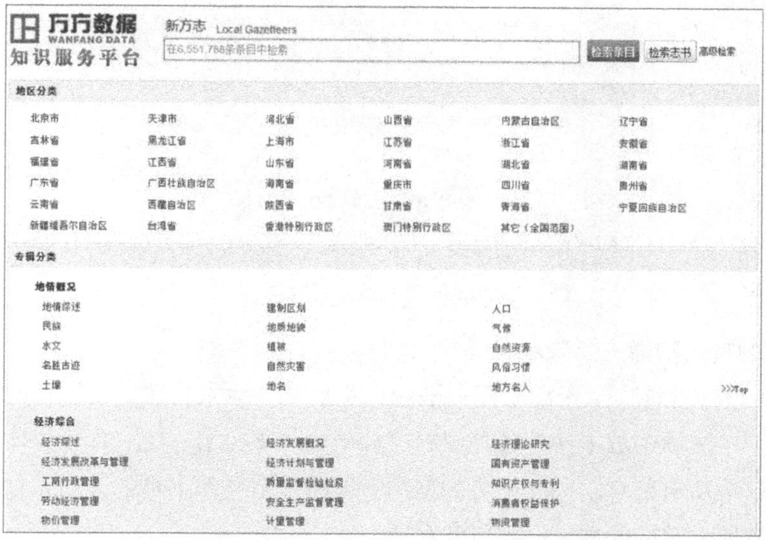

万方数据的“新方志”也是非常有特色的一项服务。在它的列表中，包括按地区分类和按专辑分类。专辑包括地情概况、经济综合、财政金融、政治军事外交、农业、工业、社会科学、教育、文化体育等。点击某一分类后，在新页面里，左侧是列表，右侧是所查文献的基本情况。就某一本书而言，是按章节排序，点击相应的节即可下载，下载后的文档格式是 PDF。PDF 格式常见的文档格式，非常方便。

3. 读　　秀[1]

目前全世界最完整的文献搜索及获取服务平台，其后台建构在由北京世纪超星有限责任公司在 18 年来所数字化的 245 万种图书元数据组成的超大型数据库基础上。以 10 亿页中文资料为基础，为读者提供深入内容的章节和全文检索、部分文献试读、文献传递等多种功能。收入中文图书全文 245 多万种，元数据 2.5 亿条（其中中文期刊 5 000 多万条，中文报纸近 3 000 万条）。一站式检索实现了馆藏纸质图书、电子图书、学术文章等各种异构资源在同一平台的统一检索，通过优质的文献传递服务，实现了为读者学习、研究、写论文、做课题提供最全面准确的学术资料和获取知识资源的捷径。是一个真正意义上的学术搜索引擎及文献资料服务平台。下图是其主页。

[1] http：//www.duxiu.com/。

读秀的特色功能主要表现在：

（1）整合各种文献资源于同一平台，实现统一检索管理。读秀将图书馆馆藏纸质图书、中文图书数据库等各种资料整合于同一平台上，统一检索，使读者在读秀平台上获取所有信息，方便读者的使用，同时也节省图书馆的人力、物力，提高工作效率及图书馆的管理水平和服务水平。

统一平台：将图书馆现有的纸质图书和电子图书以及各种学术异构资源整合到同一平台下。读者在读秀平台上零距离地获取知识，提高图书馆资源的利用率。

统一检索：将读秀搜索框嵌入到图书馆门户首页，实现资源统一检索。避免多个站点逐一登录、逐一检索的弊端，读者可在读秀平台上查询所有馆藏中文信息，检索便捷，使用方便。

（2）通过读秀的深度检索，快速、准确地查找学术资源。读秀集成了业界先进检索技术，突破以往简单的元数据检索模式，实现了基于内容的检索，使检索深入到了章节和全文。利用读秀的深度检索，读者能在短时间内获得深入、准确、全面的文献信息。

（3）读秀为读者整合学术资料，并提供多种阅读、获取资源的途径。读秀的海量资源与用户图书馆资源整合，为用户打造一个资源库的同时，也为用户提供了多种获取海量资源的捷径，满足读者快速获取知识的需求。

试读功能：读秀提供资料的部分原文试读，更加全面地揭示文献内容，利于读者选择资料。

（4）满足用户的管理需求和读者的阅读需求。

流量统计系统：阅读量、点击量、分类统计、饼状图、柱状图、趋势图等功能。

图书推荐系统：推荐购买纸书、电子图书以及图书推荐排行统计功能。

图书共享系统：图书书目馆际互知、网上书店购买、联系出版社等功能。

例如我们查找关键词是“民族学”的文献，系统会在知识、图书、期刊、报纸、学位论文、会议论文、文档、电子书等所有信息查找资源中匹配的文献。共找到相关的条目 45 846 条。在屏幕的左侧大面积地罗列了这些文献的情况。包括包含关键词所在句子、段落，出处、著者和出版时间等。还有一个 PDF 下载的按钮，如果需要可以下载 PDF 文档，实现离线阅读。屏幕的右侧则罗列了包含“民族学”的文献来源归类。比如本例就包括外文的搜索结果、词条 98 条、图书 2 372 种、期刊 16 811 篇、学位论文 115 篇、视频 224 部、人物 718 位等信息，还包括语词关系图。所有这些分类列表都可以点击相应链接进入详细的列表显示。下图是“民族学”的语词关系图。

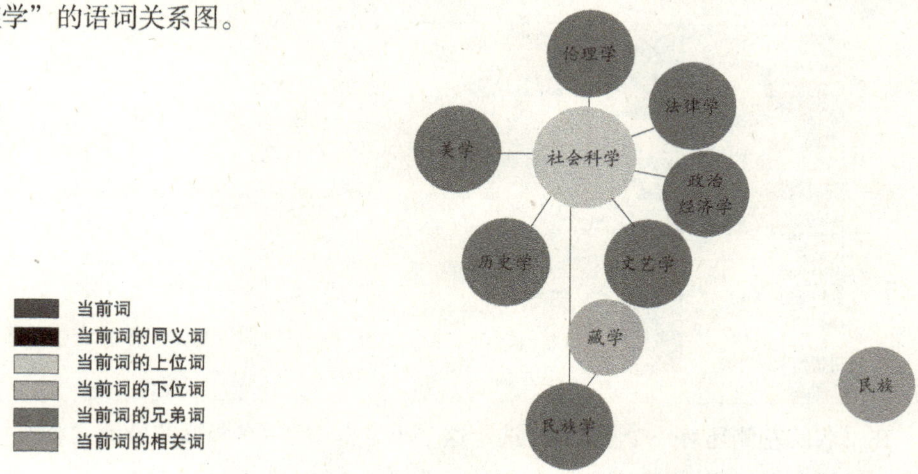

图注：当前词是“民族学”，其同义词是“民族”，其上位词是“社会科学”，下位词是“藏学”，兄弟词有“历史学”、“美学”等。

下面具体分析读秀的使用。首先来看图书的查找。下面是图书的查找页面。页面中以书名为“民族学”的结果，列表按出版年代由近及远排列。

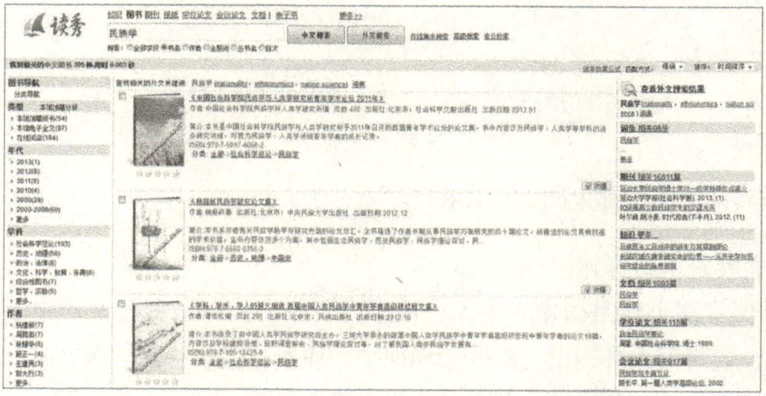

屏幕左侧是关于“民族学”的图书导航，包括载体类型（本馆馆藏分析）、出版年代（数量）、学科（数量）和作者（数量）等构成。这些都是链接，单击即可进入详细情况的页面。屏幕中间是所查书籍的列表信息，包括书名、作者、出版社、出版日期、内容简介以及学科分类。右侧是“民族学”的除图书外的其他载体情况。下图是其中的几本书。在书名的右边有按钮，有的是1个，有的是2个，也有的没有。按钮有这样几个：包库全文、图书下载、阅读部分、馆藏纸本4种。点击其中的按钮就进入相应的操作。

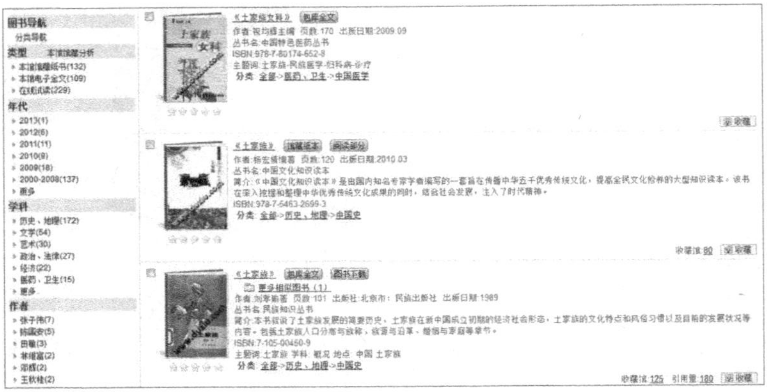

在书名的左侧还有一个小方框，选定这个小方框，然后在屏幕的最下方点击“导出所选记录”就能将书目信息按一定格式导出。这些格式包括引文、EndNote、NoteExpress、查新、自定义、Excel等。如下图。当然也可以点击屏幕右侧的“输出到本地”以文本格式存放。

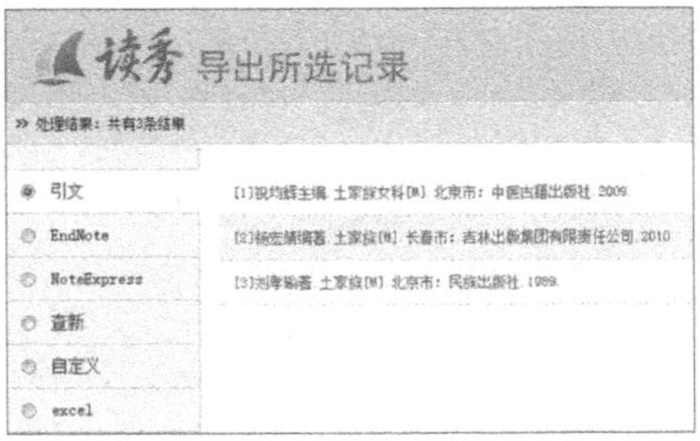

读秀其他的使用都大同小异，在此不一一介绍。

4. 中国国家图书馆

中国国家图书馆是国家总书库，国家书目中心，国家古籍保护中心，国家典籍博物馆。履行国内外图书文献收藏和保护的职责，指导协调全国文献保护工作；为中央和国家领导机关、社会各界及公众提供文献信息和参考咨询服务；开展图书馆学理论与图书馆事业发展研究，指导全国图书馆业务工作；对外履行有关文化交流职能，参加国际图联及相关国际组织，开展与国内外图书馆的交流与合作。[1]

5. 国家图书馆（台湾）[2]

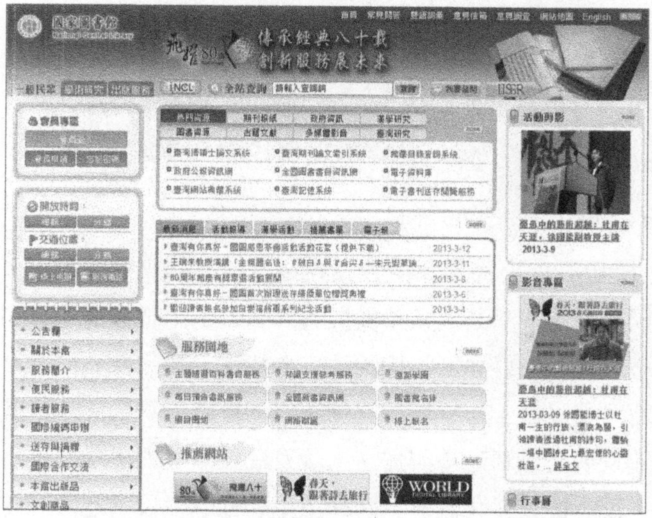

（二）专门性民族学信息资源网站

1. 中国民族文化网 [3]

是由北京今日龙脉公司主办，中国民族博物馆主管，是一个社会公众宣传民

[1] http：//www.nlc.gov.cn/dsb_footer/gygt/lsyg/。

[2] http：//www.ncl.edu.tw/mp.asp?mp=2。

[3] http：//www.56china.com/。

族文化的公益网站，是为弘扬中华民族文化，旨在弘扬民族文化，继承和发扬民族精神，发展民族精粹，为传播民族文化而设立的大众型综合门户网站。

该网站除具有上面介绍的几个民族信息网站的功能外，还设置了一个“商城频道”。商城除了展示各具有民族特色商品外，还在线销售商品。把电子商务结合进民族信息资源网站。如下图。

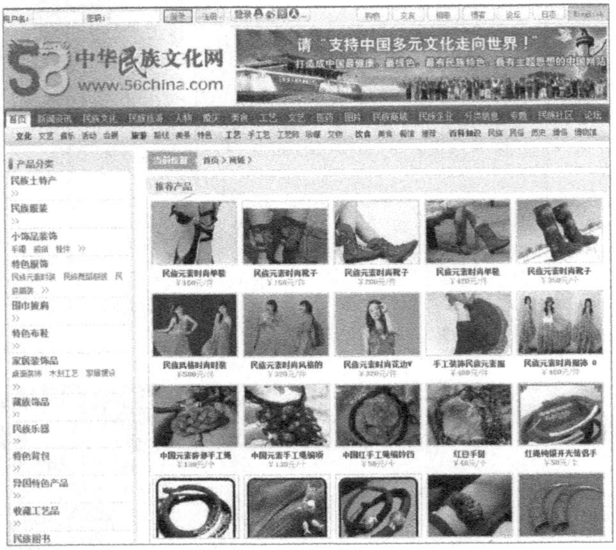

2. 中华民族网[1]

是全面报道我国56个民族和少数民族地区各项事业发展的一个综合性网站。它始终高举共同团结奋斗、共同繁荣发展的旗帜，牢牢把握平等、团结、互助、和谐的主旨，倾心服务于民族地区。广泛性、奇特性、趣味性、前瞻性和服务性于一体，积极宣传新时期民族工作领域的政策法规、模范人物及辉煌成就，报道民族地区各项重大事业发展的最新动态与进展，载发民族学、人类学、经济学、文化学的最新理论成果，展示民族文化教育、医疗卫生、社会发展的趋势和特色，介绍民族渊源、风情、习俗、奇趣，反映民族地区经济发展动态与境况，关注民族地区遇到的突出困难与问题，回应民族地区特困群体的现实需求，探索少数民族地区跨越式发展的经验与路径。下图是网站主页。

[1] http：//www.56people.com/。

网站设置有民族新闻、政策法规、民族经济、民族文化、民族宗教、民族教育、民族医药、民族体育、民族艺术、民族旅游、民族风情、民族摄影、民族论坛、各地民委、民族人物、独家发现、民族大全等栏目。

3. 中国民族网[1]

网站宗旨：传播民族文化，展现民族特色，弘扬民族精神，宣传民族品牌，构建56个民族和谐团结大家庭。下图是网站主页。网站设有民族新闻、民族政策、民族旅游、民族文化、民族医药、民族饮食、民族人物、民族工艺、民族建筑、民族文艺、民族体育和民族自治等栏目。点击这些栏目可以进入相应的下级类目。如点击“民族文化”，其类目又分为民族节日、民族禁忌、民族语言、民族历史、民族风俗、民族风情、民族趣闻、民族传说、民族宗教和民族文学。

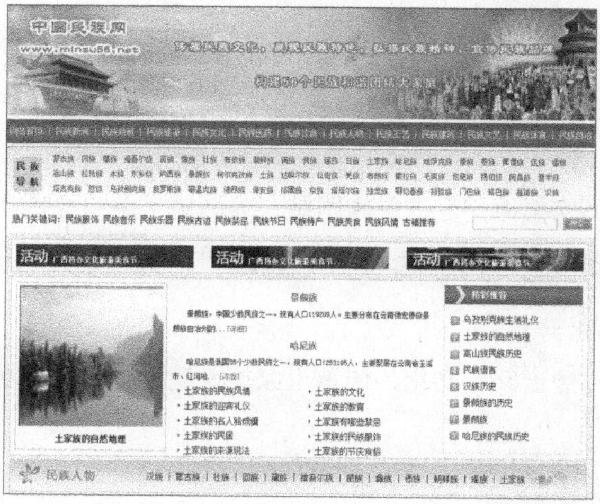

[1] http：//www.minzu56.net/。

如果点击“民族节日”，就会在栏目的下方显示文件的列表。

网站也设置有本站全文搜索功能。如下图。

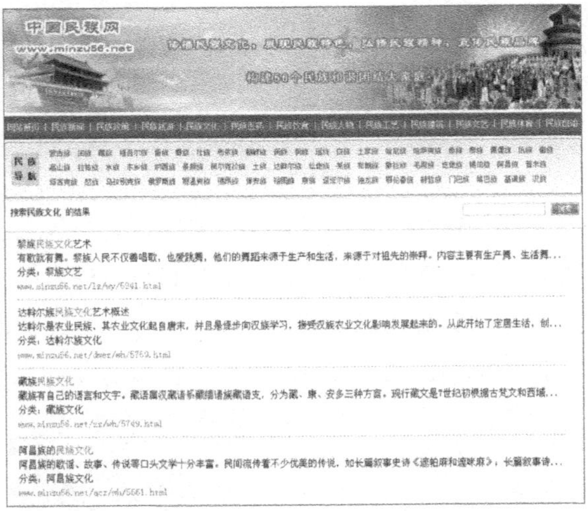

4. 华夏民族网[1]

网站为弘扬民族精神，促进民族团结，为同胞了解自己的国家和民族服务。网站除开辟了一些栏目和搜索功能外，还设置有用户注册模块和在线咨询功能。

5. 土家族文化网[2]

是一个以“传播土家族文化，传承土家族文明，传递土家族信息”为宗旨的

[1] http：//www.ssmzl.com/。

[2] http：//www.tujiazu.org.cn。

宣传土家族文化的公益性网站。

土家族文化网站融新闻性、学术性、知识性和服务性于一体，深入研究探讨土家族的传统文化，多视角、多维度、多层面地反映土家族的发展成就，充分展示土家族的文化特色和时代风貌。网站辟有信息资讯、土家概况、土家人物、土家风情、土家遗产、土家旅游、土家学林、土家工艺、土家饮食、土家特产、土家社区等频道，各频道内还设有与本频道信息相关的若干小栏目，信息量大，可读性强。

像这类就某一单一民族建立的网站很多，每一个民族都不止一个。比如下图是满族文化网[1]的主页。

下面是中国蒙古学信息网[2]的主页。

伊斯兰之窗[3]的主页。

[1] http：//www.imanchu.com/。

[2] http：//www.surag.net/。

[3] http：//www.yslzc.com/。

藏族网[1]主页。

二、按创建者划分的网站

（一）国际机构

国际机构网站是由国际组织及其相关部门组建的网站，是查找世界民族信息重要途径。

国际人类学与民族学联合会（The International Union of Anthropological and Ethnological Sciences，IUAES）是国际社会科学理事会（ISSC）的成员之一，也是国际哲学和人文研究理事会（CIPSH）的成员之一，还是国际科学联合会（ICSU）的成员之一。

[1] http：//cn.bodrigs.com/web/。

IUAES 是在联合国教科文组织注册的人类学和民族学界最具影响的世界性组织。目的是为加强世界上社会人类学、民族学、考古学、语言学、生物人类学等各学科之间的交流。IUAES 共有下属专业委员会 21 个。分别是：

（1）都市人类学委员会（Commission on Urban Anthropology）

（2）影视人类学委员会（Commission on Visual Anthropology）

（3）妇女人类学委员会（Commission on the Anthropology of Women）

（4）理论人类学委员会（Commission on Theoretical Anthropology）

（5）人类生态学委员会（Commission on Human Ecology）

（6）旅游人类学委员会（Commission on the Anthropology of Tourism）

（7）艾滋病人类学委员会（Commission on the Anthropology of Tourism）

（8）医学与流行病学人类学委员会（Commission on Medical Anthropology and Epidemiology）

（9）全球变迁的人类学委员会（Commission on Anthropological Dimension of Global Change）

（10）食物与食物问题委员会（Commission on Food and Food Problems）

（11）民间法与法律多元主义委员会（Commission on Folk Law and Legal Pluralism）

（12）文献研究委员会（Commission on Documentation）

（13）年龄与老龄化委员会（Commission on Aging and the Aged）

（14）政策与实践的人类学委员会（Commission on Anthropology in Policy and Practice）

（15）和平的人类学与民族学委员会（Commission for Anthropological and Ethnological Study of Peace）

（16）游牧民族委员会（Commission on Nomadic Peoples）

（17）紧急人类学研究委员会（Commission on urgent Anthropological research）

（18）民族关系委员会（Commission on Ethnic Relations）

（19）土著知识与持续发展委员会（Commission on indigenous Knowledge and Sustainable Development）

（20）数学人类学委员会（Commission on Anthropology of Mathematics）

（21）博物馆与文化遗产委员会（Commission on Museums and Cultural Heritage）

下图是 IUAES 的主页。

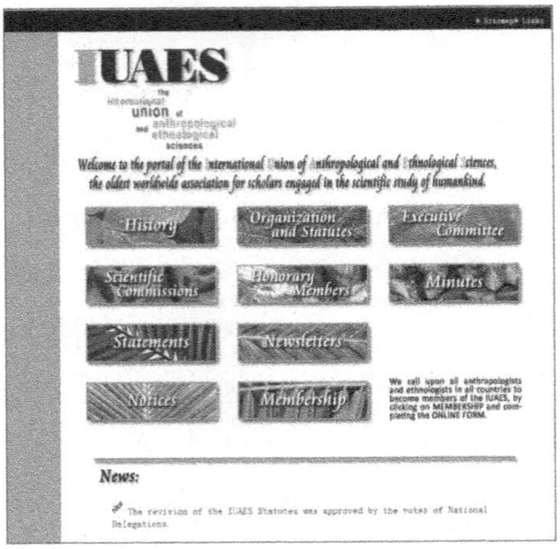

（二）政府机构网站

国家民族事务委员会[1]是中华人民共和国最早成立的中央部委之一。1949 年 10 月 22 日，中央人民政府民族事务委员会成立，简称“中央民委”。1954 年全国人大一次会议上，中央人民政府民族事务委员会改称“中华人民共和国民族事务委员会”。1970 年 6 月 22 日，中华人民共和国民族事务委员会被撤销。1978 年，全国人大五届一次会议决定恢复国家民族事务委员会，简称“国家民委”，此后一直作为国务院组成部门。

此外还有各级政府机构的民族委员会或民族宗教事务局等。如新疆民委[2]、呼和浩特市民族事务委员会[3]等。

[1] http：//www.seac.gov.cn/。

[2] http：//www.xjmzw.gov.cn/。

[3] http：//www.hhhtsmw.gov.cn/web/index.asp。

（三）学　会

1. 中国人类学民族学研究会[1]（China Union of Anthropological and Ethnological Sciences，CUAES）

是国家民委主管的全国性人类学民族学研究机构，成立于2007年3月。

该研究会是由从事人类学、民族学、民族问题等相关研究的机构、学术研究团体、个人以及民族工作等相关领域的实际工作者自愿结成的全国性、非营利性社会组织。成员包括个人会员和团体会员，具有广泛的代表性。

研究会的宗旨是遵守宪法、法律、法规和国家政策，遵守社会道德风尚，团结中国人类学、民族学以及相关学科的研究人员，促进中国人类学、民族学的发展和国际交流，增进人们对不同民族、不同文化的理解和团结，为中国的社会主义现代化建设贡献力量。

研究会根据相关学科门类，下设若干专业委员会。本会的业务范围：①组织会员开展人类学、民族学的跨学科、多领域研究，组织相关的学术会议，编辑出版相关的学术成果。②与国外有关机构和人士建立联系，开展国际交流与合作，参加国际人类学与民族学联合会及相关组织召开的国际会议；组织召开相关领域的国际会议。③向有关领导机关、政府部门反映社情民意，协助政府有关部门工作；接受政府有关部门的委托课题研究，为政府提供咨询服务，为民族工作及其他一些社会工作提出建议和意见。

[1]　http：//www.cuaes.org/index.htm。

2. 中国艺术人类学学会[1]

经中华人民共和国国务院批准并备案，由中华人民共和国文化部直接管理的国家一级学会。中国艺术人类学学会的常务秘书处设在中国艺术研究院艺术人类学研究中心。学会的宗旨是，整合艺术学与人类学学科的学术资源与研究方法，在努力推动艺术人类学学术研究与学术交流的基础上，及时把握国际艺术人类学研究的前沿学术动向；注重田野考察实践和理论结合，重点关注民间艺术和当代艺术现象，开展艺术人类学理论方法与实践的深入研讨，努力使我国艺术人类学的学科体系逐步完善化；积极参与国家文化遗产保护工程的相关工作，以艺术人类学田野工作方法的优势，为国家的文化遗产保护工程的工作提供可靠资料与必要的理论支持。

（四）研究机构（大学）

中国社会科学院民族学与人类学研究所[2]（原名中国社会科学院民族研究所）成立于1958年，隶属中国科学院；1962年，中国科学院少数民族语言研究所（1956年建立）合并于中国科学院民族研究所；1977年中国社会科学院成立，改称“中国社会科学院民族研究所”；2002年10月更名为“中国社会科学院民族学与人类学研究所”。

这样的研究机构以及大学很多，它们一般建有学术性质的网站，比如中国社会科学院社会学研究所[3]、中国人类学评论网[4]、人类学网[5]、国立暨南国际大学人类学研究所[6]、国立政治大学人类学系[7]、香港中文大学人类学系[8]等。

（五）个人网站（包括博客等）

（1）56个民族，56朵花[9]是西南民族大学旅游与历史文化学院民族学091班建立的博客。

[1] http：//www.artanthropology.com/。
[2] http：//iea.cass.cn/index.htm。
[3] http：//www.sociology.cass.cn/shxw/shrlx/default.htm。
[4] http：//www.cranth.cn/list/yxy.html。
[5] http：//www.face21cn.com/rlx/index.htm。
[6] http：//www.gia.ncnu.edu.tw/nuke/。
[7] http：//www.ethnos.nccu.edu.tw/。
[8] http：//arts.cuhk.edu.hk/~ant/en/index.php。
[9] http：//Blog.sina.com.cn/minzuxue。

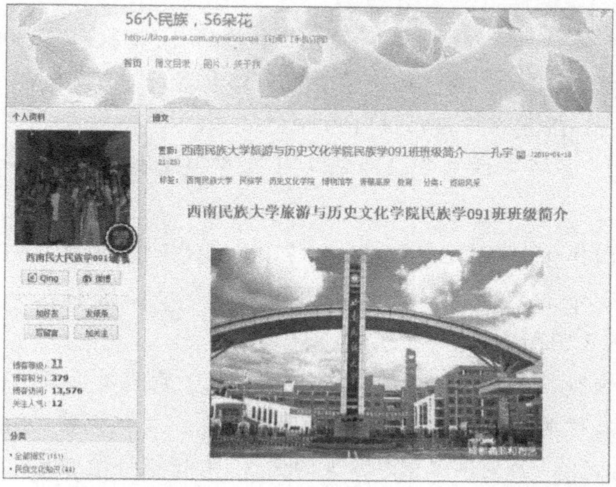

（2）中国少数民族研究中心社交网站豆瓣[1]注册建立了一个关于民族学的交流平台。

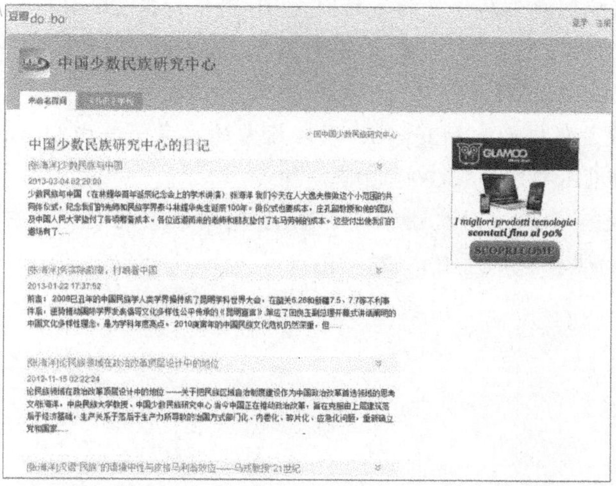

总之，在信息社会、在互联网上有各种民族学信息存在，本书列举只是其中的沧海一粟，但希望通过这样的形式提供一个在信息海洋中“巧搜”的门径。

参考文献

[1] 韩毅．用户网络信息检索的实验研究 [D]. 西南大学 ,2007.

[2] 黄崑．网络信息检索的检全率、检准率影响因素研究 [J]. 图书情报工作，

[1] http：//site.douban.com/154036/widget/notes/10561460/。

2002(3):68-71,75.

[3] 李娟 . 提高网络信息资源检索效果的方法和技巧 [J]. 情报杂志 ,2009(0):235-237.

[4] 孟广均 , 霍国庆 , 罗曼 , 等 . 从科学管理到信息资源管理 (IRM)——管理思想演变史的再认识 [J]. 图书情报知识 ,1997(2):3-8,18.

[5] 孟广均 . 信息资源 · 信息资源中心 · 信息资源管理 [J]. 情报科学 ,1992(6):28-29,64,79.

[6] 唐曙南 , 欧阳林红 . 联机检索与网络检索 [J]. 现代情报 ,2003(1):51-53.

[7] 王小卿 .Dialog 联机检索与 Internet 网络检索的比较与应用 [J]. 情报科学 ,2003(9):95-96,102.

[8] 王颖春 . 影响网络信息检索效率的因素与对策 [J]. 现代情报 ,2007(9):7-9.

[9] 王越 . 我国农村用户网络信息检索行为研究 [D]. 黑龙江大学 ,2011.

[10] 夏立新 , 陈光祚 . 再论网络信息检索的失误 [J]. 情报科学 ,2004(1):97-100.

[11] 熊回香 . 网络信息检索及其发展趋势研究 [D]. 华中师范大学 ,2003.

[12] 闫晓妍 .Web2.0 环境下网络信息检索模式研究 [D]. 郑州大学 ,2009.

[13] 余述淳 . 影响网络信息检索效率的因素 [J]. 现代情报 ,2003(9):204-205,226.

[14] 张俊娜 , 贺娜 . 用户信息需求的网络激发与检索行为引导 [J]. 情报杂志 ,2008(10):106-108,111.

[15] 张永和 . 关于联机检索和 Internet 网络检索的思考——由 DIALOG 新政策所想到的 [J]. 四川图书馆学报 ,2000(2):76-78.

[16] 赵宁 , 黄铁娜 .Dialog 联机检索和 Internet 网络检索的功能与应用 [J]. 哈尔滨师范大学自然科学学报 ,2010(6):75-78.

第五章　网络民族学开放获取

信息和知识是学术研究最重要的基础。能够对信息免费地、不受时空和其他任何限制，方便而自由地获取和利用，一直是每个学者和全社会的共同愿望和美好理想。

第一节　开放获取概述

开放获取正是为实现对信息平等、公开地获取而产生的一种学术出版与交流模式。它打破了商业出版商对信息的垄断，建立了一种新的学术与信息交流机制。

一、开放获取发展历程

可能是开放获取真正兴起的时间不长，至今，学术界关于开放获取的定义还没有一个统一的认识。

开放获取萌芽在20世纪60年代，主要标志是人类所倡导的信息自由的基本人权利逐渐从法律理念范畴进入到具体的实践范畴，而且商业出版领域也已经开始收到免费、联机等文献出版形式的严峻挑战；同时学术界也逐渐认识到，学术知识的充分利用、分享和方便使用，在科学交流与创新活动中扮演重要作用。

20世纪60年代，免费的联机文献开始出现。1987年秋，美国雪城大学（Syracuse University）Kellogg项目发起的《成人教育新视野》（*New Horizons in Adult Education*），作为早期的免费、联机、同行评议的期刊，开始接近开放获取的理念。开放获取真正的发展是在20世纪90年代的万维网出现以后。1991年12月1—2日，在匈牙利首都布达佩斯召开的一次会议上提出了“布达佩斯开放获取计划”，督促国际社会加快促进各学科领域的研究论文在因特网上免费获取的进程，从此引起国际社会的关注、支持、响应和参与。[1]

arXiv（http：//arxiv.org）的建立是开放获取发展的里程碑，标志着开放获取已经进入学术领域的研究范畴。arXiv 是由 Paul Ginsparg、Steven Harnard 和 Harold Varmus 等倡导的。Paul Ginsparg 是 LosAlamos 国家实验室的物理学家，他建立了 e-print-arXiv。Steven Harnard 是弗吉利亚理工学院的认知科学教授。Harold Varmus 是美国国家卫生研究院院长、诺贝尔奖获得者。他们一致倡导对知识的平等获权。arXiv 遵循 OAI 协议（Open Archives Initiative Protocol for Metadata Harvesting）的电子预印本资源库，是完全免费的联机学术成果最早的资源库之一。[2]

2001 年，学术出版和学术资源联合机构（Scholarly Publishing and Academic Resources Coalition，SPARC）发起"宣布独立"倡议，鼓励科学家远离商业出版商。另外，SPARC 通过 SPARC 前端计划（SPARC Leading Edge Program）[3] 和 SPARC 支持科学社群计划（SPARC Scientific Communities Program）[4] 两大项目来探索开放存取出版的具体模式，创建服务于科研的学术交流社区和交流平台。

2002 发布的《布达佩斯开放获取计划》（*Budapest Open Access Initiative*，BOAI），主张将各个领域发表的科学文章发布到网上，并主张在机构或学科类的仓储和期刊中，充分发挥自我存档作用。

2003 年发布了《关于自然科学与人文科学资源的开放获取的柏林宣言》（*Berlin Declaration on Open Access to Knowledge in the Sciences and Humanities*）。2003 年 12 月 29 日，中国科学院院长路甬祥院士代表中国科学家签署了《关于自然科学与人文科学资源开放存取的柏林宣言》。2004 年 1 月 30 日，联合国经济合作和发展组织科学与技术政策委员会采纳了关于政府资金资助的研究成果开放使用的声明。

---

[1] Peter Suber. Timeline of the Open Access Movement.http：//legacy.earlham.edu/~peters/fos/timeline.htm.

[2] 张旻浩，华威伟．从学术期刊编辑的角度看开放获取[J]. 科技情报开发与经济，2008（27）：99–101.

[3] SPARC 前端计划（SPARC Leading Edge Program）指孕育科技领域的电子期刊，利用科技来创造竞争优势或是创新的商业模式，以满足 STM 领域的信息需求。企图以学术界的力量来革新商业模式的事业，最重要的是提供学者一个发表论文和研究成果的新渠道，让研究者更轻松掌握最新资料。

[4] SPARC 支持科学社群计划（SPARC Scientific Communities Program）指支持发展各学科非营利性的学术同侪评审出版品，以集合同侪评审过的研究结果及相关信息来满足个别学科社群的需要。赞助对科学社群之研究和资料收集有所帮助的非营利性网站，并且鼓励大学间的合作与联盟，以期累积更多的信息，创造一个更开放的竞争市场，让用户将研究的学术数据更广为传播。

2004年2月24日，国际图联理事会采纳了关于学术著作和研究文献开放存取的声明。同年，一个由48个非营利出版商组成的联盟，发布了对于科学信息自由获取的华盛顿纲领。

2004年5月，中国科学院院长路甬祥、中国国家自然科学基金委员会主任陈宜瑜院士又代表中国科学院和中国国家自然科学基金会签署了《关于自然科学与人文科学资源开放存取的柏林宣言》，表明中国科学界和科研资助机构支持开放获取的原则立场。[1]2005年6月22—24日，在中国科学院召开了"科学信息开放获取战略与政策国际研讨会"，进一步促进了信息资源的开放获取在我国的发展和应用。

2005年7月，50余所中国高校图书馆馆长在"中国大学图书馆馆长论坛"签署《图书馆合作与信息资源共享武汉宣言》，其中包括支持OSI在布达佩斯通过的BOAI的原则。[2]

开放获取这些发展成果的主要原因为：

（1）传统出版方式的学术交流模式存在一系列问题。出版的商业化和兼并行为，使学术期刊的出版日益集中于少数商业出版者手中，导致学术期刊价格飞涨，出现"连续出版物危机"，加重了图书馆经费预算的困难；

（2）目前，三分之二的科技期刊已经发行了网络版，出版商通过硬件或软件，如数字权利管理技术等各种手段限制，阻碍研究人员对学术信息的获取，从而形成了一种新的危机认证危机（Permission Crisis）；

（3）基于印刷型文献的学术信息交流具有内容单一、出版周期长、流通渠道不畅、可获得性差（如付费使用）等缺点，影响了信息的正常交流。

在这种不平衡的学术交流状态之下，催生了开放获取运动（the open access movement），开放获取运动是国际科技界、学术界、出版界、信息传播界为推动科研成果利用因特网自由传播而发起的运动，以此促进科学信息的广泛传播、促进学术信息的交流与出版、提升科学研究的公共利用程度、保障科学信息的长期保存。信息资源的开放获取使得我们能够像访问普通网站一样方便地使用信息资源，从而也使教学、科研用户的工作环境走向多重化、综合化。

二、开放获取的概念

虽然学界关于开放获取的定义没有达成一致，但是一般认为开放获取是指把

[1] 开放获取（Open Access）. 国研参考 .http：//www.nlc.gov.cn/newtsgj/gtqk/tyck/2005nzml/53/201012/t20101201_22781.htm。

[2] 高月起 . 论图书馆的开放获取理念 [J]. 图书馆学刊 ,2006（5）：49-50.

同行评审过的科学论文或学术文献放到互联网上，使用户可以免费获得，而不需考虑版权或注册的限制。开放获取运动旨在打破学术研究的人为壁垒。开放获取运动得到广泛的关注和发展，政府、图书馆、大学、研究机构、各种基金会等开始大力资助学术信息交流开放获取活动。近几年来，以德国马普学会（Max Planck Society）、开放社会协会（Open Society Institute）等为代表的许多科研机构、行业协会、社会组织积极推动科技信息开放获取运动。

三、学术信息开放获取的意义

开放获取对学术交流产生了深远的影响。

（1）促进了学术信息交流方式的转变。首先，开放获取是一种成本低廉、效益好的学术信息交流方式。它充分利用了信息技术和网络技术的优点，实现了对用户完全免费的服务。其次，不会因为出版的时滞而影响科研人员的使用。再次，开放获取提供了一个读者能发表评论和作者之间进行互操作交流的平台。

（2）有利于消除信息鸿沟。传统信息获取时代，专业人员想要获取非本专业的信息资源非常困难，一个是“隔行如隔山”，另一个是费用问题。影响了知识的流动，也增加了人们获取新知的难度。开放获取正好弥补了这个缺憾。

（3）促进信息共享的自由。

四、开放获取信息资源的特点

1. 学术信息获取便捷性

开放获取信息资源包括期刊全文、学位论文、教学资源、科学数据等都可从互联网上免费地、没有限制地、方便地、快捷地获取。从而大大方便科研工作人员。改变传统学术传播与交流的方式，推动科学的发展。同时也增加作者之能见度，提高作者学术影响力。

2. 时效性强，交互性强

作为一种网络型电子期刊的开放获取期刊，具有网络型电子期刊的优点，与传统模式相比，它是一种结合数字技术和网络通信产生出的一种新出版模式，能迅速地将研究成果公布并与人分享，还能通过网络与同行进行沟通交流。另外 ePrints 文献不经过出版审查程序，作者的手稿可以在最快的时间内向网络的读者公开，省去了一般出版物的出版周期。ePrints 能反映最新的研究成果与动态，这对科研人员及时了解专业动态尤为重要。

3. 学术价值高

许多开放获取学术信息，特别是开放获取期刊的文章与传统出版刊物一样须通过严格的同行评审才能出版，保证开放获取期刊文章的学术质量。另外，机构仓储收集、整理、存储一个或多个机构的科技成果，它所收集的学术成果可反映一个或多个机构的学术质量与学术水平，机构仓储保存的学术成果内容同样具有很高的学术价值。

4. 开放性与互操作性

开放获取运动的目的是为了消除学术传播中的"期刊危机"与"认证危机"，该运动为学术界提供一个开放获取学术信息的途径，为使互联网的用户能够查找检索开放获取资源的信息，机构仓储系统或开放获取期刊系统均支持、遵循互操作性协议（例如：OAI-PHM、OAIs），以利于被第三方搜索引擎所寻获。开放获取学术资源无需购买使用权，只要与互联网相连，用户就可免费获取到这些学术资源，以实现科学信息的公开与共享。正是因为这一特性，开放获取信息资源的重复较多，许多提供开放信息资源检索的系统均对重要的开放获取信息资源进行收集和整理。

5. 遵守知识产权

开放获取运动是遵守知识产权前提下的一场运动，大部分开放获取文献的版权方面问题已得到解决，如：论文预印本的版权归作者所有，而有些论文出版后版权亦归作者所有，大部分情况是论文出版前商业出版社要求作者签订版权转让书，商业出版社长期拥有论文的版权，这样若是与作者协商，尝试修改版权转让协议，以允许作者自存档。目前，出版商爱思唯尔（Elsevier）与斯普林格（Springer）已经同意其发表的论文可由作者进行自我典藏处理。

6. 内容丰富，形式多样

开放获取信息资源内容丰富，包罗万象，覆盖不同学科、不同领域、不同地域、不同语言的信息资源。既有图书馆馆藏目录、电子期刊、学位论文、会议录、工作报告、学习对象等，又有文本、图像、声音、软件等多媒体信息。是多媒体、多语种、多种类型信息的混合体。

五、信息资源开放获取途径

开放获取运动目的是促进科学及人文信息的广泛交流，促进利用互联网进行科学交流与出版，提升科学研究的公共利用程度、保障科学信息的长期保存，提高科学研究的效率。目前，开放获取运动及其思想遍布到信息生产、传播与获取的各个领域，为我们提供了大量的、有价值的免费信息资源。

许多开放获取信息资源是分散在世界不同地方的服务器或网站上，因此用户很难直接、全面地检索到这些资源。目前在开放获取信息资源揭示方面，主要有DOAJ和OpenDOAR两个项目分别在进行开放获取期刊和开放获取仓储的整理工作。

目前，信息资源开放获取主要有四个途径。

1. 开放获取期刊（Open Access Journals）

出版提供信息开放获取的杂志，或者将原有杂志改造为信息开放获取的杂志。

2. 开放获取仓储（Open Access Repository）

对于有版权，但是出版社允许进行自存储（self-archiving）的作品，作者可以放到信息开放存取仓库中，例如论文、专著等；对于没有版权的作品，作者可以直接放到信息开放存取仓储中，例如讲义、PPT等。

3. 个人网页

对于有版权，但是出版社允许进行自存储的作品，作者可以放到个人网页上；对于没有版权的作品，作者可以直接放到个人网页上。

4. 公共领域信息资源

不适用版权法保护的作品。世界各国都有将某些作品排除在保护范围之外的制度。我国不适用版权法保护的作品包括：法律、法规、标准、国家机关的决议、决定命令和其他具有立法、行政、司法性质的文件及其官方正式译文；时事新闻；历法、数表、通用表格和公式等。政府网站和网络上有大量的这类信息资源。

已到保护期限的作品。当它们失去时效后，这些作品和发明就进入公有领域。比如失去版或放弃版权的图书、失效的专利等等。对外国古典作品的翻译，对中国古籍的整理、注释、汇编、复制等，任何单位和个人都可以进行。这些信息资源可以从一些搜索引擎和专门的单位免费获得。

超出地域制约的作品。1993年国家版权局发布《关于为特定目的的使用外国作品特定复制本的通知》，严格限制对外国作品的复制。但这种限制仅限《伯尔尼公约》成员国的文学、艺术和科学作品。大多数版权和专利有截止期。

六、开放获取的信息资源类型

开放获取作为一种新型的学术交流理念和机制，这些年来得到了长足的发展，开放获取的信息资源类型已经不仅仅限于最开始的学术期刊，还包括电子印本（ePrint）、电子图书、学位论文、会议论文、研究报告、专利、标准、多媒体、数据集、工作论文、课程与学习资料等。此外，还包括一些带 Web2.0 特征的微内容，如论坛、Blog、Wiki、RSS 种子（RSS feed）以及 P2P（Peer-to-Peer）的文档共享网络（file sharing networks）等内容。

七、开放获取信息资源的价值

开放获取领域的信息资源传播得更快、更广，反而更有利于学术成果的传播，有利于其他学者在此基础上开展后续工作，增加作者文章的引用率。如开放获取期刊 Public Library of Science Biology，自 2003 年 10 月创刊至 2005 年 6 月，其影响因子就达到了 11.452[1]，在生物学类期刊中排名第一。国外的一些研究表明，在引文影响或被引频次方面，开放获取期刊较其他期刊没有显著差异。在一些学科领域，如医学、天文学，影响因子较高的期刊大多是开放获取期刊。发表在 2003 年《天体物理学》（*Astrophysical Journal*）上 75% 的文章是开放获取的（以预印本形式存放于 arxiv.org），这 75% 的文章获得了 90% 的引用率。开放获取文章引用率是非开放获取文章引用率的 3 倍。发表在 2003 年《核物理学 A》（*Nuclear Physics A*）上 32% 的文章通过 arxiv.org 开放获取，这部分文章获得了总引用率的 78%，开放获取文章引用率是非开放获取文章引用率的 7.5 倍。这些事例说明，开放获取信息资源不仅是图书馆信息资源的有力补充，而且有很高的利用价值。合理、有效地利用开放获取信息资源，能提高信息获取能力，并能改变文献信息机构的信息经费投入方式。

总之，开放获取信息资源它既不是个人自行出版模式，也不是跨越同行评审的出版方法，更不是次等的、廉价的出版途径。它只是学术研究人员自由地、联机地获取学术研究成果的一种方法而已。大多数情况下，使用它们不需要得到任何授权。因此，在科研、教学和其他方面，我们可以自由地使用。

---

[1]　http：//www.medsci.cn/sci/index.asp?action=search&fullname=PLOS%20BIOL。

第二节　网络民族学开放获取应用

一、开放获取期刊

（一）概　　述

开放存取期刊（Open Access Journals）与传统期刊一样，对提交的学术论文实行严格的同行审议以确保学术论文的质量，主要包括新创办的开放获取期刊和由原有期刊改造转变而来的开放获取期刊。作为重要的开放获取信息资源之一，开放获取期刊的发展势头良好，在数量上不断增加，所覆盖的学术范围也不断扩大，而且开放获取期刊的被引用率和影响因子也在不断提高。

开放获取期刊根据期刊的开放程度分为：

（1）完全开放获取期刊是指期刊在出版的同时即全部免费获取。

（2）延时开放获取期刊是指期刊在出版一段时间后再通过互联网为用户提供免费服务，时滞短则一个月，长则两三年；

（3）部分开放获取期刊是指在同一期期刊中，只有部分文章为用户提供免费服务。正因为一些非完全开放获取期刊的存在，我们在利用开放获取期刊的时候会遇到少量开放获取期刊文章的全文不能下载的情况。

（二）主要开放获取期刊信息资源

专门的民族学开放获取信息资源目前还没有发现。但是在一些综合性或人文社科类的开放获取信息资源网站中，不乏民族学相关信息资源。以下介绍的资源都是含有民族学相关学科的网站。

1. Socolar（开放获取资源一站式检索服务平台）[1]

Socolar是由中国教育图书进出口公司开发的综合性开放获取资源平台，于2007年4月推出测试版。

Socolar平台收集整理了世界上重要的开放获取期刊和开放获取仓储，并提供这些开放获取资源的统一检索和全文链接服务。内容涵盖所有学科，从信息资源类

[1] http：//www.socolar.com/。

型包括学术论文、会议录、预印文稿、讲义、学习札记、新闻稿等。

Socolar 平台开放获取期刊数 11 739 种，包含文章数 13 503 317 篇。开放获取仓储数 1 048 个，仓储包含文章数 10 391 241 篇。[1]

Socolar 文章的检索提供两种检索方式，即基本检索和高级检索。基本检索提供篇名、作者、关键词和摘要的检索途径。高级检索除基本检索功能外，还提供了逻辑组配检索和年限、是否同行评议、学科的选项限制。由于收集的主要是外文信息资源，推荐用英文词检索。

Socolar 还提供期刊的检索与浏览。期刊的检索途径有刊名、ISSN、出版社等。期刊的浏览有按照学科和刊名首字母浏览。

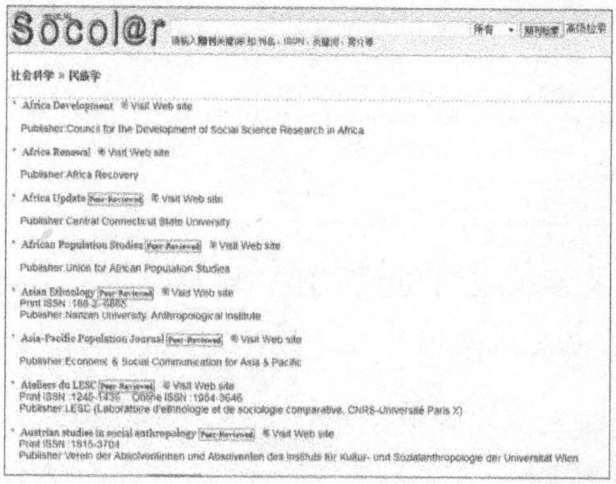

民族学及相关学科信息在 Socolar 平台中分散在各个不同的学科，但主要在社会科学下的人类学、民族学和社会学等栏目下。如下图。图中括号中的数字是资源数量。

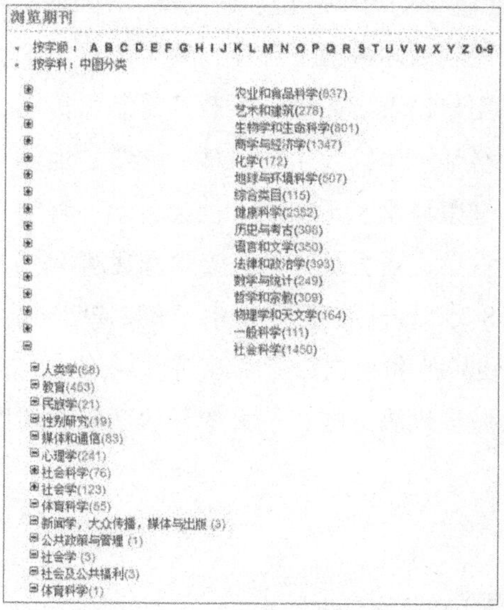

[1] 检索日期：2013-03-16。

点击相应的栏目出现如下图的文献列表。

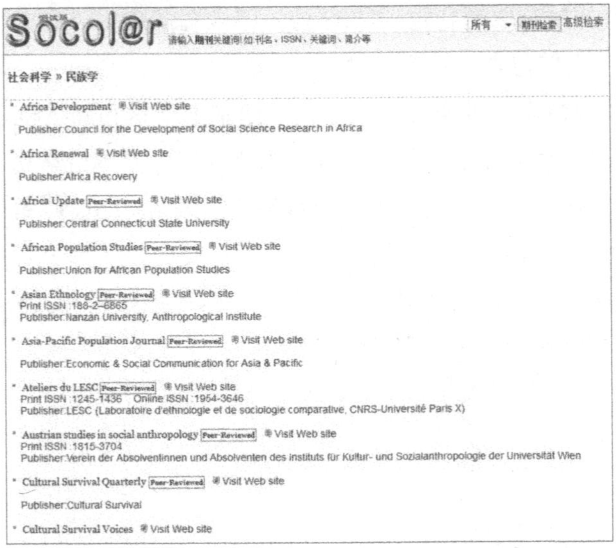

检索结果页中，文章（或期刊）后有“Peer-Reviewed”标注的表示是有一定质量控制的同行评议文章（或期刊）。

2. DOAJ（开放获取期刊目录）[1]

开放获取期刊目录（Directory of Open Access Journals，DOAJ）是由瑞典Lund大学图书馆与SPARC于2003年5月联合创建，由Lund大学图书馆负责维护的开放获取期刊目录。DOAJ收录均为学术型、研究型，有ISSN号的期刊，必须经过同行评议或编辑进行质量控制后才进入资源库，期刊来自学术、政府、商业、非盈利性私人等领域。并允许用户检索、阅读、下载、复制、传播、打印或链接全文。收录主题包括农业及食品科学、生物及生命科学、化学、地球及环境科学、数学及统计学、物理及天文学、健康科学、工程学、社会科学、哲学及宗教学、法律及政治学、经济学、历史及考古学、语言及文学、美学及建筑学等17个主题。[2]

DOAJ一共收录有8 750种开放获取期刊，1 042 497[3]篇文章可以在该网站中直接进行检索。DOAJ期刊品种和论文数量都在持续增加，内容涉及所有学科，是一个为全球研究和教育领域提供服务的、最大的开放获取期刊目录。

[1] http://www.doaj.org/。
[2] http://www.sinoss.net/2012/0725/41748.html。
[3] 检索日期：2013-03-16。

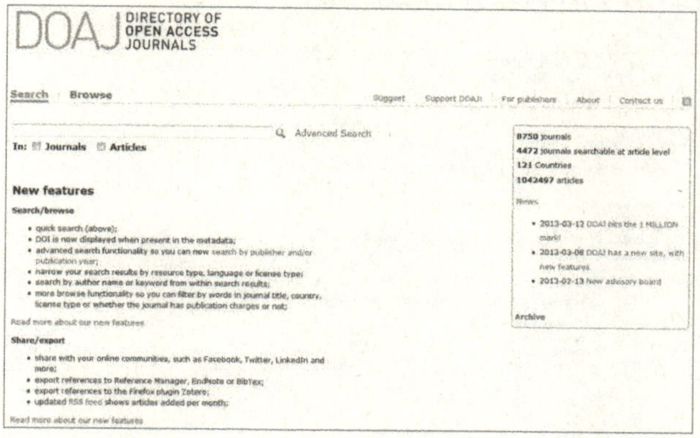

网站首页提供一个快速检索入口，可以输入期刊名和文章题名进行简单搜索，也可以通过输入关键词检索期刊论文的标题、作者、关键词、文摘、期刊名称、ISSN或以上全部字段进行高级检索。提供两个逻辑组配。检索结果记录为论文题录，点击对应的浏览详细记录，点击获取全文。

每一条记录都显示了论文题名、作者、来源期刊刊名、ISSN/EISSN、刊载的年卷期、总页数等信息。还可在线查看文章的摘要、关键词等，还可在线分享至facebook、twitter等SNS工具。点击fulltxt转至全文下载页面。下图是All Fields含“ethnic”的检索结果页面。

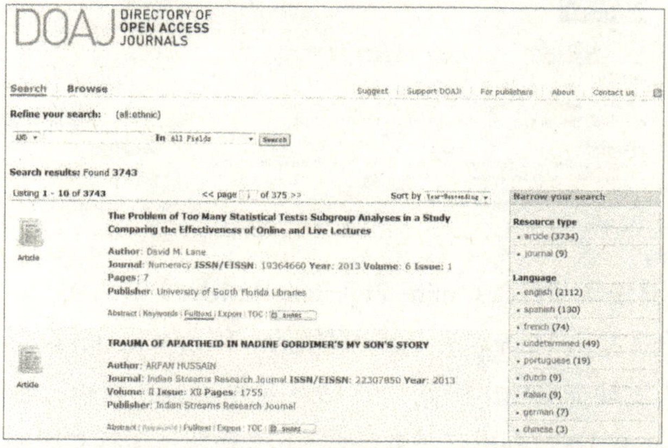

开放获取期刊的检索可以直接在网站首页的期刊检索框中输入关键词在全部字段中进行检索（等同All fileds）。全部字段包括期刊名称、关键词、所属学科、ISSN、出版者、语种、国家等字段。

开放获取期刊的浏览有多种浏览模式，一种是通过期刊名称首字母进行浏览。另一种是通过学科领域进行浏览。点击by Subject下的Expand Subject Tree（扩展学科树）能看到更细分的学科和期刊种数。如下图。

期刊的检索和浏览结果的记录是期刊的简单信息，点击期刊名进入对应的期刊页面（会离开 DOAJ）。下图是期刊 *Advances in Anthropology* 的对应页面。

3. 免费在线全文（Free Online Full-text Articles）[1]

免费在线全文是由 High Wire Press 提供的。High Wire Press 自认为是全球最大的提供免费学术文献全文的出版商，于 1995 年由美国斯坦福大学图书馆创立，曾获 2003 年度 ALPSP“非盈利出版服务”奖，其合作伙伴包括有影响力的学术团体、大学出版社及其他学术出版机构。截至 2013 年 5 月 2 日，总共提供 7 063 503 篇文献的免费检索，其中的 2 242 208 篇全文开放获取（全文为 PDF 格式和 HTML 格式），这些数据仍在不断增加，内容覆盖生命科学、医学、物理学和社会科学。下图是其主页。

[1] http：//highwire.stanford.edu/lists/freeart.dtl。

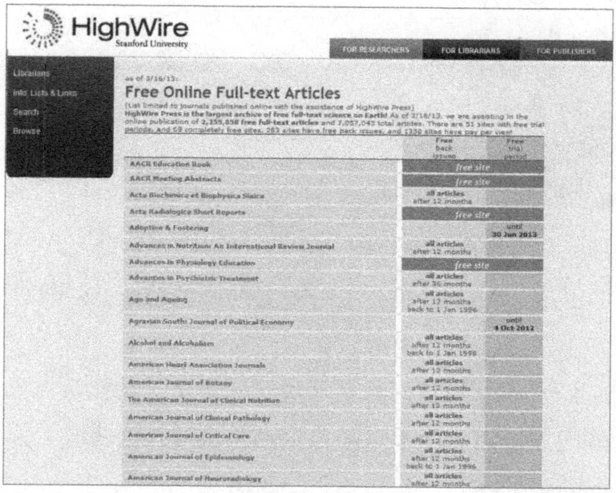

在页面的左侧有 Librarians、Info, Lists & Links、Search 和 Browse 的链接。点击链接，资源会按相应的方式排序和列表显示。

下图是点击 browse 方式的显示页面。页面中部是按默认的主题方式将期刊分类列表。其他还可以按期刊的标题、出版者方式排序。

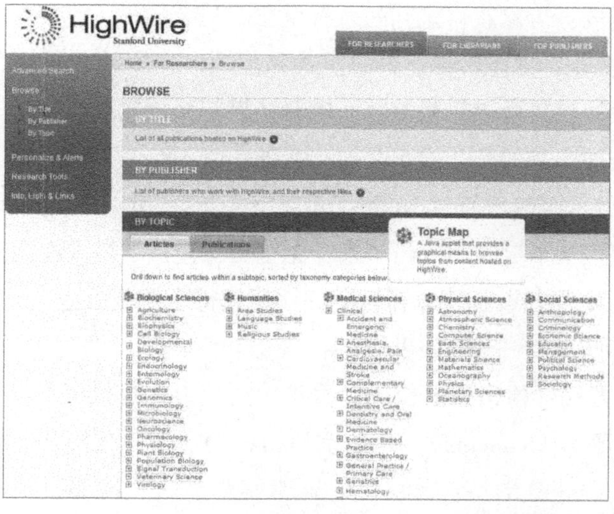

下图是点击“Social Sciences”后的显示情况。从图中可以看到，体质人类学（Physical Anthropology）有资源 30 956 笔、文化人类学（Cultural Anthropology）有 23 807 笔、社会人类学（Social Anthropology）有 15 389 笔。单击学科名称，会得到该学科更详细的资源列表。

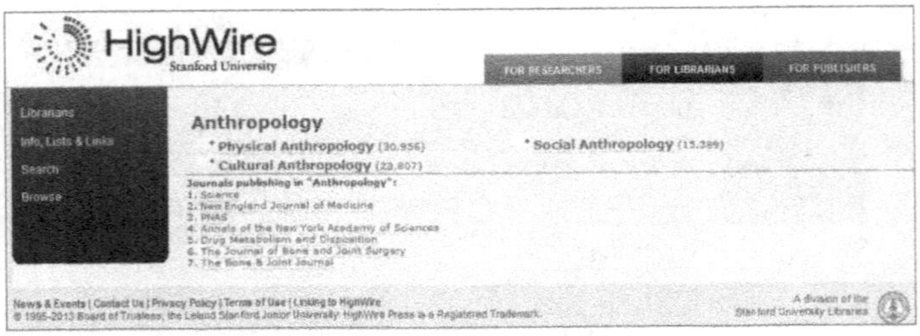

Free Online Full-text Articles 提供三种模式的开放获取，按字母顺序浏览刊名时，刊名后标注为：

（1）Free back issues：可以开放获取过刊的全文，时间从 3 个月前到 2 年前，各刊不一。即期刊出版后滞后若干时间才提供全文的开放获取。如期刊后显示“all articles/after 12 months/backto 1 Jan 1998”，表示从 1998 年 1 月以来到 12 个月前的所有文章都开放获取。“after 12 months”也就是该期刊比正常的出版滞后 12 个月。

（2）Free trial period：可以在试用期内开放获取全文。因而在检索的时候会遇到某些文献可以下载全文，过一段时间后又不能下载全文的情况。如期刊后显示“until/ 8 Mar 2009”表示试用期到 2009 年 3 月 8 日。

（3）Free site：可以获得该刊的所有全文。

由于具体的某一期刊开放获取的模式和范围存在变动，而且在进行文章检索的时候通常检索的是其全部文献，因而检索结果中部分文献全文可开放获取，并不是全部，即使是这样，其可开放获取的文献也是惊人的。

HighWire Press 网站为 Free Online Full-text Articles 提供了检索和浏览两种功能，其中检索功能包括基本检索和专门检索，浏览功能包括学科主题浏览（by topic）和刊名、出版商等浏览方式。此外，可以免费注册获得个性化服务，如订阅快讯（Email Alerts）、收藏期刊（My Favorite Journals）等。

（1）检索方法：检索界面位于主页正中的上方，提供了全文检索（Anywhere in Text）、文章题名（Title only）、作者（Author）、年（Year）、卷（Volume）、页（Page）以及期刊范围等检索字段。通常将作者、关键词、年、卷、页以及期刊范围等作为限制与全文检索或论文题名进行限制检索。系统默认的是仅仅检索 High Wire-hosted 期刊，也可以选择同时检索 Medline 数据库。在期刊论文全文或题名检索时，可输入关键词进行论文全文或题名进行检索，支持布尔逻辑运算，例如输入“human diseases”，系统将检索出包含“human”或“diseases”的文献；输入“human AND diseases”将检索出同时含有“human”和“diseases”的文献，进行布尔逻辑运算时不要 phrase；如果只要“human”不要“diseases”，可输入“human NOT diseases”；如果要精确检索可在关键词上加上双引号；如果想用词组检索先输入词组，再选择“phase”选项，系统会检索出与词组匹配的论文。默认的是 all 选项，也可以选择 any 或 phrase。以上所有字段均为任选项，在选择完毕后，点击“Search”按钮，执行检索；单击“Clear”按钮可清除已选择或填入的所有项目，重新设置检索。检索结果列表中的论文题录后面会显示 Abstract（文摘）、Full Text（HTML 格式全文）或 PDF（全文）、期刊网站、引用图（该文被引用情况）。

（2）专门检索：在基本检索区域点击“more options...”链接或网站上部导航区的“Search”进入专门检索界面。除提供基本检索的功能外，还增加了题名与文摘（Title & Abstract only）检索项以及一些限定形式，如结果显示形式、排序方式、匹配形式（最佳匹配、最新出版）、综述文章（review articles only）等。排序方式（Sort）有两个选项：“best match”按相关度排序显示结果，满足检索条件最多和检索词出现频率最高的文章排在最前面；“Newest first”则按时间顺序显示结果，最近的文章排在最前。

网站上部导航区的“Browse”提供了多种服务形式的浏览。点击 Free Online Full-text Articles 首页面检索区域的 Articles 选项的 High Wire-hosted 链接可以通过期刊名称首字母、出版单位以及学科主题浏览 High Wire 主办的期刊。

按期刊名称字母顺序浏览：Free Online Full-text Articles 首页就按期刊名称字母列出了期刊。点击期刊名可以进入该期刊的页面（不同来源的期刊页面布局会有所不同），期刊页面一般可进行最新期刊目次的浏览以及该期刊论文的检索。

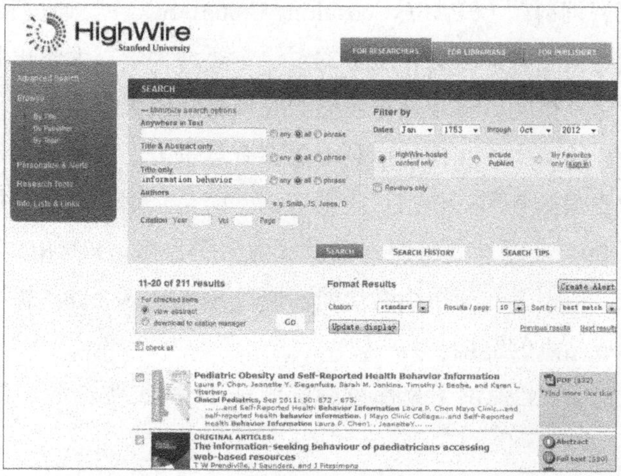

4. 学术出版与学术资源联盟（Scholarly Publishing and Academic Resources Coalition，SPARC）[1][2]

SPARC 由美国研究图书馆协会（Association of Research Libraries）创建于 1998 年 6 月。它是由大学和研究机构图书馆及相关教学和学术机构组成的信息合作组织。SPARC 的宗旨在于解决学术机构间信息交流不畅的问题，促进广泛的学术信息资源获取与共享，致力于推动和创建一种基于网络环境的真正为科学研究服务的学术交流体系。SPARC 在 1998 年刚成立时，主要专注在科学、技术及医学方面的期刊，因为这些期刊的价位较高。从 2002 年起，服务方向渐渐扩及至人文及社会科学。2001 年在欧洲成立欧洲分部（SPARC Europe）。

SPARC 目前拥有约 800 家成员单位，分布在北美、欧洲、日本、中国和澳大利亚等地。其中绝大多数为美国和加拿大的高等院校，如，阿拉巴马大学、亚利桑那大学、阿肯色大学、波士顿学院、加州大学伯克利分校、洛杉矶分校、圣地亚哥分校、戴维斯分校等，还包括犹他州大学图书馆协会的 12 家大学图书馆。SPARC 在欧洲也有很多成员，如牛津大学和剑桥大学等。其海外成员还包括澳大利亚国立大学和香港科技大学图书馆等。此外，还有一些机构和组织是 SPARC 的外围成员，例如：托马斯·杰斐逊大学、旧金山大学、大学研究图书馆联盟（Consortium of University Research Libraries，CURL）、联合信息系统委员会（Joint Information Systems Committee，JISC）、学院和大学图书馆学会（Society of College, National and University Libraries，SCONUL）、SURF 基金会（SURF Foundation）等机构。

SPARC 建有自己的开放信息服务门户，该门户的主要功能是提供知识导航服务。SPARC 设有咨询部门（SPARC Consulting Group，SCG），通过其门户提供商业、金融和决策方面的信息咨询服务，服务的对象主要为大学、大学出版社、学术团体和其他非营利性研究机构。SCG 通过设立研究项目、组织学术交流等活动，促使这些机构提高自身经济实力，在信息市场上更富有竞争力，以便更好地为研究人员服务。SCG 提供的咨询服务形式包括：决策咨询、商业企划、市场分析、营销策略制订、价格动态分析、金融计划编制，以及其他各种服务。SPARC 本身不提供可以查询的数字资源，但是具有简单检索功能。通过 SPARC Search，输入检索词，可以得到相关数据库或站点的链接。

SPARC 信息门户上提供了 8 种免费资源和 17 种收费资源的链接。其中，涉

[1] http：//www.arl.org/sparc/。

[2] http：//www.dajianet.com/world/2011/0427/155679.shtml。

及社会科学或民族学相关学科的资源是加利福尼亚数字图书馆（California Digital Library）的 eScholarship 电子资源。下图是 SPARC 的主页。

下图是 eSholarship 的主页[1]。

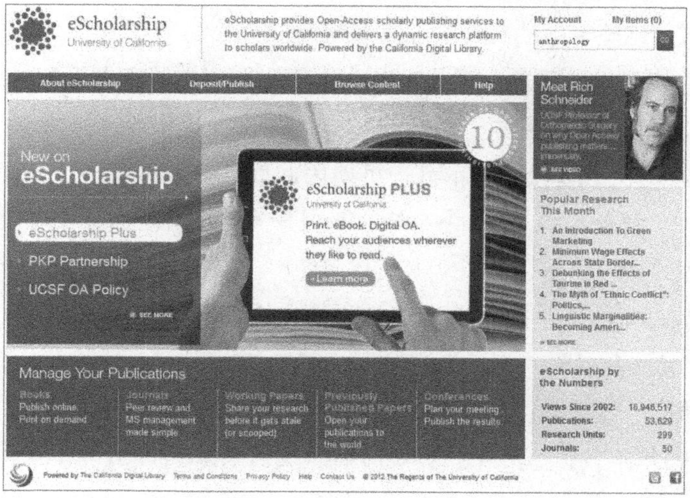

下图是 eScholarship 的搜索“anthropology”的结果页面。从中可看到有多种排序方式，页面中按出版日期的降序排列。搜索页面还把搜索关键词用色块表明，利于读者简单明了的了解所查信息的位置。非常人性化的 UI（人机界面）设计。

[1]　http：//escholarship.org/。

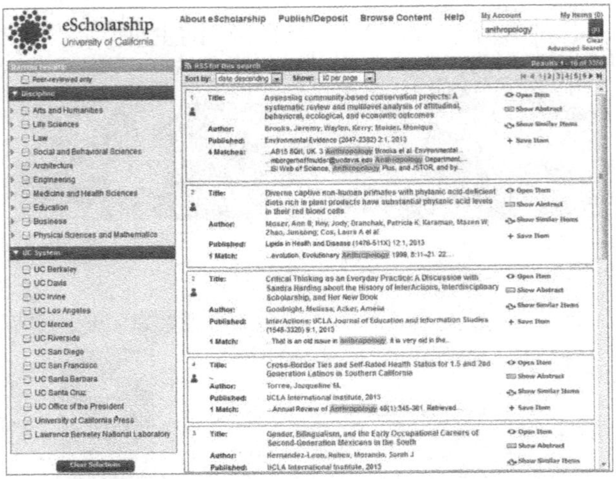

eScholarship 不仅提供电子期刊，还提供免费电子图书在线浏览。

5. 期刊存储库（Journal Storage，JSTOR）[1]

是一个收集过期期刊并进行数字化后的学术期刊在线系统。由安得鲁·梅伦基金会（Andrew W. Mellon Foundation）的总裁 William G. Bowen 创建于 1995 年。也是一个独立的非营利性机构。它提供了对发表在数百本知名学术期刊上的文章的电子版全文搜索。这些学术期刊最早可以追溯到 1665 年。

建立这个电子期刊库的初始目的是为了解决图书馆成千上万的过刊储存问题，以及读者阅读这些过刊的麻烦。

为了消除期刊出版社对纸本订户可能因此取消订购的忧虑，JSTOR 采取“活动墙”的模式。就是不将最近 2—5 年的期刊开放给读者。这样，图书馆为了读者能阅读近几年的刊，便不会取消纸本期刊的订购。

JSTOR 数据库的主要主题有 22 个，下面介绍与民族学相关主题信息资源：[2]

（1）人文社会主题一（Arts & Sciences I Collection）：收录人类学、亚洲学、非裔美国人研究、经济学、生态学、数学、哲学、政治学、教育学、财政、历史、文学、人口统计学、社会学、统计学 15 种人文社会学科领域的 119 种学术性期刊全文资料。

（2）人文社会主题二（Arts & Sciences II Collection）：JSTOR 另一人文社会主题的资料库，除加强 Arts & Sciences I Collection 中所涵盖的历史、经济、亚洲学等

[1] http：//www.jstor.org/。

[2] http：//baike.baidu.com/view/1743869.htm。

主题外，增加了古典文学、考古学、非洲研究、拉丁美洲研究、中东研究等新主题的期刊。共收录期刊 125 种。

（3）人文社会主题三（Arts & Sciences III Collection）：人文社会主题方面的第三个资料库，收录主题包括语言学、文学、音乐、艺术和建筑学历史和研究，还涉及电影、民间传说、表演艺术及宗教等学科领域。共收录期刊 150 种。

（4）人文社会主题四（Arts & Sciences IV Collection）：人文社会主题方面的第四个资料库，涵盖学科领域包括法律、心理学、公共政策和管理学，商业经济及教育学期刊也收录在这个主题内。共收录期刊 112 种。

（5）人文社会主题五（Arts & Sciences V Collection）：人文社会主题方面的第五个资料库，收录许多重要的文学的评论及重要的历史期刊。同时也包含了人文艺术科学方面的核心期刊，收录包含：哲学、历史、古典文学、宗教、艺术及艺术史、语言和文学等学科领域，收录 120 种的学术期刊。

（6）人文社会主题六（Arts & Sciences VI Collection）：人文社会主题方面的第六个资料库。延伸 JSTOR 收录的学科领域，包含经济、教育、语言学、政治学与区域研究。且此精选囊括的期刊更为国际化。JSTOR 在商学理论、广告与风险管理领域的内容更加多样化，此精选会收录 BSII（未收录于 ASIV 或 AS 补篇里）的 30 本期刊，网罗世界知名机构如国家经济研究署（National Bureau of Economic Research）、世界银行（WB）和国际货币基金会（IMF）出版之刊物。收录至少 120 种期刊。

（7）人文社会主题七（Arts & Sciences VII Collection）：是对前 ASI 到 ASIV 人文社会主题的补充。收录新增加的期刊，及交叉学科的期刊。学科涵盖前四个人文社会主题包含的所有 30 余种人文和社会学科。收录至少 150 种期刊。

（8）人文社会主题八（Arts & Sciences VIII Collection）：收录最少有 140 本期刊。扩大收录了社会科学与人文领域下的主题，如艺术及艺术史、古典研究、哲学、语言及文学、音乐。收录超过 30 本 19 世纪及 20 世纪初期精选珍贵的美国艺术期刊，同时加入语言与文学、历史、哲学及古典研究相关的非美国新期刊以加深国际化的深度，并扩大收录一系列音乐相关期刊及教育主题新期刊。

（9）生命科学主题（Life Sciences）：将 Health & General Sciences 及 Biological Sciences 结合成一个跨学科领域的套装，成为 JSTOR 收录最多资料的期刊套装。目前已收录超过 550 万页的内容，并且陆续会再增加约 700 万页；约收录至少 160 本期刊，包含 25 本超过百年的期刊，*Proceedings and Transactions of the Royal Society*、

PNAS、*Science*、*Science News* 和 *BioScience* 均被收录在其中；另外也收录一些在生物学、植物学、生态学、演化生物学、免疫学、鸟类学及动物学领域中最常被引用的期刊。

（10）商业主题（Business Collection）：有关商业方面的期刊47种。这些刊同时收录在Arts & Sciences I、II和IV中。该主题收录经济、金融方面的期刊，包括一些主要学术协会的出版物，同时也收录会计、劳资关系、营销、管理学、运筹学、风险管理学方面的期刊。

（11）商业主题二（Business II Collection）：计划完成有关商业方面的期刊至少50种，其中有25种刊同时收录在Arts & Sciences IV与Arts & Sciences Complement中。该主题主要收录国际贸易方面的期刊，也收录一些有关经济与法律、政治学和心理学的交叉研究期刊。计划收录至少50种期刊，目前，已有25种期刊上网。

（12）生物科学主题（Biological Sciences）：收录全部29种Ecology & Botany Collection主题的期刊，以及新增加到JSTOR里的70余种期刊。学科覆盖生物多样性、古生物学、及植物学等更深入的领域，还将增加包括昆虫学、鸟类学、动物学等新内容。该主题与人文社会主题一中的期刊只有6种期刊重复，而且是JSTOR首个扩展到自然与应用科学的多学科主题。共收录至少100种期刊。

（13）生态学与植物学主题（Ecology & Botany Collection）：收录生态学与植物学主题的29种期刊。该主题中有6种期刊在Arts & Sciences I Collection收录。

（14）音乐主题（Music）：收录音乐研究及音乐理论方面的32种期刊。该主题所有期刊在Arts & Sciences III Collection中均有收录。

（15）爱尔兰地区主题（Ireland Collection）：收录了超过75本核心期刊，收录年代自18世纪到现在，超过200篇的专题论文，最少有2 500页的手稿。主题囊括音乐、艺术、历史、文学、考古学、社会学、数学与科学。爱尔兰主题扩充了目前JSTOR已收录的历史、文学、民俗学与音乐的资源，不同的套装串联在一起使得研究资源更加完整，像是研究北爱尔兰追求民主与和平的过程；而研究人口变迁的学者可以在《爱尔兰精选》找到许多爱尔兰早期人口普查与农业的资料，再与原有的JSTOR其他套装中与人口研究有关的期刊做链接；还有收录于《爱尔兰精选》里面的科学期刊同样可以与其他套装做结合增加研究的广度与深度。

（16）19世纪英国宣传小册子文献集含有多种完善的个人与家族文献集，能让我们一窥当代环境特色。宣传册内容着重于19世纪的政治与社会议题，并搭配外交与殖民部所累积的资料，以便了解当时的国际情势概况。此套装由 RLUK（Research Libraries UK）所制作，由 JISC Digitisation Programme 资助，涵盖从 19 世纪起由各英国研究图书馆所收藏与英国研究相关之重要小册子。小册子在过去对于公共辩论来说是很重要的工具，包含每天主要的政治、社会、科技和环境议题，这些资料并没有被充分利用于研究和教学，因为取得并不容易——常常被大批地或其他方式装订起来，以至于就算有些研究图书馆拥有资源却也很难找到。19th Century British Pamphlets 数字化超过 20 000 本收集于 7 个英国机构小册子，将会提供研究者、学生和老师相当丰富及具连贯性的原始资料，特别是研究 19 世纪英国的社会政治及经济。

（17）非洲文化遗址与景观（Aluka-African Cultural Heritage Sites and Landscapes）：Aluka 是一个非营利的国际教育、文化合作组织。目前已收集且保存于非洲境内所有数据馆与图书馆的数据。2009 年起 JSTOR 与 Aluka 合作，预计将 Aluka 收录主题，整合于 JSTOR 的平台上。遗址档案，包括照片、三维模型、GIS 数据和岩石艺术图片，并可通过链接与有关数据相互参照，如发掘报告、手稿、游记、地图和学术研究成果等。

（18）南部非洲的自由斗争（Aluka-Struggles for Freedom in Southern Africa）：目前已收集且保存于非洲境内所有数据馆与图书馆的数据。2009 年起 JSTOR 与 Aluka 合作，将 Aluka 收录主题，整合于 JSTOR 的平台上。有关博茨瓦纳、莫桑比克、纳米比亚、南非和津巴布韦等国进行解放斗争的文字记载，包括档案数据、期刊、口述史料、书籍和照片。下图是 JSTOR 的主页。

下图是 JSTOR 的搜索和资源列表页面（其中，Social Sciences 是展开状态）。

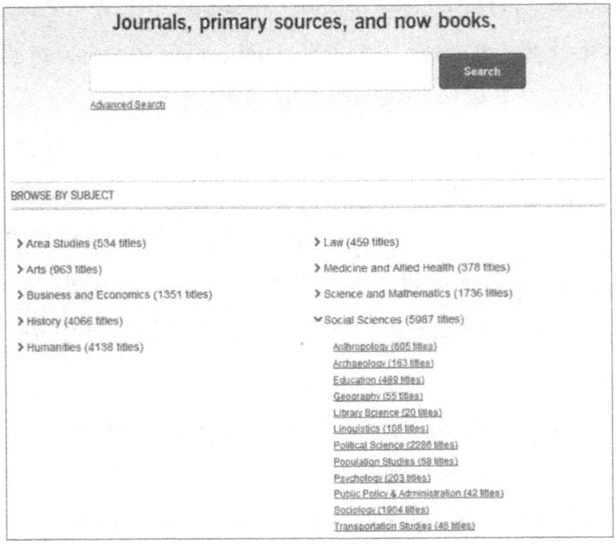

下图是其中 *American Anthropologis*t 2011 年第 4 期的文章列表。

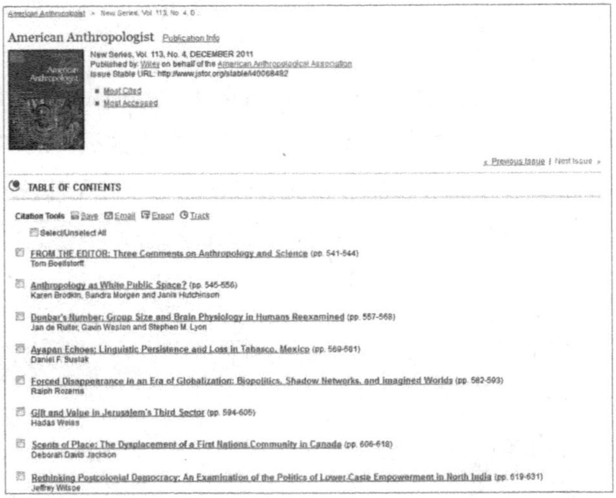

6. OALIB[1]

OALIB（OA 图书馆）中所有的文章都来自顶级著名的出版商和数据库，可以满足各个领域学者的需求。同时，那些已经评审或者未发表的文章都可以在线查看，以此提供学术交流的机会。读者可以用关键字在 OA 图书馆搜索下载完整的 PDF 格式的文章，这是不需要注册和交任何费用的。而且页面非常简洁、干净。下图是其主页。

[1] http：//www.oalib.com/。

世界上成千上万的开放获取的文章有着数百种格式，这就使得充分访问这些文章存在一定的困难。OALIB 在 Google 和其他搜索引擎的基础上，致力于为全世界的学术工作者收集高质量的免费文章。也支持可持续访问，也会尽力提供一个广泛的开放式访问选项以保证每个人都能阅读、使用和相信最新最全面的研究报告。开放存取致力于与研究机构、图书馆员、资助者和其他利益相关者创造良好的合作关系，进而在学者之间创建友好和谐的气氛。

OALIB 为大家提供 263 388 篇学术文章（这个数字经常更新）。下图是其搜索之后的显示结果页面。在页面的左侧列出了搜索结果的按年代排序的数量，在每篇文献的简介中包括题名、作者、刊出刊、刊出时间、DOI[1]，以及可下载的文档格式。点击 PDF 即可下载。

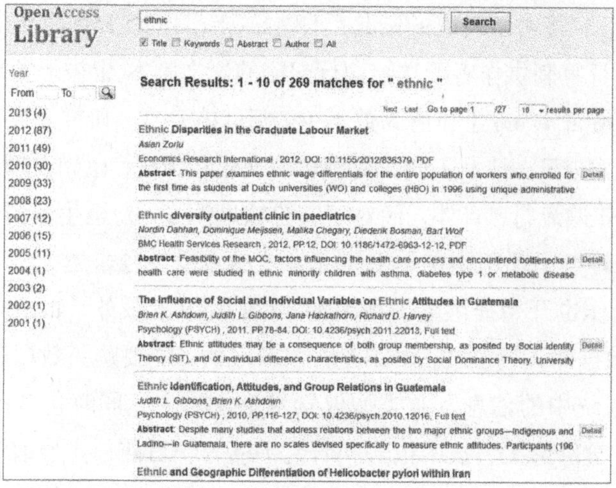

二、开放获取电子印本

（一）概　　述

电子印本（ePrint）指以电子方式复制学术文献，广义的电子印本包括所有的电子出版物，即电子印刷。电子印本包括预印本（preprints）和后印本（postprints）。

[1]　DOI 是数字对象唯一标识符（Digital Object Unique Identifier）的简称。

我们在网上常常会看到 ePrint、preprint、postprint，关于它们之间的关系，奇迹文库的说法是 ePrint 是学术论文的数字形式，大多以 PDF 格式或 PS 格式存在，如果是处于审稿前的状态，称为 preprints，如果是处于审稿后的状态，称为 postprints。总之，我们认为预印本（preprints）和后印本（postprints）是电子印本（ePrint）的两种形式。因为目前电子文档的主要形式是预印本，而且预印本相对后印本来说更吸引用户的关注和有更高的利用率,所以,国内一般将这些资源统称为"电子预印本"。

预印本指已完成，但尚未正式发表的学术论文，包括未投稿的文献、未采用的文献和已经被采用但尚未发表的学术文献。为了尽快传播学术成果，科学家倾向于在论文完成后立刻与同行交流，因此在互联网出现前，预印本就已经很流行了，甚至大的研究机构每年都要花费不菲的经费自己印刷预印本，当时仅仅是在小范围内通过邮件的方式进行交流与传播。随着互联网的出现和普及，预印本通过互联网传播的成本降到最低，纸本预印本已被已被电子预印本取代，从而出现了专门收集、整理和提供上传、下载预印本资料的网络数据库服务系统——电子预印本系统。1991 年，金斯帕（Paul Ginsparg Link）在 LANL（美国洛斯阿拉莫斯国家实验室）建立了第一个通过互联网提供的预印本服务器——xxx.lanl.gov，这就是后来著名的 arxiv.org。与预印本概念相对应的则是后印本，指学术论文被期刊出版后，将单独一篇论文抽出少量复制供作者赠送给同行交流的论文副本,也被形象地叫作"抽印本"。在电子预印本网站 arxiv.org 上也有为数不少的后印本存在。研究者究竟愿意以预印本还是后印本的形式公开，涉及不同研究领域的文化和传统，比如在理论物理领域，特别是高能物理，普遍流行预印本。而对于实验物理学家，乃至生命科学家，则更习惯使用后印本。随着电子预印本在学术研究领域的重要性越来越大，一些大型数据库商和出版机构合作也开始提供电子预印本（待刊论文）服务，如 SDOL、Blackwell、SpringerLink 等数据库，只不过它们不是开放获取的，需要购买数据库使用权。

电子印本系统中的信息资源类型以学术论文为主，同时包含书籍中的部分章节、会议文献、学位论文、技术报告和研究手稿等。目前，主要有三种类型的电子印本系统：①电子印本资源搜索系统，有大量的电子印本文献索引，类似搜索引擎。②电子印本资源导航，收集整理了大量的电子印本资源系统的信息，类似学科信息门户。③电子印本资源系统，提供电子印本的存取服务，是真正的电子印本资源所在。电子印本系统的创建者多为研究性组织和公益机构（如大学、研究所、图书馆等），它们是学术成果的主要生产者和传播者，此外，一些政府和商业机构也积极参与创建。目前电子印本的学科范围以理工科最多，文史哲最少。

（二）电子预印本信息资源的特点

1. 时效性强，提高研究效率

许多学术文献若按照传统出版模式，从投稿到正式出版通常需要 6 个月—1 年的时间。电子预印本系统改变了传统集中出版的模式，即使是阶段性学术成果都可以随时发布，缩短了出版周期，提高了学术研究效率，这正是电子预印本信息资源区别于其他信息资源的价值所在。

2. 学术性强，类型多样

电子预印本系统的开放特性，成为学术交流的平台，但它不同于非正式的论坛（BBS）与新闻组，上传到电子预印本系统的论文都是来自学术机构，它们是高质量的学术原创论文，囊括了一般学术论文、会议论文、技术报告、灰色文献、项目报告等不同的数据类型，已成为数字化文献的重要来源。

3. 费用低，几乎都可开放获取

区别于商业数据库提供的学术文献，电子预印本费用低廉，几乎都可开放获取。特别是对不在商业数据库允许范围（如校园网内）的用户，以及经费不多和规模不大的文献机构，该类信息资源更受青睐。

4. 质量不平衡

电子预印本大多是有质量控制过程的，而且一些学会、协会、国际组织、基金和热心开放获取运动的学者都积极地参与到开放获取的各个领域，并积极提供信息资源，支撑开放获取的发展，一些学术论文也像纸本出版物一样有着严格的评审或同行评议进行质量控制。但是，由于电子预印本的开放特性，尽管在存储和发布等环节采取了不少质量控制措施，一些电子预印本的质量还是并不高，电子预印本整体上质量不平衡，目前还处于数量增长阶段。

5. 其他特性

作者自愿按照一定的格式将论文进行排版后，通过网络、E-mail 等方式，按学科类别上传至相应的目录或数据库中，文责自负；交互性：有些系统允许对论文进行评论和交流；多载体性：作者可发表到正式的刊物或其他载体形式上；共享性：任何人在尊重作者版权的基础上都可合理利用。

关于提供预印本文献的网站和系统网上比较多，涉及许多学科领域。要得到这些信息资源，可利用搜索引擎搜索“eprint”、“preprint”、“working papers”等词；也可以用 Google 搜索语法：allinurl：“e_print”、allinurl：“eprint”、allinurl：“preprint”

等；还可以到 ROAR 或 OpenDOAR 网站找到更多。

（三）电子印本信息资源利用

后面列出一些国内外（国外以英文为主）的民族学相关信息资源，并简介使用方法。

正如前面介绍的一样，ePrint 以理工科最多，文史哲最少，更别说民族学等学科了。本书以 PhilSci Archive 科学哲学存储库[1]为例说明 ePrint 的使用方法。

PhilSci Archive 科学哲学存储库提供由美国科学哲学学会、匹得堡大学的科学哲学中心和图书馆合作收集的科学哲学相关主题文章共 1 600 余篇。在主页的左侧有搜索和浏览（Search & Browse）链接。

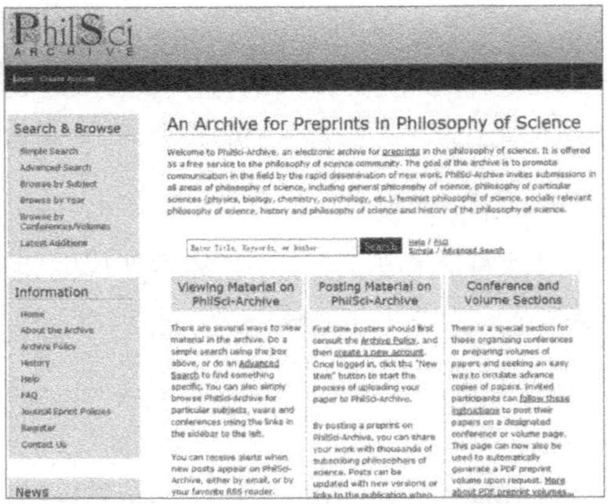

下图是按学科浏览的页面。列表按英文字母顺序有 a—z 排列。

[1] http：//philsci-archive.pitt.edu/。

点击相应的学科就进入学科的页面。下图是 Sociology 的页面。在点击链接即可进入下载页面。在下图中还提供了 RSS（包括 RSS1.0、RSS2.0、ATOM）订阅，为用户推送该网站的最新动态提供了便捷通道。

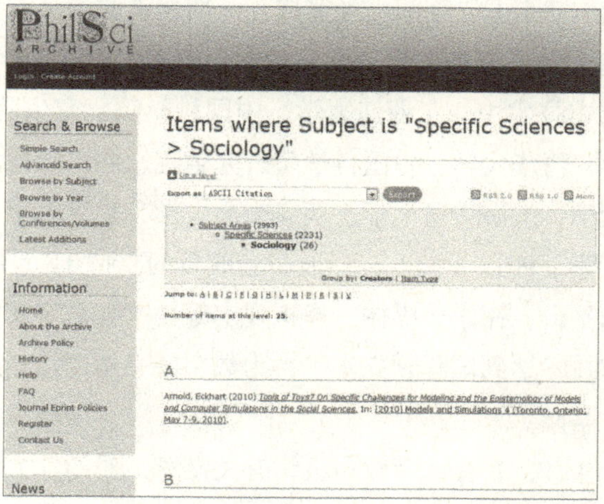

三、开放获取电子书

互联网上除了大量开放获取电子期刊以外，还有部分开放获取电子图书。这些电子书以计算机类、工具书类等为主。但是对于民族学以及其相关学科而言，又是一个不容乐观的事实。

（一）大学数字图书馆国际合作计划（China Academic Digital Associative Library，CADAL）[1]

大学数字图书馆国际合作计划（China Academic Digital Associative Library，CADAL）前身为高等学校中英文图书数字化国际合作计划（China-America Digital Academic Library，CADAL）。国家计委、教育部、财政部在 2002 年 9 月下发的《关于“十五”期间加强“211 工程”项目建设的若干意见》的文件中，将“中英文图书数字化国际合作计划（CADAL）”列入“十五”期间“211 工程”公共服务体系建设的重要组成部分。CADAL 与 CALIS 一起，共同构成中国高等教育数字化图书馆的框架。

CADAL 项目建设的总体目标是：构建拥有多学科、多类型、多语种海量数字资源的，由国内外图书馆、学术组织、学科专业人员广泛参与建设与服务，具有高技术水平的学术数字图书馆，成为国家创新体系信息基础设施之一。

[1] http://www.cadal.zju.edu.cn/Index.action。

本项目由国家投资建设，作为教育部“211”重点工程，由浙江大学联合国内外的高等院校、科研机构共同承担。项目负责人为浙江大学潘云鹤院士。

项目一期建设100万册（件）数字资源，国家投入7 000万元，美方合作单位投入约200万美金，“十五”期间已经完成。一期建设由浙江大学和中国科学院研究生院牵头，北京大学、清华大学、复旦大学、南京大学等16个高校参与建设。建成2个数字图书馆技术中心（浙江大学，中国科学院研究生院）和14个数字资源中心（北京大学、清华大学、中国科学院研究生院、北京师范大学、浙江大学、复旦大学、南京大学、上海交通大学、西安交通大学、武汉大学、华中科技大学、吉林大学、中山大学、四川大学），形成一套成熟的支持TB量级数字对象制作、管理与服务的技术平台，探索多媒体、虚拟现实等技术在数字图书馆中的应用，推动我国数字图书馆技术达到国际领先水平，为数字图书馆建设与服务的可持续发展奠定了资源和技术基础。

2009年8月14日，教育部高教司组织有关专家，对浙江大学牵头草拟的《大学数字图书馆国际合作计划（简称CADAL）可行性研究报告》进行了评审和论证。专家组听取了项目可行性研究报告的汇报，仔细审阅了有关资料，对报告内容给予充分的肯定并一致通过论证。CADAL项目二期正式立项。二期建设将在一期百万册的基础上，完成150万册（件）数字资源，并建立分布式数据中心和服务体系，实现数据安全和全球服务，由国家投入1.5亿建设资金，计划在3年内完成。

CADAL项目建设的数字图书馆，提供一站式的个性化知识服务，将包含理、工、农、医、人文、社科等多种学科的科学技术与文化艺术，包括书画、建筑工程、篆刻、戏剧、工艺品等在内的多种类型媒体资源进行数字化整合，通过因特网向参与建设的高等院校、学术机构提供教学科研支撑，并与世界人民共享中国学术资源，宣传中国的文明与历史，具有重大的实用意义、研究价值和发展前景。下图是CADAL主页。

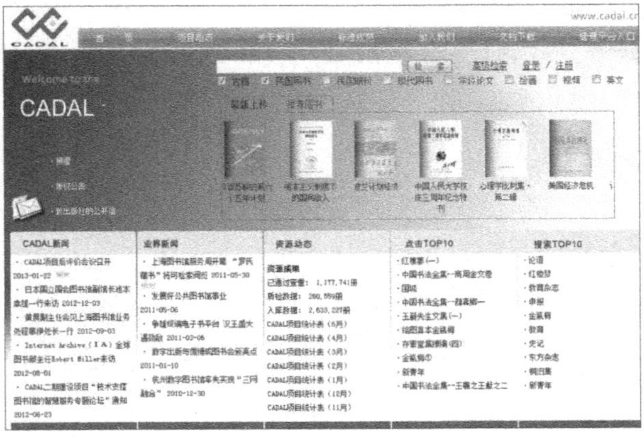

下图是搜索及搜索结果显示页面。和其他的搜索页面显示方式不同，CADAL将分类作为表头，内容按顺序往下排列。每条记录的右侧有3个图标，依次是在线单页阅读、在线双页阅读和评论的链接。

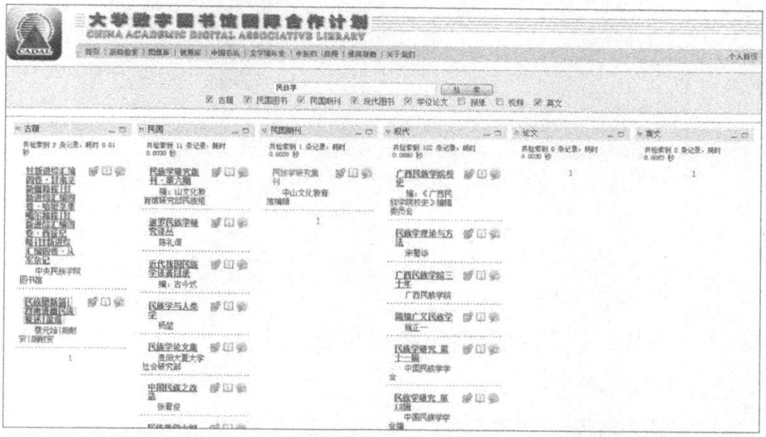

下图是在线阅读的页面。在线阅读使用的阅读器是djvu。

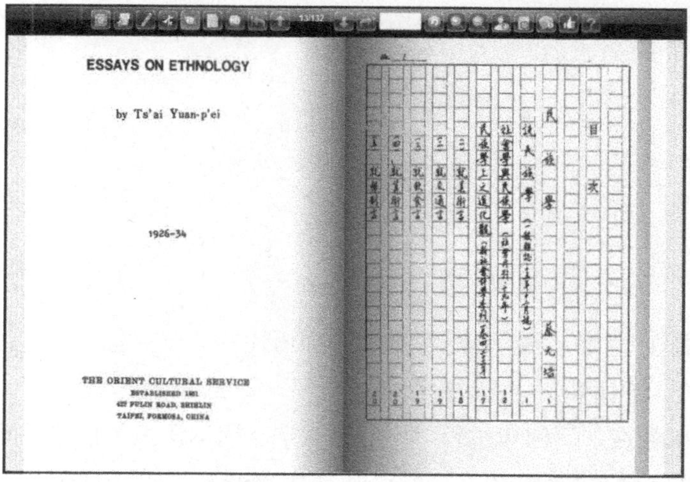

（二）中国古籍全录

中国古籍全录[1]创建于2005年7月，是一家专业推广传播中国传统文化和艺术的网站。网站提供中国国学、中国书法、中国国画、中国文学、中国历史、收藏鉴赏等中国文化和艺术资料、中国古籍全录、中国在线汉字字典、书法字典、在线听书等服务。下图是其主页。

[1]　http://guji.artx.cn/。

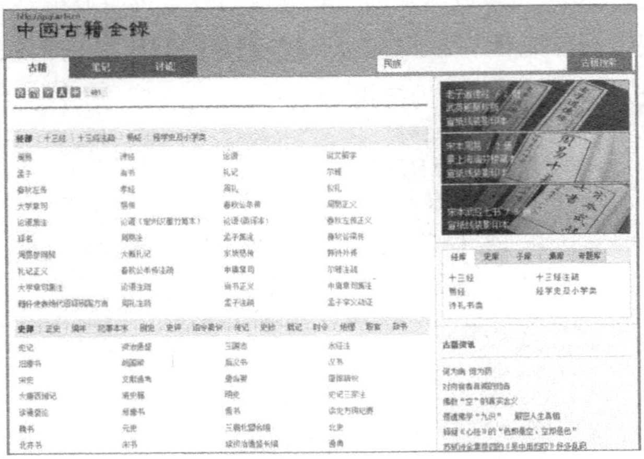

下图是其搜索界面。其中搜索时项目可选全文、书名、章节名和作者，并可用逻辑关系进行查找。

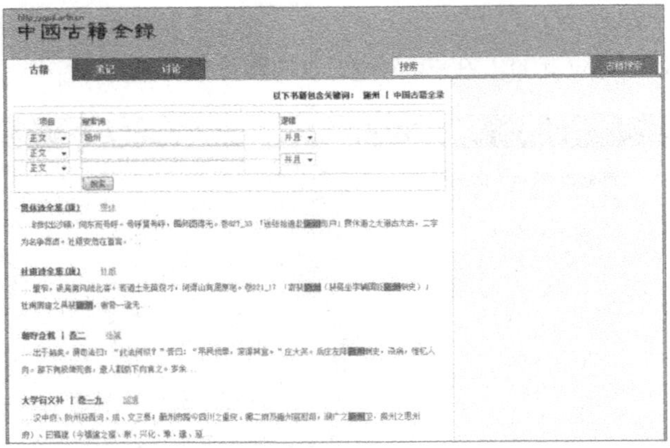

中国古籍全录按经、史、子、集收录中国历代古文和专题部分。专题包括书法、绘画、古诗词、四库等。

网站考虑到在古籍阅读过程中，有生僻字、词不认识的情况，提供了在线使用鼠标划词查字典、查词典以及康熙字典和说文解字，同时还能写古籍阅读笔记，非常方便。

（三）Google 图书搜索[1]

Google 和很多图书馆、网上书店合作，扫描大量无版权或版权过期图书，供读者下载。下图是搜索“anthropology”的显示页面。

[1] http：//books.google.com.hk/books?hl=zh-CN。

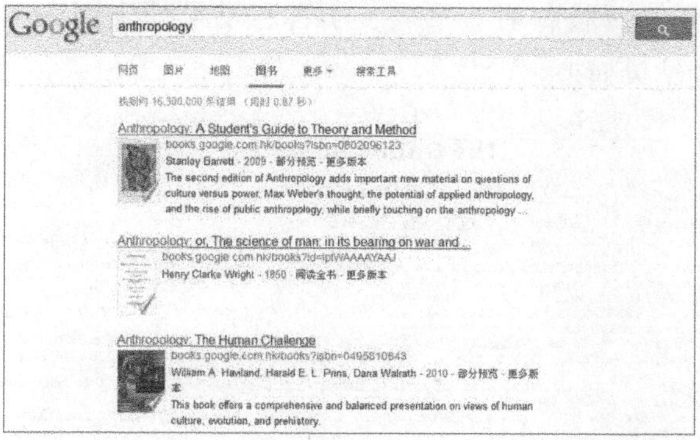

从上图中可以发现，有的书标明“部分预览”，有的标明“阅读全书”等。标明“阅读全书”的书是可以在线阅读的。下图是其中的阅读页面。

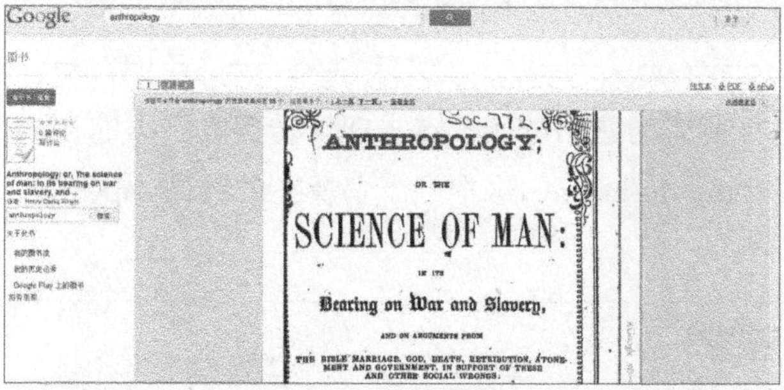

另外，对于可以全文阅读的书，还提供 TXT、PDF 和 ePub 下载。

（四）宾尼法利亚大学的在线图书[1]

宾尼法利亚大学图书馆整理的免费电子书。下图是其主页。

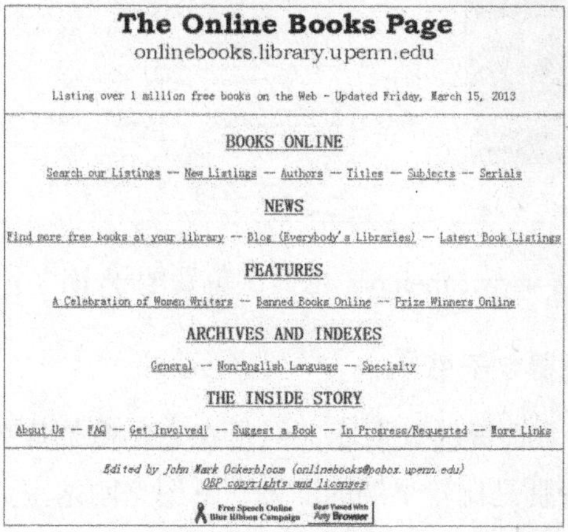

[1] http://onlinebooks.library.upenn.edu/。

在主页中可以选择按作者、书名、学科和书号搜索图书。下图按书名搜索“anthropology”的结果列表。

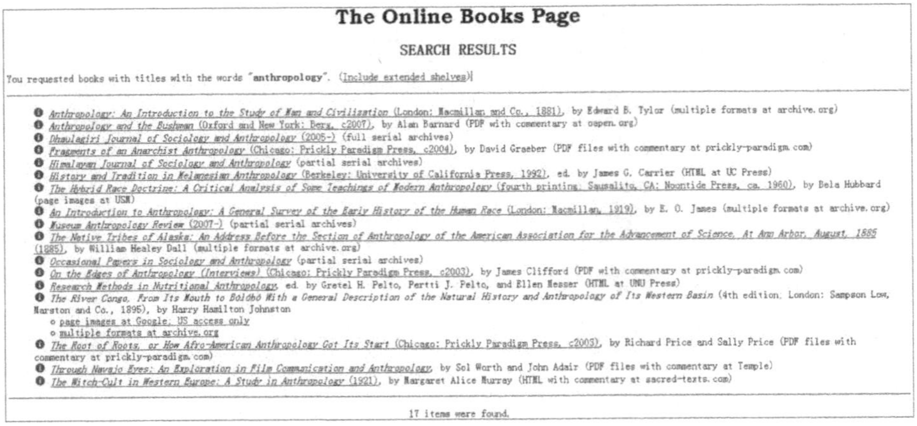

The Online Books Page

SEARCH RESULTS

You requested books with titles with the words "**anthropology**". (Include extended shelves)

- *Anthropology: An Introduction to the Study of Man and Civilization* (London: Macmillan and Co., 1881), by Edward B. Tylor (multiple formats at archive.org)
- *Anthropology and the Bushman* (Oxford and New York: Berg, c2007), by Alan Barnard (PDF with commentary at oapen.org)
- *Dhaulagiri Journal of Sociology and Anthropology* (2005-) (full serial archives)
- *Fragments of an Anarchist Anthropology* (Chicago: Prickly Paradigm Press, c2004), by David Graeber (PDF files with commentary at prickly-paradigm.com)
- *Himalayan Journal of Sociology and Anthropology* (partial serial archives)
- *History and Tradition in Melanesian Anthropology* (Berkeley: University of California Press, 1992), ed. by James G. Carrier (HTML at UC Press)
- *The Hybrid Race Doctrine: A Critical Analysis of Some Teachings of Modern Anthropology* (fourth printing; Sausalito, CA: Noontide Press, ca. 1960), by Bela Hubbard (page images at USM)
- *An Introduction to Anthropology: A General Survey of the Early History of the Human Race* (London: Macmillan, 1919), by E. O. James (multiple formats at archive.org)
- *Museum Anthropology Review* (2007-) (partial serial archives)
- *The Native Tribes of Alaska: An Address Before the Section of Anthropology of the American Association for the Advancement of Science, At Ann Arbor, August, 1885* (1885), by William Healey Dall (multiple formats at archive.org)
- *Occasional Papers in Sociology and Anthropology* (partial serial archives)
- *On the Edges of Anthropology (Interviews)* (Chicago: Prickly Paradigm Press, c2003), by James Clifford (PDF with commentary at prickly-paradigm.com)
- *Research Methods in Nutritional Anthropology*, ed. by Gretel H. Pelto, Pertti J. Pelto, and Ellen Messer (HTML at UNU Press)
- *The River Congo, From Its Mouth to Bolóbó With a General Description of the Natural History and Anthropology of Its Western Basin* (4th edition; London: Sampson Low, Marston and Co., 1895), by Harry Hamilton Johnston
  - page images at Google; US access only
  - multiple formats at archive.org
- *The Root of Roots, or How Afro-American Anthropology Got Its Start* (Chicago: Prickly Paradigm Press, c2003), by Richard Price and Sally Price (PDF files with commentary at prickly-paradigm.com)
- *Through Navajo Eyes: An Exploration in Film Communication and Anthropology*, by Sol Worth and John Adair (PDF files with commentary at Temple)
- *The Witch-Cult in Western Europe: A Study in Anthropology* (1921), by Margaret Alice Murray (HTML with commentary at sacred-texts.com)

17 items were found.

在列表中选择所需的图书链接，点击即可转到电子书的存放页面。下页转到“Anthropology and the Bushman”这本电子书所在的网站oapen[1]。点击页面右侧的PDF图标即可下载。

同时也说明，网站www.oapen.org也提供免费电子书的下载。

（五）Questia 免费电子书[2]

Queatia本身是一个收费的数据库，但是在它的数据库中装载了大约5 000种免费电子书的全文。特别是比较早期的图书。下图是网站主页。

[1] http：//www.oapen.org。

[2] http：//www.questia.com/。

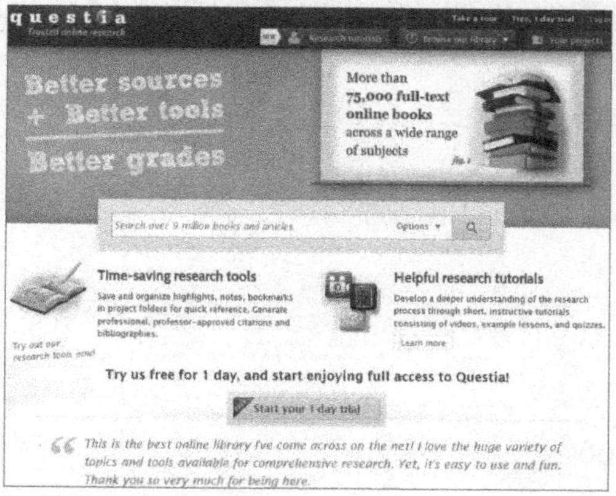

下图是按学科浏览的页面。

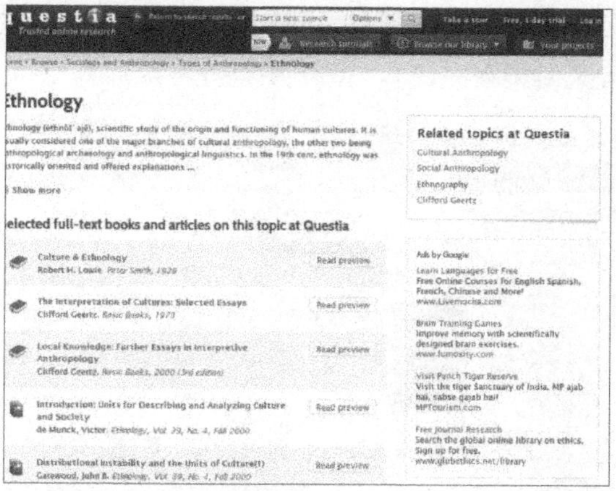

下图是选定某本书后的显示页面。页面中有“read a preview now”的按钮，点击则在线阅读。网站还提示，它们正在做一个免费一日阅读活动（Try us free for 1 day, and start enjoying full access to Questia!）。

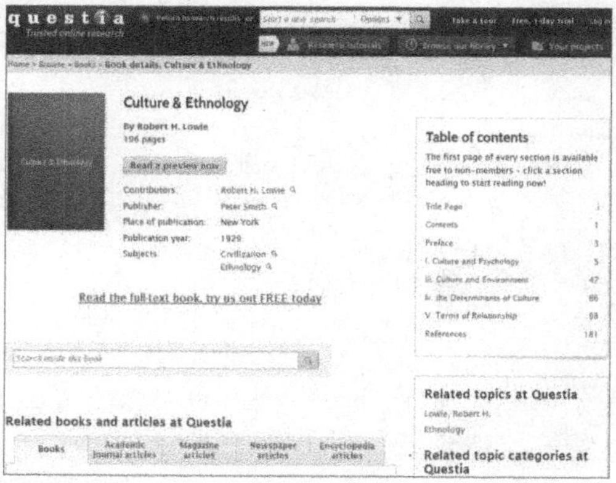

下页是在线阅读的页面。

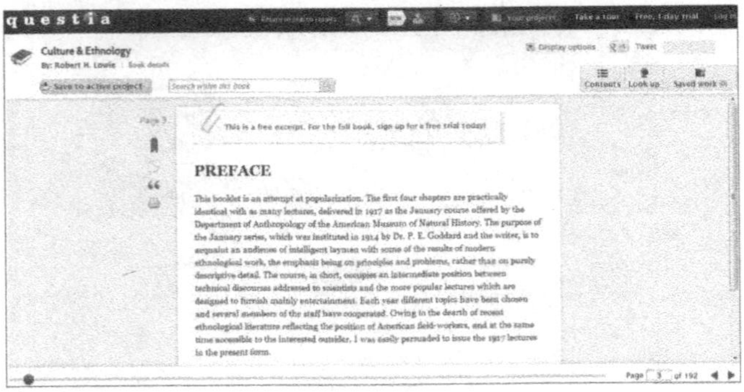

（六）Free-ebooks[1]

Free-ebooks提供电子书下载，也是一个电子书分享网站。网站说它们的使命“是促进扫盲和与世界分享我们作者的信息。我们的目标通过提供优质的服务、免费访问我们的电子书供大家使用来完成。”[2] 下图是 free-ebooks 的主页。

网页的左侧提供分类浏览。找到 anthropology 的类，点击，出现下图的网页。

[1] http://www.free-ebooks.net。

[2] http://www.free-ebooks.net/contactus.php。

下图是 Margaret Mead′s Coming of Age in Samoa 的阅读界面。

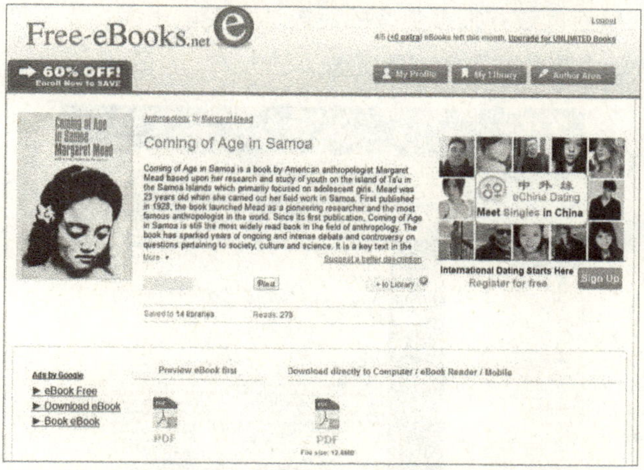

点击页面上的 PDF 按钮下载。下图是在本地用 PDF 阅读器阅读的页面。

Free-ebooks 网站还提供一些免费电子书的链接。如下图。

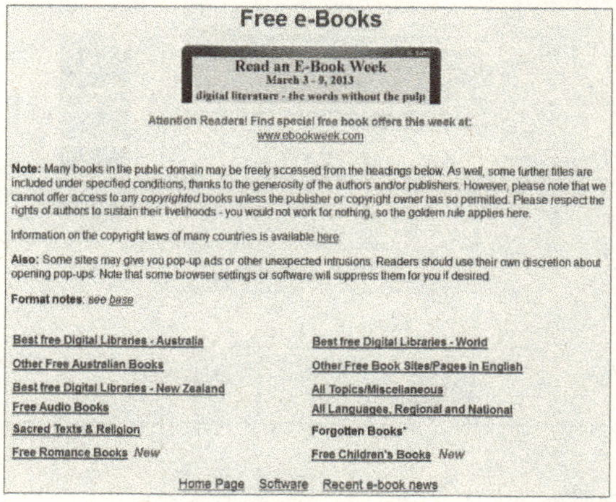

例如，提供链接到澳大利亚国家大学（Australian National University，ANU）的数字馆藏页面。里面也藏有很多免费的民族学相关电子书。下图就是 ANU 的检索出的某一本民族学书籍的信息和下载页面。

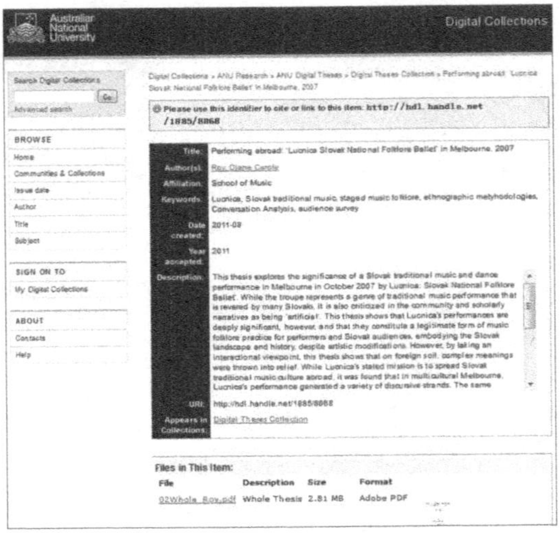

（七）ManyBooks[1]

ManyBooks 作为一个免费的电子书阅读下载网站，是一项面向互联网社区的服务，由马修·麦克林托克（Matthew McClintock）创立并维护。大多数的电子书都来自于古藤堡计划的 DVD，网站也接受捐献的电子书籍。用户可以通过网站阅读和下载各种格式的电子书，包括 ePub、HTML、PDF 和普通文本等。下图是其主页。

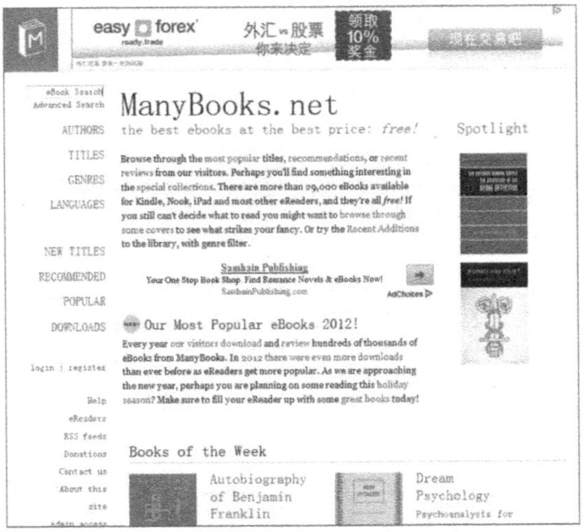

[1] http：//manybooks.net/。

下图是其下载页面。笔者选择的 PDF 文件格式下载。

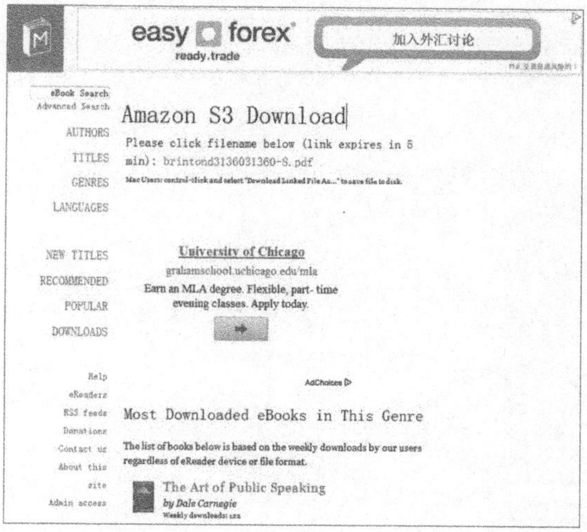

（八）Bookyards[1]

Bookyards 的目标是成为“世界的图书馆”。网站包括书籍、教育材料、信息等，所有内容将免费提供。

Bookyards 共拥有图书 17 885 册、外部网络连接 41 817 页、新闻和 Blog 的链接 4 199 个、视频 384 部、电子书链接 33 023 页和在线访问数以百计的网上图书馆（800 000 页电子书）。下图是其主页。

Bookyards 的搜索非常方便，能选择 ebooks、related external links（外部链接）、videos、Blogs 和 ebooks on other websites，当然也可不选择具体的资料类型。下图是

[1]　http：//www.bookyards.com/。

搜索关键词“anthropology”，不选择资源类型的结果显示页面。

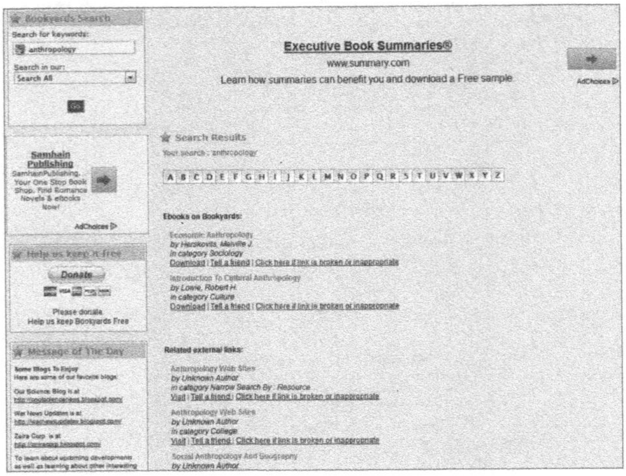

Bookyards 的下载非常方便，只要点击资源下的“download”即可。当然在下载之前有一个插件需要安装。到时网页会提醒的。

（九）Issuu

Issuu 是全球领先的数字出版平台，提供杂志、目录、报纸的卓越阅读体验。是国外的一个在线文档共享网站，也是 PDF 文档发布专家。数以百万计的人都上传了他们最好的出版物，共创美好的数字版本。每月有 5 200 万的读者在上面体验、21 万份新出版物出版、34 亿个页面点击。目前全球用户主要分布在欧洲（占比 48%）和北美（占比 24%）。[1]

优秀的界面与用户体验是它最大的优点，但由于其使用的是 Flash 来完成 Rich Web，所以难免速度上有点慢，再加上我国对国外网站访问本来就慢，所以对我们来说，就更慢了。

Issuu 是一家社会性的网络出版平台。在这里，你可以有条理地整理和发布自己的出版文档，只需要简单地上传自己的出版物，并经过后台一系列较为复杂的处理工序以后即可轻松打造出一本相当精美的数字书籍，或者说是电子杂志。而目前 Issuu 所支持的数字格式主要集中在 PDF，这才是真正让人觉得眼前一亮的地方，你可以将自己创作的 PDF 电子书分享给更多的网友或者内嵌到自己的 Blog 中。下图是其主页。

[1] http：//issuu.com/about。

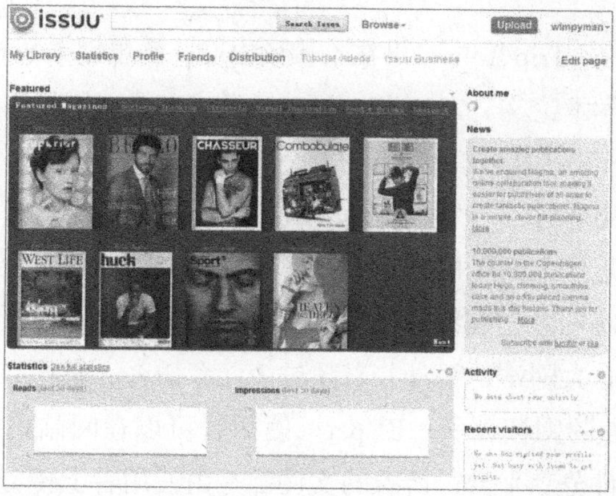

下图是其搜索结果页面。

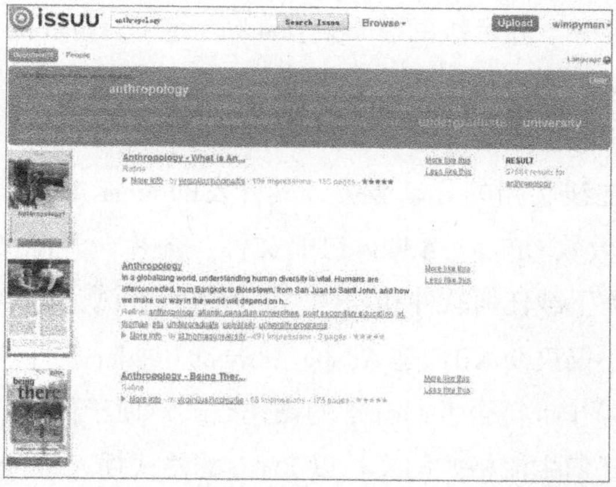

下图是在线阅读页面。也可点击“click to read”转换到全屏阅读模式。如果要下载的话，需要先注册，注册比较简单。

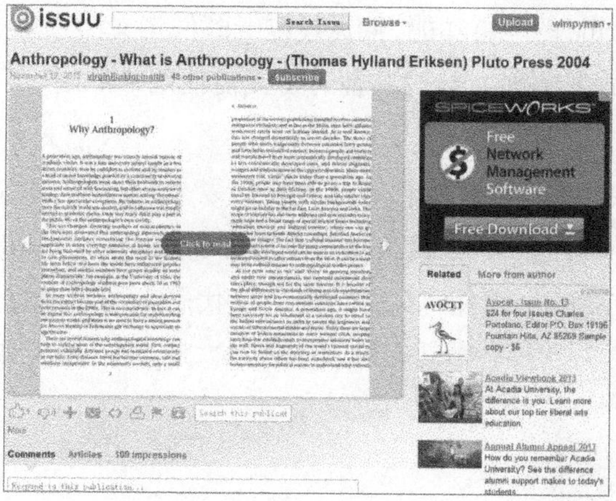

（十）Scribd[1]

特里普·阿德勒（Trip Adler）早在哈佛读书时，就想创办Scribd这样一个网站，方便用户在线发表学术论文。2007年，Scribd正式上线，用户可以上传文档，方便他人阅读并转发。Scribd现在托管的文档总量达到数千万份，包括Simon & Schuster在内的许多出版商还通过该网站的在线商店出售一些热门电子书。

Scribd的理念是让人们轻松的在线分享、出版文档。并完全可以将其视为人人都可以出版原创内容的大型在线图书馆。现在每个月有1 000万用户访问该网站。目前已登上世界300大网站，每月共有超过2亿个访客、累积数亿篇以上的文件档案。透过Flash界面的阅读器——iPaper，使用者可以在网站内浏览各种文件，由于该网站是一个文件分享平台，所有的文件都是由使用者上传分享，所以你也可以在网站内找到各式各样的文件。

Scribd iPaper是一个轻量级的Adobe Reader，它以Flash的形式在网页上显示流文档（包括Office文档和PDF等）。iPaper是免费的，并且用户可以在文档中投放AdSense广告，从中获得收入。

Scribd致力于在线文档的分享服务，其开发的Meet iPaper是一个在线的文档阅读器，支持包括微软Office、Adobe PDF文件、图片、开源文档。Scribd平台最主要的优势是，无需下载任何软件和插件，即可进行在浏览器中阅读，十分方便。

iPaper程序大小仅仅96KB，是Adobe Acrobat Reader软件的千分之一大小。并且外观非常精致，操作也符合人们日常的操作方式，便于使用。使用新的iPaper，用户可以方便地把任何主流格式的文档以Flash的格式插入Blog或者网站，插入的文档还具有翻页以及幻灯片展示等功能，iPaper支持全文检索，复制并粘贴，以及缩放和各种常见的阅读与分享模式。非常便于阅读，而且阅读感觉非常清晰。

该程序支持Scribd的社群功能，如通过电子邮件将文档分享给好友和网络群组，同时网站置入安全保护系统，让内容拥有者无需使用DRM就可以以保障他们的工作成果。

除此以外，用户还可以直接打印这些文档以及在这些文档内进行搜索（包括PDF）。这些功能是其他一些在线文档展示服务所缺乏的。Scribd还提供了快速转换服务，只要用户在Blog或者网页中加入一段代码，页面内容中所有的文档都会自动转换为iPaper。对于那些需要在网页中展示大量PDF及其他文档的人来说是非常有用的功能。

---

[1] http：//www.scribd.com/。

iPaper 只是一种技术，但 Scribd 则是一个服务，一个以 iPaper 技术为基础，分享内容的服务。大家都把自己的文件在上面分享，那就组织成一个很大的内容库，从而吸引浏览访客。当访客人数多时，就会吸引更多人把自己的创作放到上面。为了鼓励创作，在 Scribd 发布文件时，我们可以选择以任何一款 Creative Commons 的 License 与其他人分享。

除了 iPaper 技术，Scribd 还是一个基于 Web 的文件共享社区和自我出版平台，任何人都可以方便地发布和共享文件，当然 Scribd 是免费的。

在 Scribd 这个网站中，增加了与 SNS 类似的群组功能，这种群组可以将对同一个领域感兴趣的人们联系起来。另外，这种功能还能够对现实中的朋友、学校或者其他类型的组织产生有效的附加影响——大家可以在同一组中分享同一主题的文档，便于这个群体之间的交流。

由于可以像 Blog 一样发布自己撰写的一系列文章，Scribd 还与 Blog 服务提供商之间产生了竞争，不过 Scribd 相比 Blog 最大的优势是，它可以按照文档的原貌进行显示，包括复杂的公式、表格或者图片，而 Blog 上发布的文章则必须重新进行编辑。在 Scribd 上可以看到文档的最初风貌，这是很吸引用户的一点。

Scribd 的注册非常简单，如果你有 facebook 账号的话，可直接用 facebook 账号登录。如果没有就只需要填写 E-mail、登录名、密码等几项即可登录。文档的下载需要先登录。下图是其主页。

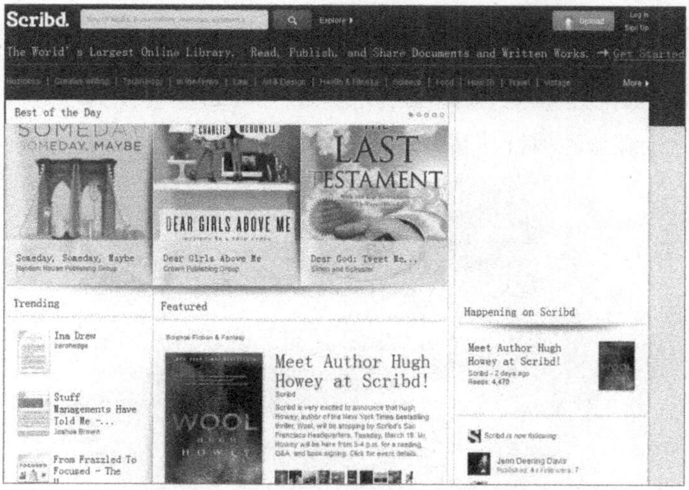

下图是使用搜索功能的页面。

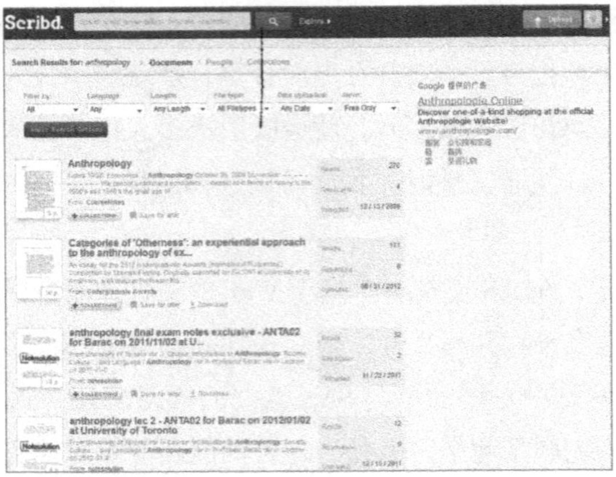

下图是在线阅读和下载页面。

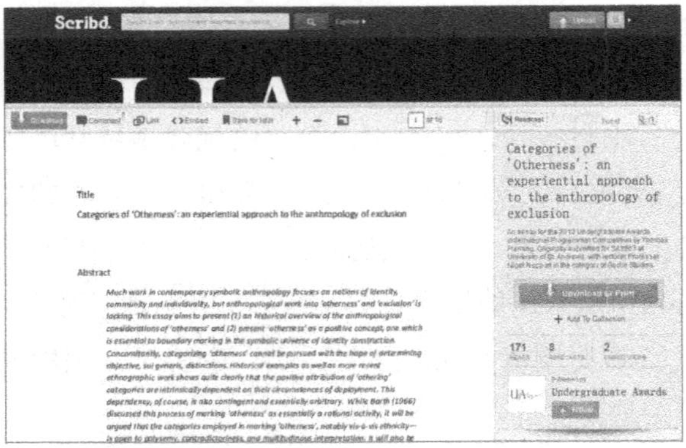

（十一）弗吉尼亚理工大学（Virginia Tech，VT）的数字图书馆和档案馆（Digital Library and Archives，DLA）[1]

DLA 是一个综合性项目，其中学位论文是其一大特色。下图是其主页。

[1] http：//scholar.lib.vt.edu/theses/。

下图是搜索页面。

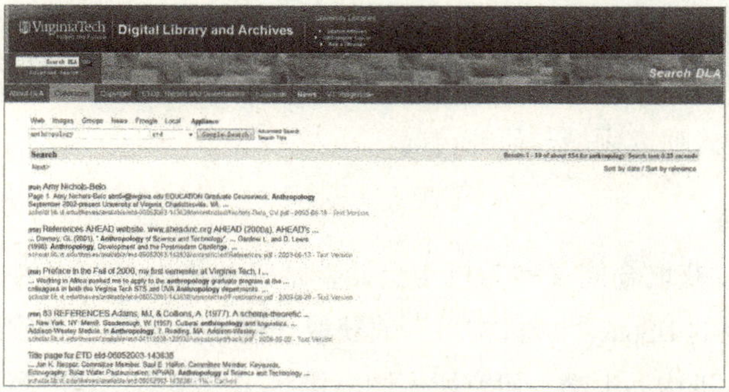

总的来说，互联网中免费信息资源很多，民族学相关学科的免费信息资源也很多。由于受到语言、网络知识等知识不足的影响，还有很多相关信息资源没有检索到。

四、开放获取仓储

（一）开放仓储

开放获取仓储（Open Access Repositories），也称开放获取文档库（Open Access Archives），是收集、存放由某一个或多个机构或个人产生的知识资源和学术信息资源、可供社会共享的信息资源库，创建者可以独立地或联合其他创建者组成联盟一起创建开放获取仓储。开放获取仓储，改进现有的学术传播机制，促进了学术交流和学术竞争。向学术界社会展示了构建者的科学研究、学术活动水平，并提高自身的可见度、地位与公共价值。开放获取仓储的信息资源类型可以是一种或若干种（如期刊论文、学位论文、会议论文、电子预印本、多媒体资源、教学资源等），包括开放获取的所有形式，开放获取仓储与开放获取期刊、电子预印本等其他形式的开放获取资源最明显的区别是前者体现综合性，后者是某一类型信息资源更突出或更专门化，它们之间有时也有交叉重复。之所以对它们进行划分是方便认识和利用这些信息资源。

（二）开放获取仓储的类型

1. 个人型

等同或类似于个人网站，是以个人知识为主体进行构建。如 Carol Tenopir[1] 的

---

[1] http://scholar.cci.utk.edu/carol-tenopir/home。

E-Prints（电子印本）栏目提供个人学术论文全文下载、Publications（著作）栏目提供个人著作情况浏览，Speeches（演讲）栏目提供演讲或讲座的幻灯片下载，Teaching（教学）栏目提供教授的几门课程的课程提纲浏览与下载。此外Research（研究）栏目提高个人研究领域与研究情况。

2. 机构型

机构型开放获取仓储又称为机构仓储，是以单位内部知识为主体进行构建。如麻省理工学院的DSpace[1]。机构型开放获取仓储站点占整个开放获取仓储的比例大，一般由学术机构如大学、研究所、图书馆等单位构建，其内容可能包括电子文档和其他尚未正式出版的文章、同行评审文章、专著、教学素材、数据集和其他辅助研究资料、会议论文、电子学位论文以及灰色文献等，此外学生个人电子信息、教学课件、机构年度报告、视音频资料、计算机程序、数据集、照片以及艺术作品等也都成为其存储对象。

3. 学科型

是以学科知识为主体进行构建，收集、存储若干学科的学术文献信息，如Cogprints[2]。这类开放获取仓储由于学科针对性强、内容丰富，利用率比较高、影响比较大。

4. 国家地区型

是由国家（地区）政府部门发起或国家（地区）内部多个单位联合构建的开放获取仓储，如澳大利亚的ARROW[3]。这类开放获取仓储发展成熟，内容丰富、利用率比较高、影响比较大。

5. 国际型

是由多个国家或国际组织构建的开放获取仓储，如欧洲的OAF[4]。这类开放获取仓储目前还比较少，发展比较缓慢。

（三）开放获取仓储软件系统

目前已经出现了许多建立和维护开放存取仓储的开放源代码软件，例如，麻省

[1] http：//dspace.mit.edu/。

[2] http：//cogprints.org/。

[3] http：//www.arrow.edu.au/。

[4] http：//www.oaforum.org/。

理工学院与美国惠普公司联合开发的DSpace、英国南安普敦大学开发的Eprints、美国康奈尔大学的Fedora、美国加州大学开发的eScholarship、欧洲核子研究中心（CERN）文献服务中心的CDSWare、荷兰国家图书馆开发的DARE、荷兰提尔伯格大学开发的ARNO等。现在使用最广泛的是Dspace和Eprints。

Eprints[1]是一个遵循OAI（Open Archives Initiative Protocol for Metadata Harvesting）协议的开放源代码软件。现在主要用于机构仓储，它也可以用来创建学科仓储。Eprints可存储多种文档格式，可兼容各种元数据模式，提交论文的界面功能强大，数据的完整性检查由系统自动完成，有论文提交缓冲器，软件还提供模块可以增加新工具。

DSpace同样也是一个遵循OAI协议的开放源代码软件。它支持多种数字格式和内容类型，允许提交者对所提交的内容进行访问控制，允许使用Dublin Core元数据描述作品，将结果存储到关系库中，通过搜索引擎利用关系库检索条目。麻省理工学院利用该软件建立了自己的机构仓储DSpace，用来获取、传播和保存该校教师和研究人员的知识成果，并使用户用一个界面来访问整个机构的数字化知识成果。

（四）开放获取仓储信息资源利用

互联网上的开放获取仓储系统非常丰富，此外，还有专门作为支持数字化学习而创建的教学仓储，这类仓储提供存储与共享教学信息资源。下面列举几个典型的开放获取仓储。

1. 麻省理工学院机构仓储（MIT DSpace）[2]

该仓储基于麻省理工学院与美国惠普公司联合开发的DSpace构建。用来获取、传播和保存该校教师和研究人员的知识成果，并使用户用一个界面来访问整个机构的数字化知识成果。2009年3月，麻省理工学院的全体教员以不记名投票的方式，一致通过将他们的学术论文提供开放获取的决议。以后麻省理工学院的学术论文全部可以通过该系统免费获取。

麻省理工学院机构仓储有包含文本、音频、视频和图片等信息资源2万多条，这些内容包括预印本、技术报告、研究手稿、学位论文、会议论文等。该网站（如下图）提供基本检索和高级检索功能，高级检索字段有任意字段、作者、题名、关键词、文摘、标识符等。还提供按部门和收藏单位（Communities and Collections）、资源

[1] http：//www.eprints.org/。

[2] http：//dspace.mit.edu/。

名称（Titles）首字母、责任者（Authors）首字母、学科主题（Subjects）、日期（By Date）多种浏览功能。其他基于DSpace系统的开放获取仓储使用方法类似。

下图是搜索页面。

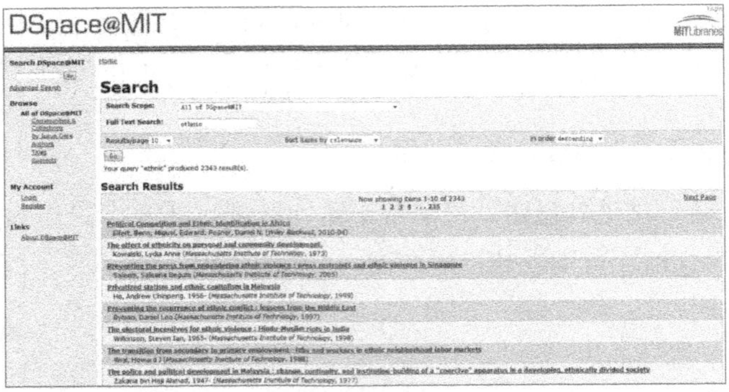

下图是某本书的详细情况列表。包括书名、作者、作者单位、出版者、出版日期、下载链接等信息。

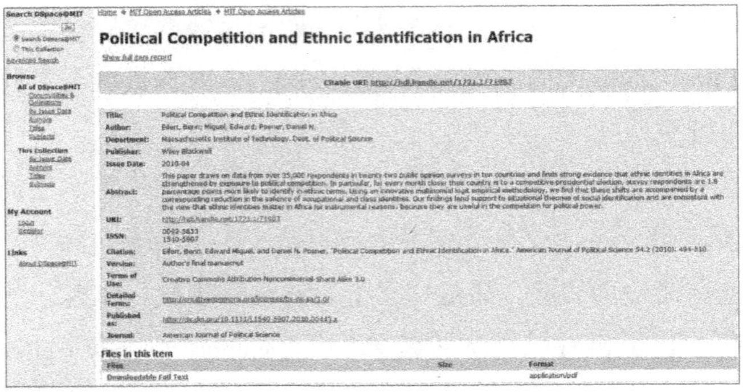

2. 剑桥大学机构仓储（Cambridge Dspace）[1]

下图是主页图。

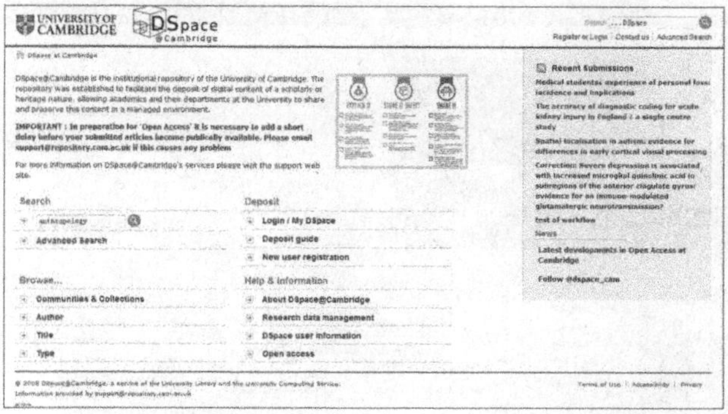

下图是搜索图。

下图是下载图。

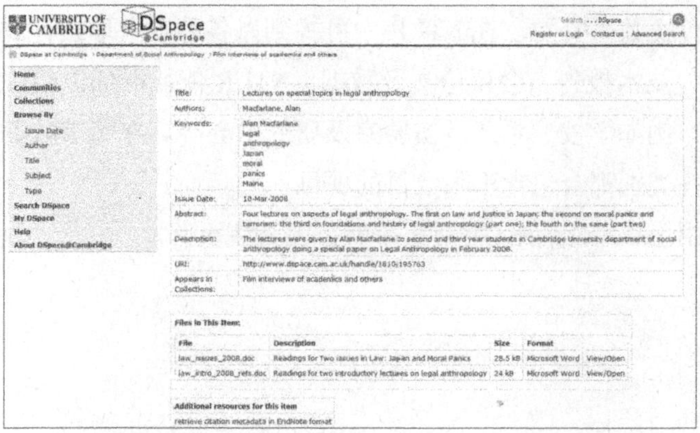

[1] http：//www.dspace.cam.ac.uk/。

3. 香港大学机构仓储[1]

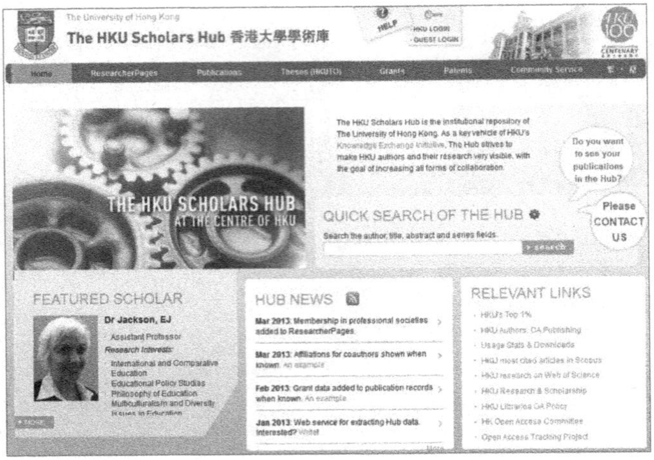

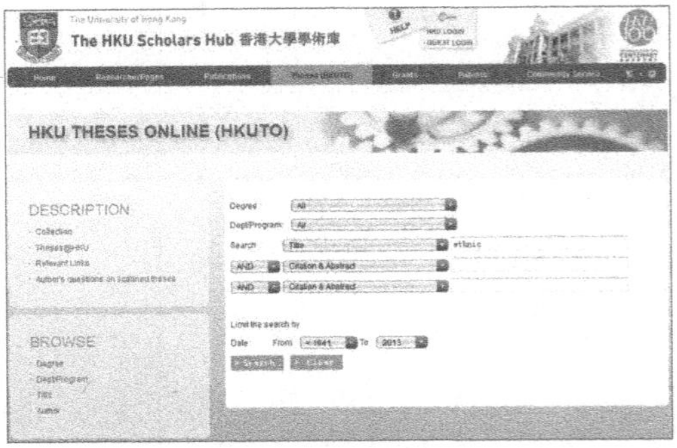

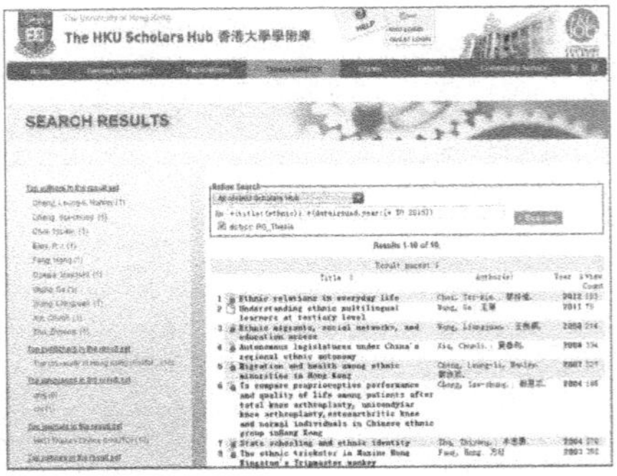

4. 台湾大学机构典藏[2]

台湾大学机构典藏（National Taiwan University Institutional Repository，NTUR）搜集、保存并传播数字资源。在 NTUR 中可找到以各种数字形式存放的文章、研究论文、预行本、技术报告、会议论文及数据。NTUR 依社群加以组织。这些社群相当于行政实体，例如学校、系所、实验室及研究中心等。在每个社群中，都有不限数目的类别。各类别都会包含不限数目的项目。

NTUR 使用 Jakarta Lucene 搜寻引擎。下图是主页。

[1] http：//repository.ust.hk/dspace/
[2] http：//ntur.lib.ntu.edu.tw。

下图是搜索页面。

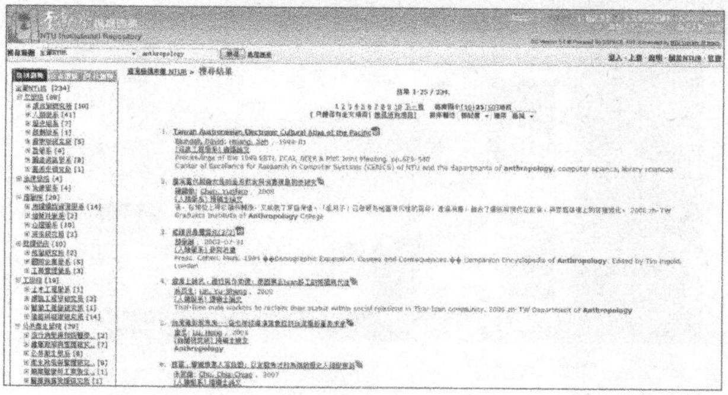

下图是下载页面。

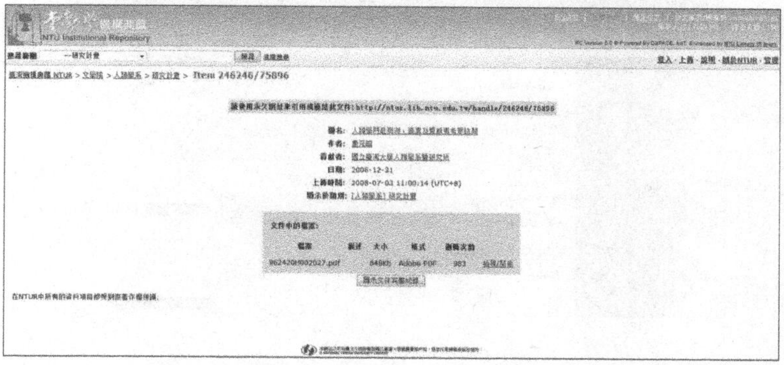

5. 美国国家学术出版社[1]

美国的国家学术出版社(National Academies Press，NAP)于2011年6月2日宣布，将其出版的所有PDF版图书对所有读者免费开放下载，并且将这些图书去除DRM(Digital Rights Management，数字版权加密保护技术)保护。这其中不仅包括超过

[1] http：//www.nap.edu。

4 000 种最新出版的图书，还包括已经提交报告将于未来一段时间出版的图书。

国家学术出版社负责美国国家科学院（National Academy of Sciences）、美国国家工程学院（National Academy of Engineering）、美国国家医学院（The Institute of Medicine）和美国国家研究委员会（National Research Council）相关研究成果的出版，其目标是在维持收支平衡的同时尽可能广泛地传播这些研究机构的研究成果。为了实现这一目的，NAP 从 1994 年就开始提供免费的在线内容。在 6 月 2 日的声明之前，这些所有的 PDF 版图书对发展中国家都是免费的，65% 的内容对所有国家用户免费。

下图是主页。

下图是 Behavioral and social sciences。

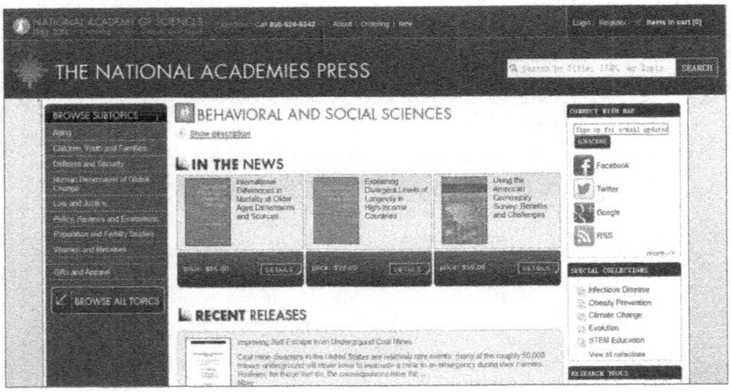

6. 加拿大多伦多大学机构仓储[1]

左下图是主页。

[1] https：//tspace.library.utoronto.ca/。

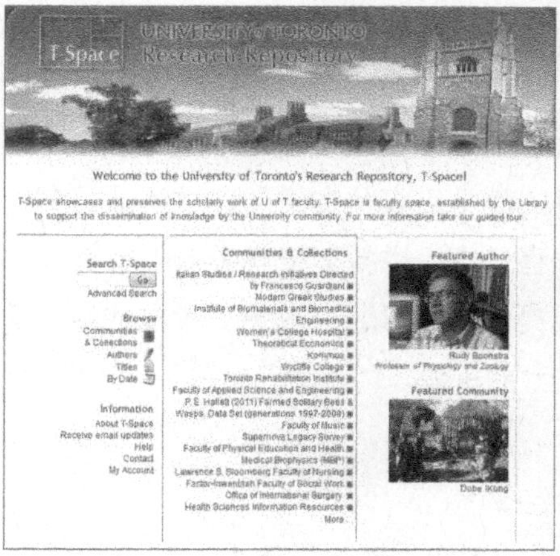

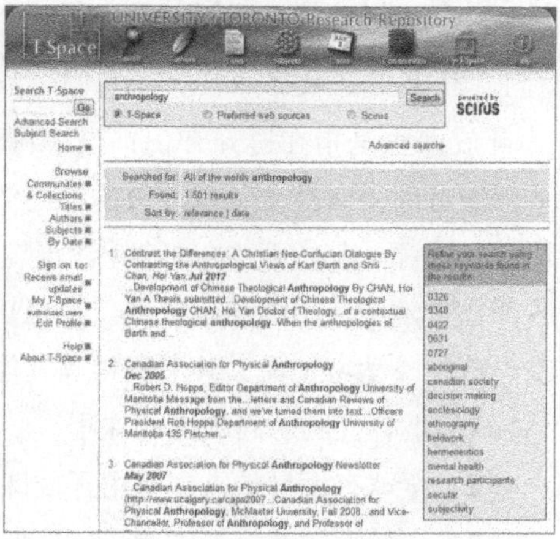

右上图是搜索显示页面。

五、开放课程

（一）开放课程概述

学习是一种生活习惯和生活方式。在知识经济和网络时代，学习是人们日常活动中不可分割的一部分，是贯穿生命全过程的自觉意识和习惯。感谢网络，我们要适应从“网上掉馅饼”的生活，不但各种免费的学术信息资源可以从网上获取，现在连最优秀的教育信息资源我们也可以享受，现在我们可以说——我们的学习从开放课程开始。

开放获取的思想和理念是为了促进学术信息资源的无障碍交流，打破学术研究的人为壁垒，这种思想被越来越多的机构和人员接受。反映到教学领域，开放共享的课程建设理念逐渐被人们接受，在全球高等教育界已呈现优质课程、优质教与学资源开放、共享的趋势。

为了迎接以互联网为代表的信息技术给高等教育带来的挑战与变革，麻省理工学院的威尔士博士于 2001 年 4 月提出开放课程（OCW）的概念，同年，美国麻省理工学院发起“开放课程运动”（Open Courseware, 简称 OCW），即向社会公布其从本科生到研究生教育的全部课程，供全世界免费使用。此举在全世界引起巨大反响，日本、法国、英国等各国高校、国际教育组织纷纷效仿，以各种形式在教育资源开放与共享方面展开实践探索。2003 年我国教育部也启动了“高等学校教学质量和教学改革工程”，其中的“精品课程建设工程”计划在 2003—2007 年建设 1 500 门国家级精品课程，利用现代化的教育信息技术手段将精品课程上网并免费向社会开放，以实现优质教学资源共享 。

1. 什么是开放课程

开放课程是指在遵守知识共享许可协议（创作共用，Creative Commons）的前提下，通过网络向社会免费开放的某门学科的教学内容及实施的教学活动总和的数字化教育资源。其中至少包括课程大纲、课程日历、讲授笔记或类似内容等一套完整的课堂教学中使用的课程资源。也可扩展提供作业习题、视频、考试试卷、学习指南、范例或学习工具、参考资料等其他类型的资源。

（1）世界性的、高水准的课程。

（2）全球有大量的人在利用开放课程学习。

（3）为教师的教学提供参考，降低重复的工作，提高教学水平。

（4）为学生自主学习和拓展学习提供课程资料。

2. 开放课程相关问题

（1）是不是有语言障碍?

有志愿者翻译成中文，你可以试一试成为志愿者。要先睹为快的话，你的大学英语水平应该够用了。

（2）开放课程包括哪些内容?

包括课程大纲、课程情况、教师情况、考试情况、讲义、作业、课件（PPT）、教学视频、教学资料（教材、阅读材料、相关网站等）、教学进度、成绩评定标准等;

（3）学习完后能不能拿到证件?

不是学位、学历教育！属于教学信息资源共享的范畴，不会颁发任何学习证明或证书，也不提供教师辅导。不过有些开放课程计划中融入了 Web2.0 的思想，开办了“学习沙龙”之类的互动平台。

（二）开放课程例举

1. 浙江大学开放课程

下图是浙江大学开放课程主页。

下图是开放课程列表。

2. 中国开放教育资源联合体（China Open Resources for Education 简称 CORE）[1]

CORE 成立于 2003 年 10 月，系非盈利机构，是一个以部分中国大学及全国省级广播电视大学为成员的联合体。

CORE 是在中国走向信息化和教育国际化，国际教育资源共享运动潮流的推动下诞生的。2003 年 9 月，IET 基金会（International Engineering Technology Foundation，简称 IETF）、麻省理工学院（Massachusetts Institute of Technology，简称 MIT）和北京交通大学在北京共同举办了“MIT 开放课件（MIT OCW）国际论坛”。论坛得到了教育部的支持，并派领导讲话。参加论坛的有北京大学、清华大

[1] http：//www.core.org.cn/。

学等26所IET教育基金会会员大学的代表，正在参加“全国高等院校现代远程教育试点工作研讨会”的远程教育试点院校的代表，以及44所省级广播电视大学的代表。美国科罗拉多矿业学院名誉教授王逢旦博士、Hewlett基金会教育项目主任Marshall Mike Smith和MIT开放课件项目发起人俞久平教授等专家参加了论坛。与会者对MIT OCW表示出极大的兴趣，并讨论成立联合机构，以协调国内外高校在开放教育资源方面的合作。会后由北京交通大学、北京大学、清华大学、北京师范大学、北京航空航天大学、北京科技大学、中国地质大学（北京）、对外经济贸易大学、中国石油大学（北京）、中国矿业大学、中南大学及中央广播电视大学12所大学联名上报教育部。经教育部认可，成立了推广应用开放教育资源的高等学校联合机构——CORE。

CORE的宗旨是促进国际教育资源共享，提高教育质量。CORE引进以美国麻省理工学院为代表的国外大学的优秀课件、先进教学技术、教学手段等资源，应用于中国的教学中。同时将中国高校的优秀课件与文化精品推向世界，搭建一个国际教育资源交流与共享的平台。CORE始终坚持公益的原则，大力推崇资源共享的理念，为中外学习者提供高质量、免费的教育资源，让更多的学习者享有平等的学习机会。CORE网站是提供优质免费教育资源的双语网站，为广大的学习者提供了方便和机会，受到了中国大学师生及社会学习者的欢迎，目前网站年点击率达1 000万次。

几年来，在教育部的支持、会员大学的积极配合及各方面的共同努力下，CORE取得了突出的成绩。CORE有近百所会员大学，其中包括13所试点大学，它们是北京大学、清华大学、北京师范大学、北京交通大学、大连理工大学、中南大学、浙江大学、西安交通大学、中央广播电视大学、四川大学、对外经济贸易大学、上海交通大学及东北农业大学。这些试点大学积极参与了CORE的项目，并与CORE密切合作，共同努力，做出了一定的成绩。除大学外，CORE的志愿者已达2 500多名。CORE为促进国际交流和开放教育资源共享事业做出的贡献，得到了中国的大学和社会的认可与肯定。下图是主页图。

下图是课程在线播放截屏。

3. 开放式课程计划中文化网站[1]

OOPS（Opensource Opencourseware Prototype System）的中文名称叫作“开放式课程计划”。这是奇幻基金会（http：//www.fantasy.tw）之下执行的一个计划。用开放原始码的理想、精神、社群和技术来挑战开放知识分享的这个新理念，让更多的人可以分享到知识。

右图是主页。

[1] http：//www.myoops.org/cocw/。

下图是下拉式菜单。

下图是课程列表。

课号	课程名称
21A.100	2004秋季课程：人类学导论 (Introduction to Anthropology, Fall 2004)
21A.110 已完成	2003春季课程：人类学理论 (Anthropological Theory, Spring 2003)
21A.112	2003秋季课程：民族志与田野调查研讨 (Seminar in Ethnography and Fieldwork, Fall 2003)
21A.211	2003秋季课程：魔法、巫术和灵魂世界 (Magic, Witchcraft, and the Spirit World, Fall 2003)
21A.212	2004春季课程：神话、仪式和象征主义 (Myth, Ritual, and Symbolism, Spring 2004)
21A.215	2002秋季课程：医疗人类学 (Medical Anthropology, Fall 2002)
21A.215	2004秋季课程：医疗人类学 (Medical Anthropology, Fall 2004)NEW!
21A.216J	2005春季课程：生物医学道德中之两难：逆天而行抑或择善固执？ (Dilemmas in Bio-Medical Ethics: Playing God or Doing Good?, Spring 2005)NEW!
21A.218J	2002秋季课程：认同性与差异性 (Identity and Difference, Fall 2002)
21A.219	2003春季课程：法律与社会 (Law and Society, Spring 2003)
21A.224J 已完成	2002春季课程：拉丁美洲研究导论 (Introduction to Latin American Studies, Spring 2002)
21A.224J	2005秋季课程：拉丁美洲研究导论 (Introduction to Latin American Studies, Fall 2005)NEW!
21A.225J	2004秋季课程：暴力、人权与正义 (Violence, Human Rights, and Justice, Fall 2004)
21A.226	2003春季课程：族群与国家认同 (Ethnic and National Identity, Spring 2003)

下图是《人类学》的课程介绍。

下图是《人类学》课程详情。

4. 麻省理工学院（MIT）开放课程[1]

MIT 开放课程是由麻省理工学院在 2002 年创始的一项计划。它的目标是在 2007 年底以前，让所有大学生和研究生课程能够在线上自由地被任何人从任何地点取用。MIT 开放课程也可以被视为一项庞大的、网络出版的 MIT 教材。这个计划由 William and Flora Hewlett Foundation、Andrew W. Mellon Foundation、麻省理工学院共同主持。之后，这个计划更激励了不少机构将它们的教材转变为开放式的教育资源。

2007 年 11 月，已经有超过 1 800 个课程在线上。其中少数仅是书单和讨论主题，大多数会提供课后问题、考试（通常附有解答）以及演讲笔记。某些课程甚至提供交互式的示范程式、MIT 教授写的教科书、影音格式的演讲影片。

2008 年 8 月，1 800 个线上课程中，只有 26 个完整的演讲影片。并不是所有影片都附有演讲笔记，这导致了观看演讲时的困难。无论如何，那些完整的课程都具有良好的品质，而且许多演讲都非常地令人信服。线上的影片虽然都是影音串流，但也有可供下载后离线观看的方法。

开放课程学科领域：航空学与太空学、人类学、建筑学、竞技、体育与娱乐、生物工程学、生物学、人脑与认知科学、化学工程学、化学、民生与环境工程学、比较媒介研究、地球、大气和星球科学、经济学、电机工程和计算机科学、工程系统分部、外语和文学、保健科学和科技、历史、语言学和哲学、文学、材料科学和工程学、数学、机械工程学、媒介艺术和科学、音乐和戏剧艺术、核能科学和工程学、海洋工程学、物理学、政治学、科学、科技和社会、管理学、都市研究和计划、女性研究、写作和人文研究等。

[1] http：//ocw.mit.edu/index.html。

下图是课程介绍。

5. 国家精品课程资源网[1]

随着教学内容和课程体系改革的不断深入，我国高等教育相继实施了一系列重大教学改革工程。教育部于 2003 年《教育部关于启动高等学校教学质量与教学改革工程精品课程建设工作的通知》启动了国家精品课程的建设项目，其内涵和目标是：精品课程是指具有特色和一流教学水平的优秀课程，精品课程建设要根据人才培养目标，体现现代教育思想，符合科学性、先进性和教育教学的普遍规律，具有鲜明特色，并能恰当运用现代教育技术与方法，教学效果显著，具有示范和辐射推广作用。

[1] http：//www.jingpinke.com/。

精品课程建设是一项综合系统工程，其中包括六个方面内容：教学队伍建设、教学内容建设、教材建设、实验建设、机制建设以及教学方法和手段建设，实现优质教学资源共享等。精品课程建设的目的，是要倡导教学方法的改革和现代化教育技术手段的运用，鼓励使用优秀教材，提高实践教学质量，发挥学生的主动性和积极性，培养学生的科学探索精神和创新能力。

2003—2010年，教育部共评选出国家级精品课程3 862门，共有746所高校的课程获评国家精品课程。由于精品课程的国家级、省级、校级的三层架构设计，精品课程建设被全国高校和广大教师高度重视，绝大部分高校启动了精品课程建设工作，在国家级精品课程评审的同时，形成了数万门的省级、校级精品课程。

国家精品课程资源网是由国家教育部主导推动的国家级精品课程集中展示平台；是全国高校依照“资源共建、成果共用、信息共通、效益共享”的原则合作建设，服务于全国广大高校教师和学生的课程资源交流、共享平台。国家精品课程资源网汇集了海量国内外优质教学资源，博览全球众多高校、企业开放课程，拥有来自2 000多所国内高校的注册会员，目前已形成国内覆盖学科、专业最完整，课程资源数量最大的教学资源库，并初步建成了适合各类优质教学资源存储、检索、运营的共享服务平台。

网站设有五个模块：

（1）资讯中心：聚焦时讯、关注教改、热点追踪。实时发布高等教育资讯、教育政策公告、“质量工程”最新动态，第一时间聚焦社会热点，关注热点话题，征集各方稿件，邀约名师独家对话，共享课程建设和教学改革经验。

（2）视频专区：走进名校课堂，领略大师风采。“视频专区”汇集“中国大学视频公开课”、“国家精品课程”，及高等教育出版社“名师名课”等项目的优质教学视频课程，带你开辟知识探索新途径，走进学习成长新境界，获得个人提升新动力。视频课程，让原汁原味的大学课堂离我们更近。

（3）课程中心：汇集了万余门各学科、专业精品课程，构建全国最大、最权威的高校课程发布展示平台。课程内容涵盖全国本科和高职院校各级精品课程、国家精品课程名师主讲的精品课程建设培训课程、欧美亚高等学府的4 000多门开放课程、国内外知名企业优质课程。课程按学科、专业分类展示，检索方式多样化，便于广大师生快捷地浏览课程、共享交流。同时，还提供了课程负责人自主维护功能，鼓励课程内容持续建设、更新。

（4）资源中心：以精品课程资源为基础，构建按学科、专业分类的海量教学资源库，涵盖本科 73 个学科和高职高专 86 个专业类。目前已经汇集近百万条优质教学资源，包括：教学大纲、教学设计、教学课件、电子教案、教学录像、教学案例、实验实践、例题习题、文献资料、人物名词、术语、常见问题、试卷、媒体素材等多种类型教学资源，为各学科、专业高校教师提供强大的教学资源支持和共享交流服务。

（5）教材中心：收集近百家出版单位的数万种教材，全面展示教材目录和内容简介，支持图书内容的在线预览及全文检索，提供电子商务服务，方便广大师生完成教材的选用与购买。下图是国家精品课程资源网主页。

下图是其中一门课程的在线播放视频截屏。

6. 大学堂[1]

“大学课程在线”是中国教育科研网格（ChinaGrid）上的一个典型应用。它的使命是通过网格技术的应用，不仅提供内容最丰富的中国大学课程视频点播服务，而且提供能同时支持上万路视频流的服务能力。

“大学课程在线”系统由ChinaGrid专家组组织开发和管理运行。它坚持公益性原则，不从事商业活动。任何人都可以通过http：//realcourse.grids.cn自由访问各种大学课程视频资源。同时，该系统的软件向国内非商业性部门和机构开放，由ChinaGrid专家组授权免费使用。

“大学课程在线”鼓励和支持全国高等院校广大教师贡献自己讲课的视频录像资源，以促进全国优秀和特色高等教育资源的交流与共享。有此兴趣的教师可以和本校教务部门或ChinaGrid专家组联系。

“大学课程在线”对于在其上公开的课程视频资源只有非盈利使用权，没有所有权。教师根据自愿原则向大学课程在线提供自己的课程资源，并有权要求卸载或用更新的版本替换自己的资源。作为全国大学课程视频传播的主渠道，“大学课程在线”的资源和作者将得到最大范围的社会声誉。

“大学课程在线”在推动全国范围大学课程视频共享的同时，也强调对课程视频提供者劳动的尊重，提倡使用部门和个人对课程提供者给予适当的致谢，并愿意代为发布相关的文字。

下图是“大学课程在线”的主页。

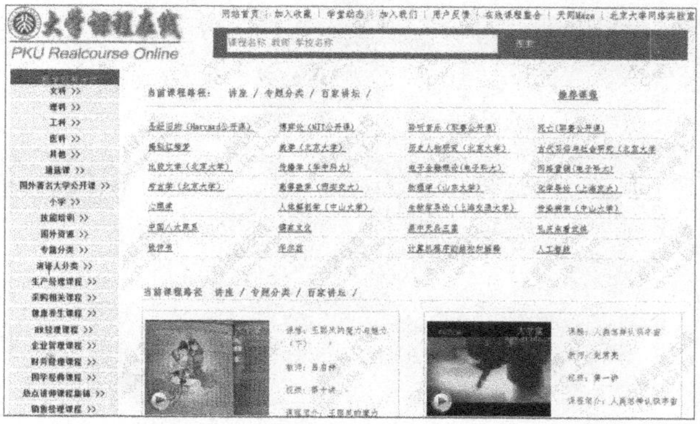

7. 台湾交通大学[2]

开放教育是现代教育思潮的一股主流，国内外大学近几年陆续开放教育资源，

[1] http://www.grids.cn。
[2] http：//ocw.nctu.edu.tw/。

透过开放式课程（Open Course Ware，OCW）暨其应用之建置将知识分享于社会。

交通大学2008年于教务处下成立全国首创之开放教育推动中心（Open Education Office，OEO），专责交通大学开放式课程之建置与发展、开放教育策略研究、开放教育资源之整合与应用，并促进教学资源共享，提供自学者更宽广的学习内容。开放教育推动中心亦将建置衔接高中与大学之开放式课程内容，并持续精进开放式课程网站平台内容与品质，结合行动学习与云端服务趋势，提供更为便利的自主学习模式。

交通大学开放式课程网站每学期提供10门以上之优质课程，包含各院系基础、专业课程、共同必修课程及通识教育课程，无偿地提供自学者更多元丰富的学习管道。网站于2012年更从全球超过250个大学开放式课程网站中脱颖而出，百里选一地获得全球开放式课程联盟年度“标杆网站奖”（Landmark Site Award）。

开放式课程除代表对传统教育的反思过程，亦具备着与其他教育理念及作法相辅相成的功能。交通大学开放式课程不但开放分享资源，亦让教育者、学生与自学者得以针对个别的需求与认知形态，作为教学、学习与研究之利用与再利用，充分反映出弹性、多样、主动、适性的精神，并希望不断激发主动学习，以落实发展全人与终身教育。

8. 网易公开课[1]

2010年11月1日，中国领先的门户网站网易推出“全球名校视频公开课项目”，首批1 200集课程上线，其中有200多集配有中文字幕。用户可以在线免费观看来

[1] http://open.163.com/。

自于哈佛大学等世界级以及国内名校的公开课课程。内容涵盖人文、社会、艺术、金融等领域，其中有 200 多集配有中文字幕。

业内资深互联网人士表示，网易在彰显公益的同时，是希望在网站视频竞争红海中走一条差异化路线，通过品质建树口碑，利用口碑聚揽人气，这和网易提出的“做有态度的门户”的口号的用意是一致的。

网易视频总监、名校公开课项目负责人甘明表示，之前已经有一些公开课在分享网站上流传，但由于语言的障碍，很多用户难以全面了解其中的精彩内容。所以网易开始组织国内外的翻译人才有计划地翻译其中的精选课程。希望用户能够无成本、无障碍地了解到世界前沿的新知、新思。

据悉，网易组织公开课翻译平台目的是秉承互联网精神：开放、平等、协作、分享，因为知识无国界，更希望国内外各种有志于知识分享传播的个人和组织加入。网易通过向翻译人员支付酬劳，使得国外优质公开课走入中国互联网的趋势规模化、系统化。对于网民来说，也多了一个影视剧、娱乐节目消费之外的自我学习的视频选择。

网易公开课对外推出了“可汗学院”课程。“可汗学院”是世界著名的免费在线课堂，其创办人萨尔曼·可汗在《时代周刊》评出的“2012 年影响世界的百人榜”位列第四。网易作为可汗学院在中国唯一官方授权合作的门户网站，将推出更多面向 14—18 岁年龄层用户的基础课程。

网易公开课项目负责人曾理称，目前国内有不少网站在做公开课，网易希望在做好播出、推广平台之外，更介入到公开课上游的翻译、制作环节。

网易 2011 年 11 月 9 日宣布旗下网易公开课项目正式推出中国大学视频公开课，这也继网易公开课上线一周年后，首次大规模的上线国内大学的公开课程。网民只要通过互联网即可享用这些课程。

网易首批上线了 20 门国内大学课程，覆盖信息技术、文化、建筑、心理、文学和历史等不同学科，这些课程分别来自北京大学、清华大学等 10 余所国内著名的高等院校。

首批上线的课程主讲者中不乏国内名家：如我国著名的信息系统专家、两院院士、北京理工大学王越教授，世博会中国馆设计者、中国工程院院士、华南理工大学教授何镜堂，首届国家级教学名师奖获得者、吉林大学教授孙正聿等。同时也包含一些中国传统文化的课程，例如北京大学历史系阎步克教授、邓小南教授的《中国古代政治与文化》，北京师范大学于丹教授的《千古明月》、中央民族大学杨圣敏教授的《中国民族志》等。

网易公开课收集了世界多所知名高等学府的授课视频，并配有中文或中英双语字幕，用户在收看课程的同时还可以提高英语听力水平。

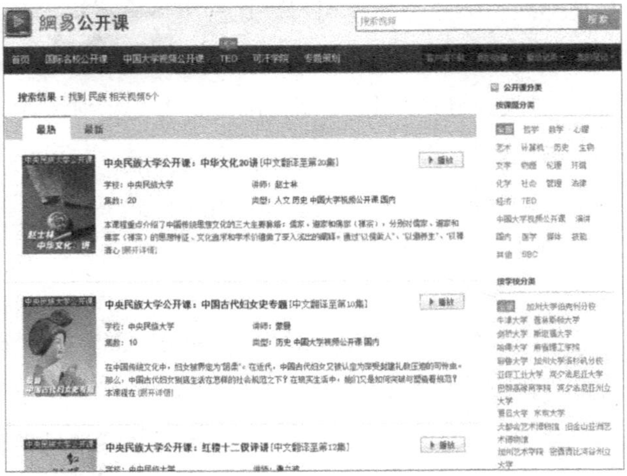

网上开放课程的资源同样很多，以上列举只是简略介绍。例如还有：

（1）国际开放课程联盟 http：//www.ocwconsortium.org/

（2）中国开放教育资源协会（CORE）http：//www.myoops.org/cocw/

（3）开放课程计划（OOPS）http：//www.myoops.org/cocw/

（4）大学堂（视频）http：//greatlearning.grids.cn/

（5）日本开放课程联盟 http：//www.jocw.jp/

（6）西安交通大学镜像 http：//ocw.xjtu.edu.cn
（7）浙江大学镜像 http：//ocw.zju.edu.cn
（8）莱斯大学（Rice Connexions）http：//cnx.rice.edu/content
（9）索菲娅（Sofia OCI）http：//sofia.fhda.edu/gallery
（10）塔夫茨大学（Tufts OCW）http：//ocw.tufts.edu
（11）犹他州立大学（USU OCW）http：//ocw.usu.edu/Index/ECIndex_view
（12）约翰霍普金斯大学（JHSPH OCW）http：//ocw.jhsph.edu/
（13）伯克利大学 http：//webcast.berkeley.edu/
（14）圣母大学 http：//ocw.nd.edu/
（15）卡耐基梅隆大学（CMU OLI）http：//www.cmu.edu/oli
（16）斯坦福大学（CMU OLI）http：//see.stanford.edu/see/courses.aspx
（17 ）加州大学伯克利分校 http：//webcast.berkeley.edu/courses.php
（17）加拿大维多利亚大学经济系 http：//web.uvic.ca/econ/info.html
（18）英国开放大学 http：//openlearn.open.ac.uk/
（19）荷兰开放大学 http：//www.opener.ou.nl/
（20）富步莱特经济学教学项目 http：//ocw.fetp.edu.vn/home.cfm
（21）昆士兰大学 http：//ocw.usq.edu.au/
（22）哥伦比亚国立大学 http：//www.virtual.unal.edu.co/
（23）名古屋大学 http：//ocw.nagoya-u.jp/index.php?lang=en&mode=g&page_ty
（24）九洲大学 http：//ocw.kyushu-u.ac.jp/
（25）北海道大学 http：//ocw.hokudai.ac.jp/index.php?lang=en
（26）早稻田大学 http：//www.waseda.jp/ocw/index_e.html
（27）东京大学 http：//www.putclub.com/jocw/tokyo/index.htm
（29）新浪公开课 http：//open.sina.com.cn/
（30）搜狐名校公开课 http：//tv.sohu.com/open/
（31）中国网络电视台中国公开课 http：//opencla.cntv.cn/
（32）加州大学尔湾分校 http：//ocw.uci.edu/courses/

参考文献

[1] 中国图书馆学情报学期刊开放获取出版苏州宣言 [J]. 图书情报工作 ,2012(21):147−148.

[2] Springer 开始发布开放获取图书 [J]. 现代图书情报技术 ,2012(11):52.

[3] 陈静 , 孙继林 . 开放获取期刊平台发展现状评析 [J]. 图书馆杂志 ,2012(04):24−28.

[4] 刘辉 . 开放获取期刊的现状与评价分析 [J]. 图书馆建设 ,2006(04):44−47.

[5] 刘巧英 . 我国开放获取运动的追溯与展望 [J]. 情报资料工作 ,2011(06):31−34.

[6] 刘廷元 , 任皓 , 赖启正 . 学术信息的开放获取模式 [J]. 图书馆杂志 ,2005(03):12−15.

[7] 孙波 , 黄颖 . 国内外开放获取期刊现状调查研究 [J]. 图书馆学研究 , 2010(08):98−101.

[8] 王静 . 如何有效利用开放获取学术资源 [J]. 兰台世界 ,2013(05):64−65.

[9] 张红芹 , 金洁琴 , 徐宁 . 数据库期刊开放获取情况的调查与分析 [J]. 大学图书馆学报 ,2010(05):27−30.

[10] 周庆梅 . 基于学科视角的开放获取资源调查 [J]. 情报科学 ,2013(01):73−77.

[11] 曾湘琼 . 开放获取理论与实践 [M]. 湘潭大学出版社 ,2011.

[12] 陈晋 . 开放获取十年 [M]. 国家图书馆出版社 ,2012.

第六章　民族学网络工具书

工具书是信息密集型文献，是供释疑解惑、临事查考的一种基本信息源。从古至今，它在人们的读书治学、工作生活中发挥了重要的“工具”作用。[1]

第一节　网络工具书概述

一、简　　史

随着计算机、通信、存储等科学技术的进步，计算机网络进入了普通老百姓的工作单位和家庭生活中，被人们普遍应用。在工具书编纂领域，也有人将计算机等科学技术引进来，应用于工具书的编辑。例如：中国科技情报所和国家医药管理局医药技术情报所合编的《中国药学文摘》、经济日报社和中国计算机技术服务公司华利计算机中心合编的《经济日报索引》，北京语言学院语言教学研究所编制的《现代汉语频率词典》，以及上海科学技术文献出版社出版的《汉英计算机综合词典》和《英汉计算机综合词典》等。[2] 不仅如此。中国古代的经书、文书、类书、政书等历史文献也实现了数字化。给人们的学习和研究带来了极大的方便。电子版工具书的学术价值与应用效果越来越明显。

中国中文信息方面的研究始于 20 世纪 80 年代。1982—1984 年台湾“中央”研究院在汉字输入、排版与信息交换方面进行了研究，使中文信息从学术研究发展为应用研究。20 世纪 80 年代中期，利用计算机处理中文信息的技术逐渐成熟。台湾“中央”研究院史语研究所与资讯研究所的研究人员合作进行“史籍自动化计划”

[1]　詹德优 . 中文工具书导论（修订本）[M]. 湖北教育出版社 ,2006：修订版前言 .

[2]　詹德优 . 中文工具书导论（修订本）[M]. 湖北教育出版社 ,2006：41.

的研究工作，顾名思义就是把古籍文献数字化。随后，便尝试将《二十四史》中的《食货志》制成数据库。1986 年，将数据库的内容扩大到整部《二十四史》，1988 年推出数字化《前四史》，1990 年全部《二十四史》数字化完成，名称改为“汉籍全文数据库”。

20 世纪 90 年代，中国电子工具书的研制和出版呈迅猛发展态势。数据库的类型也由书目数据库发展到全文数据库、数值数据库、指南数据库等。

1992 年，香港中文大学中国文化研究所获得香港政府的资助，启动了“魏晋南北朝一切传世文献计算机化数据库”，1995 完成。深圳大学开发的《红楼梦》全文数据库，武汉大学开发的对若干当代著名作家的作品进行全文检索的《现代汉语语言资料索引》，中国社会科学院开发的“中国古代文献计算机数据库系统”等。

20 世纪 90 年代以来，各种类型的工具书，如《新华字典》、《汉语大词典》、《全国报刊索引》、《中国国家书目》、《中国大百科全书》等也相继有了数字化版本。数字化版产品打破了纸本型工具书一统天下的局面。一个纸本型与数字化版并行的局面开始形成。

1994 年，台湾元智大学的罗凤珠“《红楼梦》网络教学研究资料中心”在网上公开使用，并陆续完成《全唐诗》、《全宋词》、《宋代名家诗》等网络信息资源系统。1995 年，台湾中央研究院和台湾中山大学、中正大学、台湾师范大学、英同伦敦大学、美国史丹佛大学、密两根大学进行合作研究。

1997 年上海图书馆与长江计算机集团合作建立了“古籍影像光盘制作及检索系统”。1999 年，1 000 多种古籍善本的扫描与标引完成，共计 60 万页。首都师范大学研制出单机光盘版《国学宝典》，并将部分内容制成网页，创办了免费的“国学网”。同年，湖南青苹果数据中心开发了《二十五史》和《资治通鉴》；同年 11 月，陕西师范大学历史系古籍研究所完成了“二十五史全文检索系统”，并提供网络测试版，是一个较大规模的历史文献全文数据库。2001 年“国家数字图书馆”基础工程被列为“十五”规划。截至 2011 年底，国家数字图书馆数字资源总量[1]已达 561.3TB，主要来源为外购数据库 71TB、馆藏特色资源数字化 466.8TB、网络导航和网络资源采集 19.2TB 等 5 个部分（不含接受缴送的光盘）。其内容单元主要包含：电子图书 142.7 万种 /185.3 万册，电子期刊约 5.3 万种，电子报纸约 0.37 万种，学位论文约 353.7 万篇，会议论文约 308.1 万篇，音频资料约 101.6 万首，视频资料约 8.9 万小时。

---

[1] http：//www.ndlib.cn/szzyjs2012/201201/t20120113_57990.htm。

网络工具书可以算是网络检索工具的一种。工具书的内容大多是非线性资料，是按条目来查阅的，最适合网上数字化方式，因而工具书与网络结合，正是大势所趋。对上网的用户来说，最主要的是从浩如烟海的网络信息中获取符合自己特定需求的信息，因而有效的网上参考检索工具成为必需。工具书本身的查考性、易检性、概括性、权威性和稳定性使其成为网上可信赖的帮手。另一方面，网络版工具书的发展正体现了图书载体形式由纸本型、电子型（磁盘、光盘等）向网络型转变的趋势，工具书逐渐由笨重到轻便，信息记录的密度也由小到大，传递速度由慢到快。所有这些条件都为网络工具书的不断发展和完善做了充分的铺垫。[1]

二、定　义

网络工具书经历了纸本工具书和电子工具书的发展阶段。一般认为纸本工具书是传统工具书阶段，电子工具书是数字化的网络工具书的过渡时期。电子工具书是将知识存储在磁、光、电介质上，利用计算机或阅读器进行信息读取的传播媒体。[2]也有的学者认为，电子工具书是以光盘形式出版发行的，或通过网络传播使用的，以及通过计算机或具有类似功能的电子阅读设备读取且被用于检索和获取专门知识的信息多媒体。[3]

工具书是根据一定社会需要，全面系统地汇集一定范围内的文献资料，经审定整理或概括，用简明易查的方法加以组织编排，提供某一方面的基本知识或资料线索，专供查检和查考的特定类型的图书。对于网络工具书，实际上是数字出版、网络出版发展到一定阶段的产物。通俗来讲即是将传统纸质工具书数字化、编辑加工，并以互联网为平台进行传播。可从狭义和广义两个角度理解。狭义的网络工具书是指以某种已有的传统印刷版工具书为蓝本制作的工具书的网络版，如《新不列颠百科全书》、《牛津英汉大词典》、《工程索引》等。广义的网络工具书是指供检索和查考之用的一切加以编排的文献信息资源的总称。因此，网络上所有符合这一条件限定的信息资源都可称为网络工具书。在一些网络资源指南网站的分类目录上可以看到，其“参考工具”类目下，除狭义上的网络工具书（如百科全书、年鉴、词典、名录、索引等）和以传统工具书为名称或形式的纯网络版工具书，还列出了诸如图书馆、档案馆、健康与医药、日历与时间、交通时刻表等有实用检索和参考

[1] 齐晓晨 . 网络工具书的现状和利用 [J]. 图书馆学研究 ,2005（2）：34-39,51.

[2] 林玉山 . 工具书学概论 [M]. 广东教育出版社 ,2004：165-185.

[3] 毛丹 . 中文电子工具书发展模式探析 [D]. 安徽大学 ,2010：7.

价值的类目，比传统工具书更为多样化。[1]

还有的学者认为，网络工具书也称“在线工具书”，是指以数据库为基本信息储存单位，以通信网络为传输媒介，将工具书的内容以电子数字编码形式通过网络传输，由出版机构提供的一种“在线”即时服务。

这样的定义并不是统一的定论，而且到目前为止，网络工具书在学界也还没有一个统一的定义。况且，网络工具书还在发展，可能会有新的形式和特点出现，也会赋予它不同的概念内涵。现阶段，网络工具书中“工具”的性质更加得到强调，“书”的定义则已经淡化，网络工具书多以网站的形式出现在检索者面前。以易文网工具书在线[2]为例，网站提供四种内容的检索，即《汉语大词典》、《中华文化通志》、《中央日报》和《点石斋画报》。网页所有的内容都围绕这些工具书设计，如相关背景介绍、检索途径等。[3]

所以，目前如果要给网络工具书一个定义的话，宽泛一点比较合适。网络工具书是供释疑解惑、临事查考的一种序化的网络信息资源。

三、特　　点

由于网络工具书来源于互联网，而互联网上的文献信息资源是呈几何级数快速增长的，所以网络工具书的特点[4]更多体现在和传统工具书的比较方面。

1. 检索速度快

由于网络综合技术（包括计算机技术、通信技术、数据库技术等）的进步，现在的网络使用速度已经非常快了。大多数居民住宅小区都实现了光纤到小区、甚至光纤入户。2011 年重庆市[5]、上海市[6]等很多城市已经实现光纤宽带入户，光纤宽带有 8 兆、12 兆、20 兆三种带宽供市民选择。而如果用户需要还可开通 100 兆带宽。这样的带宽，如果下载高清电影，ADSL 要下载一整天，光纤宽带只需 1 小时。在网上看电视、看电影、听音乐等数据量非常大的网上消费行为，也非常流畅。工具书是借助于互联网络和计算机等现代化技术而运行的，因而在网络上检索，即便

[1] 齐晓晨 . 网络工具书的现状和利用 [J]. 图书馆学研究 ,2005（2）：34-39,51.

[2] http：//www.ewen.cc/unihan/。

[3] 陆晓华 . 网络工具书发展研究 [D]. 武汉大学 ,2008：6.

[4] 于新国 . 开发利用开放存取网络工具书资源 [J]. 公共图书馆 ,2009（3）：63-66.

[5] 电信启动光纤宽带入户家里网速将比网吧快 .http：//cq.qq.com/a/20110718/000154.htm。

[6] 上海电信宽带大提速：光纤入户用户免费提到 10M.http：//tech.sina.com.cn/t/2011-09-09/03036043254.shtml。

是多媒体信息资源，速度也非常快。而且我国的国际出口带宽为 1 899 792Mbps[1]，不存在上网有国内快、国外慢的差别。这样的网络速度是传统的纸质工具书望尘莫及的。

2. 信息量大

信息密集型的工具书如百科全书、手册等大量涌现以满足人们特别是青年人日益增长的多媒体信息资源需求。如美国鲍克出版公司出版的《鲍克邮寄名单目录》就是一本包括美国、加拿大和海外图书馆、学校、书店的综合性邮寄人名录；而美国克勒出版公司出版的《大学书店名录》则包括有 3 100 个大学书店的详细信息，按地区排列，包括经理姓名、销售类别、注册学生等等。此外，年鉴也是一种信息量较大的工具书，主要记录一年间社会政治、经济、文化、教育各方面或某一方面的情况统计等资料，有综合性和专科性两类。综合性的如《中国百科年鉴》、《世界知识年鉴》等，专科性的有《〈电脑报〉年刊》等。据统计，仅年鉴一项，改革开放以来，我国就已出版 600 余种。这类信息量大的工具书不但能迅速提供现实性材料，弥补百科全书不能经常修订的缺陷，也满足了人们及时补充新鲜知识的需要。

3. 检索结果新

由于网络工具书的内容可以随时更新，增添新的内容，所以，检索结果内容更为新颖。特别是网络工具书具有即时更新的功能，解决了传统工具书更新不及时，增添内容较为困难的问题。

4. 免费使用

由于开放存取的特征之一就是通过互联网获取免费全文的文献信息内容，所以，网络工具书资源网站都可以为用户提供免费全文的资源信息，而这也正是使得网络工具书会被越来越多的用户利用的关键因素之一。

5. 权威性、系统性

由于网络工具书提供的资源信息内容往往来源于传统的纸质工具书，或来源于较为权威的工具书出版机构，所以其内容的学术性、知识性、系统性较好，这在很大程度上加强了用户对网络工具书的依赖与利用。

6. 可读性强

工具书一般是供人查检而非供人阅读的，但也具有可读的一面，特别是百科全书、年鉴、事典之类的参考型工具书。其可读性主要表现在两方面：①语言上要

[1] 中国互联网络信息中心 . 中国互联网络发展状况统计报告 .2013.1.

求清晰简洁。这是因为当今社会生活节奏一般较快，人们查阅工具书的时间有限，这就要求工具书用最简洁最活泼的语言说明事物。②形式上要求活泼。一般来说，青年人更青睐图文并茂的多媒体类工具书，这样可以为他们节约更多的时间和精力，如《21 世纪育儿图文百科》这类的工具书就是用最通俗的语言和图画使青年妈妈了解如何喂养婴儿的知识。

7. 实用性强

实用性是工具书的本质属性，更是当今工具书的重要要求。工具书所要求的解说内容不一定要深奥，但一定要贴近生活、针对性强、通俗易懂。这点《现代汉语词典》就做得比较好，它词语解释一般通俗易懂，如对于“膝盖”的解释是“大腿和小腿相连的关节的前部”，很明确，也通俗易懂。又如《中学文言文多音多义字字典》是一本针对广大中学生和自学青年学习古诗文的工具书，其注音与释义比一般中学古诗文涉及的知识略宽略深，有利于古诗文爱好者学习和深造。

8. 检索性强

工具书的检索性就是指一部工具书必须要具有特定的排检方法，如形序、音序、号码、分类、主题、时序等，这就要求工具书检索方法简单明了，可以使读者在最短的时间内获得所需要了解的知识或资料。《中国大百科全书》之所以深受人们的喜爱正是由于它编排方法独特、工具性强、使用方便。一般的传统工具书只具有部首拼音等少量的检索方式，而且读者需要花费时间去学。然而电子检索主要采取关键词的检索方式，辅之以单字、全文的检索，如逻辑检索、组合检索、模糊检索等，以达到更高的检准率。

9. 综合性强

现代多媒体技术使百科全书的教育功能与工具书功能两者同时增强了。设计完善的多媒体能以类似于人脑的联想方式，提高信息的表现能力，能从文字和图画的静态信息显示即时地转换为带有声音的动态和交互演示，因此更有利于人们及时了解各类知识信息。1985 年，美国格罗利尔出版公司率先推出《格罗利尔多媒体百科全书》，就受到青年朋友的青睐，而美国微软公司依靠雄厚的软件实力的支持，于 1993 年出版的《ENCARTA 多媒体百科全书》也备受欢迎。

网络工具书和传统工具书相比较，确实有很多的特点。上面列举的可能只是其中的一部分。总之，网络工具书的编纂是顺应时代的做法，为用户的使用带来莫大的便利。

四、技术上的革命

网络工具书和传统工具书相比，在编纂技术上有全新的革命。[1]

1. 多功能检索技术

传统工具书编排方式主要有字顺编排、分类编排等。大多工具书由于强调检索功能，基本按照主题字母顺序编排，传统的字典式主题检索途径可以为用户提供更好的“专指性”，编辑简便，检索便捷。然而这种检索分割了知识本身的系统性和完整性以及概念、学科之间的纵向联系。传统型工具书在处理这个问题上主要以单独出版分类索引，用直接参见或间接参见指引词条之间的联系加以解决，但是无法实现真正意义上的系统分类检索。网络工具书从技术上解决了这个问题，其采用字顺与分类并存的检索途径，这种并存的检索方式，既可以反映学科自身的系统性特点，也可以满足检索的专指性要求，并照顾到了人们通常的检索习惯，可以说是一举多得的检索方式。实现了传统工具书不可能实现的字顺与分类并存的检索方法，彻底解决了传统工具书中的条目单维排列与用户的多维检索要求之间的矛盾。除此之外还实现了截词检索、通配符检索、布尔逻辑表达式检索以及全文检索技术。

2. 信息集成、超链接技术

印刷型工具书中资料的关联性较差，主要通过参照条目、参考文献、引用文献方式来解决知识内容之间的关联性，用户使用起来很不方便，需要投入大量的时间、精力、经费去收集相关资料。而网络工具书利用了互联网集成、超链接技术，将分布在各处且具有相关性的词目形成一个有机联系的资源网，它可揭示出关于某一主题的相对完整的知识圈，直接通过超链接手段指导用户去查阅所引用的原始文献，并指导用户在相关内容之间来回跳转。

3. 多媒体声像技术

传统工具书是用静止的文字或图片来表达其内容。由于读者的文化水平及知识素养程度高低不同，对语言文字的接受与领悟能力也各有差异，制约了对工具书的准确性及最大限度的利用。然而网络工具书应用计算机网络声频、视频技术所展现出的三维动态画面、富有感染力的声音，大大提升了其表现力，使用户对所表达的内容一目了然。这种直观性、动态性、可视性可以帮助用户直接辨识某一物象所含有的知识内容和信息。比如百科全书中对名目繁多的西洋乐器的介绍，印刷文本

[1]　黄莲芝 . 网络工具书探析 [J]. 图书馆论坛 ,2007（5）：97–99,151.

只能以文字描述加插图或实物平面照片来加以介绍，而网络文本则可以将文字描述、三维立体图形和声音三者有机地结合在一起，生动形象地展示出来，使读者体会到了身临其境的感觉，减少了像文字那样须通过大脑转换才能表现出的形象或过程，大大提升了工具书的文献价值。

五、分　类

网络工具书经过30年的发展，由于编纂的技术基础不同，形成了不同类型的网络工具书。[1]

1. 衍生类网络工具书

这是指根据已有的传统工具书为蓝本制作的网络版，即不改变传统工具书的内容和体例，但增加了有关知识点之间的链接。这类网络工具书既具备了传统工具书的权威性，保持了读者的传统阅读习惯，又结合了互联网的方便快捷特色，迅速为读者接受。此类网络工具书以《中国大百科全书》网络版[2]为代表，在内容上依据《中国大百科全书》和中国百科术语数据库，涵盖66个学科或知识领域，共收录8万个条目，计1.26亿字，并附有5万幅图片。[3]检索手段完善，数据可扩充。但它采用超文本数据库结构来揭示各条目之间的逻辑关系，相关条目之间使用超链接可跳转阅读。

2. 整合类网络工具书

这是指整合了多种传统工具书内容的网站。既包括同介质的多种工具书的集成网站，也包括以某种工具书为主并整合其他信息资源的网站。前者如CNKI以数据库的形式集成出版了近4 000部工具书，1 000万词条，类型包括汉语词典、英汉－汉英词典、专科辞典、百科全书、医学图谱、图鉴年表等，多角度、全方位的为用户释疑解惑。收录的工具书均为专业出版社出版或该领域的权威专家撰写，是全球唯一的、高度集成的工具书条目检索系统。内容每月更新。[4]

后者如不列颠百科在线，除了收录纸质版《不列颠百科全书》[5]外，还集成了《梅里亚姆－韦伯斯特大词典》等工具书，可以更全面地揭示相关信息。

---

[1] 陆晓华．网络工具书发展研究[D]. 武汉大学，2008：7.

[2] http：//ecph.cnki.net/。

[3] http：//baike.baidu.com/view/28413.htm。

[4] http：//210.28.182.163/refbook/AboutUs.aspx。

[5] http：//www.britannica.com/。

3.Wiki 类网络工具书

这是指使用 Wiki 技术来制作的网络工具书。Wiki 是一种多人协作式写作的超文本系统，既能在互联网上对 Wiki 文本内容进行浏览，还可以任意创建和更改内容。Wiki 是 Web2.0 时代的标志之一，代表参与、交互和共享。它以用户为中心，用户不仅阅读内容，而且制造内容，并提供内容之间的链接和浏览路径。而 Wiki 类工具书就是指由互联网用户一起定义、编撰、监督并且人人都可以免费分享的网络工具书。维基百科、百度百科、维基词典等都是这类网络工具书的代表。

4. 网络咨询类问答平台

具有百科全书性质。

如"爱问知识人"、"雅虎知识堂"等。[1]

第二节　民族学网络工具书及查询技巧

网络工具书越来越多，给需要查询的用户带来些许不便，本节以民族学网络工具书探讨查询技巧。

根据上节的网络工具书分类，下面分类讨论民族学网络工具书及其查询技巧。

一、衍生类网络工具书

《中国大百科全书》的印刷版是中国第一部大型综合性百科全书，也是世界上规模较大的几部百科全书之一。1978年，国务院决定编辑出版《中国大百科全书》，并成立中国大百科全书出版社。《中国大百科全书》第一版历时 15 年，于 1993 年出齐，共 74 卷；第二版历时 14 年，共 32 卷，于 2009 年出齐。

《中国大百科全书》的网络版以《中国大百科全书》和中国百科术语数据库为基础。内容全面、数据权威，共收条目约 8 万条，图片 5 万余幅。检索手段完善，数据可扩充。对这类在传统工具书的出版很知名的情况下出版的网络工具书，在需要利用时直接访问其网站即可。

这种方法特别适合那些传统工具书的出版社又出版网络版工具书的情况。例如，《中国大百科全书》的出版单位——中国大百科全书出版社的网址是 http：//www.ecph.com.cn/main/，直接在浏览器的地址栏中国输入这个地址即可进入其主页。

[1]　毛丹 . 中文电子工具书发展模式探析 [D]. 安徽大学 ,2010：8.

在这个页面的左下侧就提供了网络版《中国大百科全书》的链接。

下图是利用《中国大百科》搜索“民族”的页面。在页面中，左侧是收费项目的条目，右侧是免费项目的条目。二者的区别在于免费条目可查看条目全文。

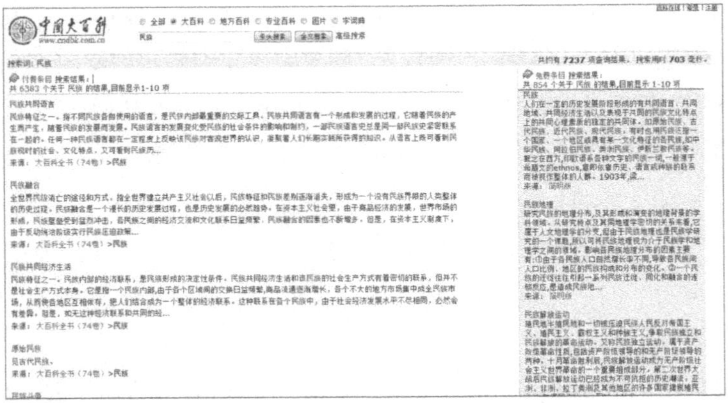

如果不知道网址的话，可以利用搜索引擎搜索网络工具书的名字进行搜索。

例如，《不列颠百科全书》（Encyclopedia Britannica，EB，又称《大英百科全书》），被认为是当今世界上最知名、最权威的百科全书，是世界三大百科全书（《美国百科全书》、《不列颠百科全书》、《科利尔百科全书》）之一。《不列颠百科全书》诞生于 18 世纪苏格兰启蒙运动（Scottish Enlightenment）的氛围中。第一个版本的大英百科在 1768 年开始编撰，历时 3 年，于 1771 年完成共 3 册的《不列颠百科全书》。2007 年出版的更新版是目前最新的。历经了 244 年的漫长岁月，《大英百科全书》（*Encyclopedia Britannica*）2012 年 3 月 13 日宣布，目前市面上库存的纸本百科全书卖完后，将不再推出印刷版，内容全面数位化。

因为它是国外的产品，国内很多人不知道它的英文名称，也不知道它的网址。这时利用搜索引擎就可轻松解决。

在 Google、百度等搜索引擎中搜索出《不列颠百科全书》的网址是 www.britannica.com，可直接点击链接打开。下图是英文版主页。

从页面中可以发现，《不列颠百科全书》的网站已经是一个综合性的网站了，不仅是百科全书的内容，还包括各种新闻等。下图是搜索之后的结果显示页面。

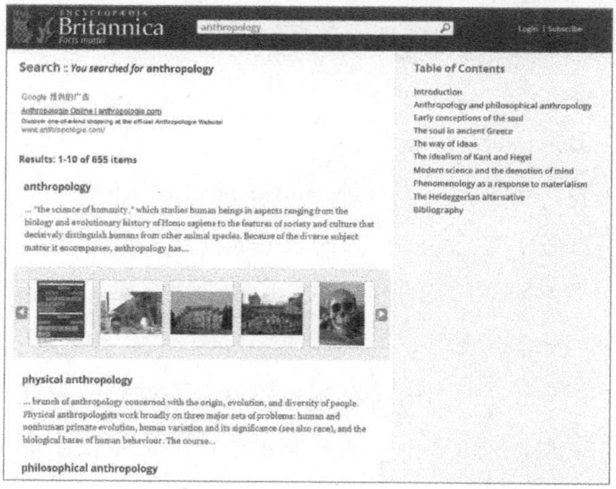

点击所需查看的条目，得到如下图的页面。

当然，由于所有的搜索引擎都不是万能的，在浩瀚的信息海洋中，目前世界上最好的搜索引擎，比如 google，也只能搜索到 30% 的网站。因此平时在使用网络的过程中如果碰到好的网站，及时保存是最明智的做法。

加拿大百科全书 www.thecanadianencyclopedia.com

你的网上字典 www.yourdictionary.com

在线语义词典 www.onelook.com

英语在线字典 www.allwords.com

吕氏网上字典 www.lexiconer.com

哥伦比亚百科全书 www.bartleby.com/

字典网 www.zhongwen.com/zi.htm

英汉在线词典 www.tigernt.com/dict.shtml

缩略语检索 www.acronymfinder.com

传记中心 www.Biography-center.com

中国历代纪年表、年号索引表 www.guoxue.com/tools/tool.htm

中国国家图书馆数字方志 http：//mylib.nlc.gov.cn/web/guest/shuzifangzhi

另外，在使用网络搜索引擎的过程中，多种搜索引擎交叉使用，会增加命中率。中科院《基于客户体验的搜索引擎相关性改进报告》中，报告主持人吕本富通过对百度、谷歌和雅虎中国三家搜索引擎在用户体验方面的调研发现三家搜索引擎的结果重合率很低，但没有一家搜索引擎能够满足用户的完整搜索需求。三家搜索重合率只有 7%。[1] 这就告诉我们，需要使用多种搜索引擎多重搜索，以提高检索效率。

二、整合类网络工具书

中国知网的《中国工具书网络出版总库》是整合类网络工具书的典型代表。下图是其主页。

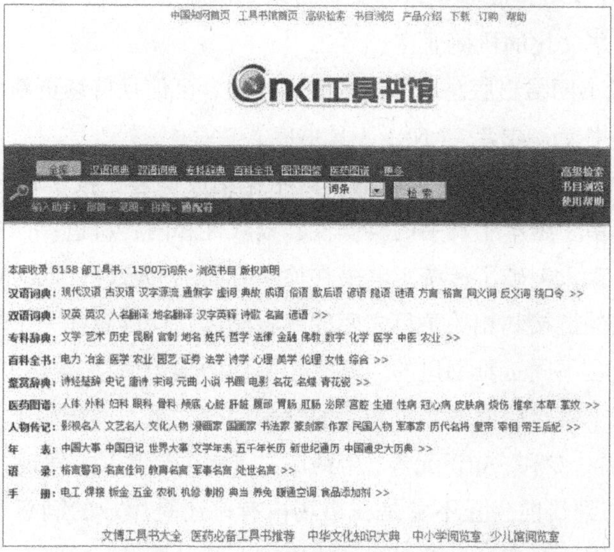

《中国工具书网络出版总库》是中国知网庞大数字图书馆的一部分。世界银行于 1998 年提出国家知识基础设施（National Knowledge Infrastructure，NKI）的概念。1999 年中国知识基础设施工程（China NKI，CNKI，汉语简称中国知网）由清华大学、清华同方发起成立。是以实现全社会知识资源传播共享与增值利用为目标的信息化建设项目。在国家教育部、中宣部、科技部、新闻出版总署、国家版权局、国家计委的大力支持下，在全国学术界、教育界、出版界、图书情报界等社会各界的密切配合和清华大学的直接领导下，CNKI 工程集团经过多年努力，采用自主开发并具有国际领先水平的数字图书馆技术，建成了世界上全文信息量规模最大的"CNKI 数字图书馆"，并正式启动建设《中国知识资源总库》及 CNKI 网格资源共享平台，通过产业化运作，为全社会知识资源高效共享提供最丰富的知识信息资源和最有效的知识传播与数字化学习平台。[2]

[1] Baidu Google Yahoo 三大搜索引擎仍不能满足用户需求 .http：//Blog.sina.com.cn/s/Blog_4a08f87b010005ab.html。

[2] http：//cnki.net/gycnki/gycnki.htm。

CNKI以数据库的形式集成出版了6 158部工具书，1 500万词条，80万张图片，类型包括汉语词典、英汉－汉英词典、专科辞典、百科全书、医学图谱、图鉴年表等，多角度、全方位地为用户释疑解惑。收录的工具书均为专业出版社出版或该领域的权威专家撰写，是全球唯一的、高度集成的工具书条目检索系统。内容每月更新。[1]

从2006年3月立项至今，《中国工具书网络出版总库》的用户已遍布全球，日均检索量达70万次，成为全球华人释疑解惑的重要工具，也是海外学者研究中国问题、了解中华文化的快捷通道。

《中国工具书网络出版总库》是精准、权威、可信且持续更新的百科知识库，简称《知网工具书库》或者《CNKI工具书库》。

《知网工具书库》是传统工具书的数字化集成整合，按学科分10大专辑168个专题，不但保留了纸本工具书的科学性、权威性和内容特色；而且配置了强大的全文检索系统，大大突破了传统工具书在检索方面的局限性；同时通过超文本技术建立了知识之间的链接和相关条目之间的跳转阅读，使读者在一个平台上能够非常方便的获取分散在不同工具书里的、具有相关性的知识信息。《中国工具书网络出版总库》还在每个条目后面链接了相关的学术期刊文献、博士硕士学位论文、会议论文、报纸、年鉴、专利、知识元等，帮助用户了解最新进展，发现新知，开阔视野。

知网工具书到目前为止不管是在市场占有率还是用户的满意度方面都取得了成功。主要的原因，和市场上类似产品的比较上可以看出：

（1）知网工具书亦是对印刷版图书进行数字化处理，但知网工具书充分利用中国知网在检索技术上的实力，对工具书内容进行了深度标引、分类和编辑，开发出了一套高度集成，方便快捷的工具书检索系统。工具书的检索系统将几千种工具书集成工具书数据库，让用户在简洁的网页通过索引方式或多种检索办法精确找到数据库中相关词条信息，检索结果还可以选择排序方式，这样的功能让用户感觉到知网工具书在检索项上继承了传统工具书优点，同时通过数字化对传统工具书进行数据库加工，形成了真正的数字化出版。

（2）可信度高。使用知网工具书检索到的内容都有明确的来源和出处，为用户的学习和研究提供可靠的依据。

（3）知网工具书不局限于单一品种，它将在线工具书扩充到一个广义的概念，语言词典、专科辞典、百科辞典、百科全书、医学图谱、图录（鉴）、年表、手册等等都是知网工具书收录的范围。内容更是涉及中国的政治、经济、文化、科学、

[1] http：//210.28.182.163/refbook/AboutUs.aspx。

哲学、宗教、文学、艺术、历史、地理、军事、外交、人物传记、中医药、自然科学等各领域，查询种类得到了前所未有的扩展，极大的扩充了知识搜索的范围。

（4）知网工具书的学习功能主要体现在两个方面：①检索，当用户在学习过程中遇到问题使用知网工具书时，检索到的信息是多本工具书从不同角度对这个词目的释义。②链接功能，通过超链接技术，可以将工具书的知识点与中国知网的各个文献数据库进行链接。如果用户遇到疑问需要进一步学习，点击链接，就能翻阅期刊论文等信息资料。同样，CNKI 数据库与知网工具书的链接，让用户在阅读知网文献资料时可以在浏览器上对词目进行检索。从一个知识点切入，对知识内容进行各个层次的深挖，这一功能不仅增强了 CNKI 知识总库的应用效率，权威性的知识内容也极大地扩充。如下图就是查询“民族学”的结果显示页面。从中可以看出，共检索到 4 607 项记录，并且将检索词出现的工具书按学科进行了分类、统计。

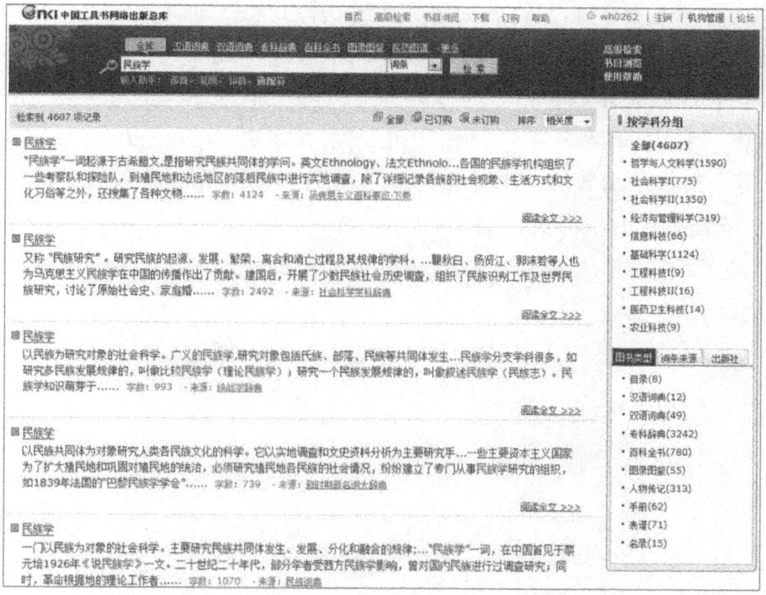

三、Wiki 类网络工具书和网络咨询类问答平台

维基百科、百度百科、维基词典和网络咨询类问答平台等由于是广大网络用户撰写的内容，在知识性、内容的真实性等方面存在一定缺陷，因此，当需要在这类工具书中学习、引用等行为时，要注意甄别。

参考文献

[1] 艾华．网络版年鉴的图片检索浅析 [J]. 新世纪图书馆 ,2012(11):21–23.
[2] 冯向春．传统工具书与网络工具书的比较研究 [J]. 图书馆学刊 ,2007(1):115–117.
[3] 冯向春．网络工具书资源的评价与利用 [J]. 现代情报 ,2006(6):82–84,87.
[4] 李锦兰．免费中文网络工具书的现状与发展趋势 [J]. 农业图书情报学刊，2006(11):12–15.
[5] 李苗．学术期刊类网络工具书出版的现状与前景——以“中国知网”为例分析 [J]. 广西大学学报：哲学社会科学版 ,2008(0):269–270.
[6] 李志．从传统工具书到网络检索工具的使用——谈图书馆参考咨询工作 [J]. 大学图书情报学刊 ,2004(4):69–70.
[7] 林玉山．工具书学概论 [M]. 广东教育出版社 ,2004:165–185
[8] 刘奇惕．《汉语大词典》(网络版 V.2) 的特色 [J]. 辞书研究 ,2006(4):121–124.
[9] 刘奇惕．汉语网络工具书的现状与前景 [J]. 辞书研究 ,2005(4):116–124.
[10] 毛娴静．电子网络工具书框架系统初探——从《中国知网》“工具书集锦在线”突破 [D]. 安徽大学 ,2008.
[11] 齐晓晨．网络工具书的现状和利用 [J]. 图书馆学研究 ,2005(2):34–39,51.
[12] 钱承军．论纸质工具书、电子版工具书和网络版工具书的缘起、现状及发展趋势 [J]. 贵图学刊 ,2006(2):35–37.
[13] 郑文婷，文震宇．从维基百科看工具书的变迁与发展 [J]. 内蒙古科技与经济，2009(10):134–136.

第七章　个人文献管理

我们的硬盘已经从G级到了T级[1]，容量的跃升说明我们的电子文献数量也在跃升。随着文献数量的增加，我们的大脑已经不能清晰记忆这些文献了，于是借助操作系统（OS）提供的功能，通过建立文件夹等方式进行层级管理。这样的方式在文献数量很多，且大脑又记不清文献在哪个文件夹的时候，虽然可通过搜索查找，可毕竟OS的“搜索”是基于文献的外部特征的查找的，比如文件名，记不清文件名就没办法查找了。

同时阅读这些文献也是一个麻烦，阅读之后的笔记等无法管理。

还有，在论文写作过程中，参考文献的标注和管理也是考验我们耐心的苦力活。

一些和文献管理有关的“体力活”需要找一个“秘书”来完成。有一些计算机软件能帮忙。

本章就文献管理以及文献管理软件做一些分析和使用介绍。

第一节　个人文献管理概述

一、概　　念

个人文献管理（Personal Document Management，PDM）是个人信息管理（Personal Information Management，PIM）的种概念。

“个人信息管理”由Landsdale在20世纪80年代提出。但个人信息管理的思想可溯源至1945年。美国著名科学家范内瓦·布什（Vannevar Bush）发表了题为“As We May Think”[2]的文章。该文章提出了名为Memex的信息机器的构想。该机器可

[1] 理论上，1T=1024G=1024×1024Mbyte.

[2] 1945年7月发表在大西洋月刊（The Atlantic Monthly）第176期第1卷。已被信息界公认为是信息科学经典之作。

将个人的书籍、档案、通讯录等信息以胶片的形式进行存储，并通过胶片之间的切换实现主题阅读。此后，MyLifeBits 实验计划证明了 Mermex“达到存储个人一生中所有信息”的构想是可行的。Memex 的全称为“memory extension”，意为“扩展人的记忆能力”，虽仅是以缩微胶片为基础的机械设备，但其设想却被超文本协议、万维网、数字图书馆、个人信息管理等诸多领域视为开山鼻祖。[1]

关于个人信息概念的定义到目前没有形成一致意见。但是相对而言，William Jones 和 Harry Bruce 的定义比较宽泛。他们认为个人信息包含三层含义：①个人保存并为自己所用的信息；②与一个人有关但被其他实体控制的信息，例如医疗机构和医生掌握的我们的健康信息；③一个人经历过的但不为自己所控制的信息，例如我们在图书馆阅读的某一本书，访问过的网页等。[2]

也因此，关于个人信息的范围就有了广义和狭义之分。广义的个人信息包括存储在个人计算机上的信息，个人所拥有的文献资料、网页、通讯录、账号密码、ID 信息、日程安排、病例信息、财务信息等。狭义的个人信息是存储在电子计算机上的 PDF、Word、PPT、Excel、视频、音频、图片等载体的文件。

个人信息管理即是利用管理科学的理论或方法对这些文献进行管理的学问。

个人文献管理，即是对个人信息中存储在个人电脑中的各式文件（电子文献）进行管理。

二、简　　史

人类很早就有个人文献管理的行为，比如西汉时期刘向、刘歆父子整理文献并完成了我国第一部书目《七略》就是具体的手工个人文献管理的范例。

20 世纪 40 年代计算机的发明，为自动化个人文献管理提供了可能。1988 年 Niles 软件公司率先开发出了基于苹果电脑 Macintosh 的参考文献邮件定制服务软件，此为个人文献目录管理工具的雏形。1991 年推出了商用的基于苹果个人电脑的桌面文献管理软件 EndNote，1999 年 4 月被美国科学信息研究所（Institute for Scientifie Information，ISI）收购并成立新公司 ResearchSoft。[3]2001 年 6 月 11 日发布了 EndNote5.0，之后至今每年更新，目前最新版是 2012 年 8 月发布的 EndNote

[1] 陈定权，步青云，郭婵．个人信息管理研究进展 [M]// 曹树金，资讯管理研究进展．中山大学出版社，2010：137.

[2] William Jones, Harry Bruce. Report on the NSFPIM Workshop, January27–29,2005,Seattle.http：//pim.ischool.washington.edu/pim05home.htm。

[3] http：//www.refman.com/pr–rsoft.asp。

X6[1]。美国在个人文献管理的理论和应用方面不仅问题意识强，而且能几十年间坚持把文献管理软件进行不断的更新，以更加智能化的姿态在业界傲视群雄。

相比，国内个人信息管理的研究和应用要晚得多。不出意外，计算机科学领域仍旧是先介绍外国产品，然后自己模仿，最后自己制造。在 CNKI 中，我们能检索到的最早提及“个人信息管理”信息是 1991 年。[2] 文中对超文本（Hypertext）的信息管理技术做了介绍和分析。随后便携式 PC 便是将个人信息管理变成移动的个人信息管理。一种可以放在男式衬衣口袋里的个人电脑研制成功，并将个人信息管理等应用软件固化在 ROM 中，方便用户移动信息管理。[3]Lotus 的 Organizer 进行的个人信息管理包括笔记本、备忘录、日记、通讯录及纪念日等，是按照一般的万用手册来设计的。[4]1995 年，根据在 CNKI 的检索，有了国内第一篇介绍个人文献管理的文章，介绍了 Reference Manager。[5] 这是汤森路透（Thomson Reuters）[6] 公司的系列产品之一，其他还有 EndNote、ProCite、Reference Web Poster 等。汤森路透是世界一流的企业及专业情报信息提供商。将行业专门知识与创新技术相结合，在全世界最可靠的新闻机构支持下，向金融、法律、税务与会计、科技、医疗保健和媒体市场的领先决策者提供关键信息。包括为研究学者、科学家和信息专家提供信息和决策服务工具。

进入新千年，个人文献管理的研讨渐显。NoteExpress、Notefirst、医学文献王和新科学等一批国产工具软件的出世给个人文献管理者带来了福音。通过对业界对这些国产软件的评价，大多认为国产软件在这个领域是迎头赶上。

第二节　个人文献管理软件介绍

一、软件简介

个人文献管理中最主要的管理实践——参考文献管理，又称书目管理，[7] 它是

[1] http：//endnote.com/。

[2] 薛家政 .Hypertext 系统的发展 [J]. 小型微型计算机系统 ,1991（04）：23-28,32.

[3] 我国微型个人电脑研制成功 [J]. 现代图书情报技术 ,1994（04）：28.

[4] 李继云 . 个人信息管理新选择 Lotus Organizer2.0[J]. 电脑技术 ,1995（05）：9.

[5] 李洋 . 参考文献管理软件（REFERENCE MANAGER）[J]. 北京医科大学学报 ,1995（02）：160.

[6] 汤森路透 .http：//baike.baidu.com/view/2775366.htm。

[7] 陈定权 , 刘颉颃 . 参考文献管理软件评析与展望——以 EndNote、NoteExpress 为例 [J]. 现代图书情报技术 ,2009（0）：85-89.

一种具有文献检索与整理、引文标注、按格式要求生成参考文献列表等强大功能的软件，可嵌入文字处理软件中使用，还可以直接通过在线数据库下载文献题录并对其进行统计分析。[1]

参考文献管理或曰书目管理只是个人文献管理的初步，现在的个人文献管理已经具有了搜索引擎的部分功能，比如可以在软件界面就搜索多个数据库，而无需逐一打开数据库网站；还可以是一个文献共享与协作工具等。

二、主要功能

以 EndNote 为例，个人文献管理软件的主要功能包括：

（1）自动生成参考文献。

（2）随时调整参考文献的格式。

（3）方便自己查找文献。

（4）参考文献库一经建立，以后在不同文章中作引用时，既不需重新录入参考文献，也不需仔细地人工调整参考文献的格式。而且参考文献很多情况下可以直接从网上下载导入至库中，很方便，可谓一劳永逸。

（5）与 Word 的真正协同功能。安装了 EndNote 后，自动在 Word 中建立了一个新的工具栏，我们在写作时最常用的几项功能都只需简单点击这个工具栏即可。

（6）在线搜索文献：直接从网络搜索相关文献并导入到 EndNote 的文献库内。

三、软件介绍

1. EndNote[2]

目前使用面最广，认可度最高的文献管理软件——汤森路透公司的 EndNote，每年更新一版，每次都有一些功能上的改进。目前最新版本是 X6。同属该公司的还有 Reference Manager 和 Procite 两款知名的文献管理软件。

2. NoteExpress[3]

北京爱琴海公司开发的 NoteExpress，是国产软件中的精品。有很多功能优于老牌的 EndNote。适合国人习惯，很容易上手。最新版本：2.2.0.674。

[1] 邹小筑，李宏芳．参考文献管理软件的比较分析 [J]. 情报杂志，2010（0）：162–164.

[2] http：//endnote.com/en/collect。

[3] http：//www.reflib.org/CompanyWeb/。

3. 医学文献王[1]

北京金叶天翔科技有限公司开发的《医学文献王》，是面向医生、医学研究生、医学科研工作者的个人信息管理工具。最新的《医学文献王》版本是3.0。它能为用户保存和管理整个职业生涯的文献资料，在用户检索文献、管理文献、获取全文、写作论文的整个流程中都提供体贴的帮助。

4. CNKI E-Learning[2]

E-Learning是同方知网发布的数字化学习与研究平台。最新版是2.1.3。

E-Learning通过科学、高效地研读和管理文献，以文献为出发点，理清知识脉络，探索未知领域，管理学习过程，实现探究式学习和终生学习。概括说，E-Learning具有以下功能：

（1）一站式阅读和管理平台：支持目前全球主要学术成果文件格式，包括：CAJ、KDH、NH、PDF、TEB以及Word、PPT、Excel、TXT等格式将自动转化为PDF文件进行管理和阅读。

（2）文献检索和下载：支持CNKI学术总库检索、CNKIScholar检索等，将检索到的文献信息直接导入到学习单元中；根据用户设置的账号信息，自动下载全文，不需要登陆相应的数据库系统。

（3）深入研读：支持对学习过程中的划词检索和标注，包括检索工具书、检索文献、词组翻译、检索定义、GoogleScholar检索等；支持将两篇文献在同一个窗口内进行对比研读。

（4）记录数字笔记实现知识管理：支持在文献内记录知识点、注释、问题、读后感四种类型笔记，摘录文献中的有用信息，记录读者的想法、问题和评论等。

（5）写作和排版：基于Word的通用写作功能，提供了面向学术等论文写作工具，包括：插入引文、编辑引文、编辑著录格式及布局格式等；提供了数千种期刊模板和参考文献样式编辑。

（6）在线投稿：撰写排版后的论文，作者可以直接选刊投稿，即可进入期刊的作者投稿系统。

5. RefWorks[3]

RefWorks成立于2001年，由一批专家组成致力于在书目数据库管理领域为教

[1] http：//www.medscape.com.cn/video/wxw/index.html。

[2] http：//www.cnki.net/elearning/index.htm。

[3] http：//www.refworks.com/tw/。

师、研究人员、学生和图书管理员，在加强和充实知识的过程中，发现和研究的工具。RefWorks 支持数百个在线数据库和输出样式，覆盖广泛的学科领域。包括 ProQuest、BioOne、EBSCO、爱思唯尔、HighWire、HW 威尔逊、ISI、OCLC、Ovid 等。

6. JabRef[1]

JabRef 是一个免费的跨平台图形应用文献管理程序，用于管理文献数据库。JabRef 是专门为 BibTeX 开发，但许多其他的书目格式可以导入和导出。所以它最适合 LaTeX 用户使用。能在 Windows、Linux 和 Mac OS X 等平台上运行，但需要 Java 1.6 或更高版本支持。

7. NoteFirst[2]

西安知先信息技术有限公司开发 Notefirst 对于科研人员个人是知识管理系统；对于团队和机构是团队科研协作系统。

NoteFirst 在分析国内外文献管理、知识管理、协同工作、科学社区等软件功能的基础上，结合中国科研人员的文化特点、使用习惯，实现了团队科研协作和个人知识管理的统一，为科研人员提供文献、笔记、知识卡片、实验记录等资源的便捷管理，文献订阅，参考文献自动形成，电子书自动形成等功能；在此基础上，科研人员把个人资源一键分享给团队，实现团队资源的积累，达到科研协作的目的。

NoteFirst 是在参考文献管理软件的基础上，增加了 RSS 阅读器、知识管理、团队协作功能。

参考文献管理软件的核心功能是在论文写作时自动形成参考文献；RSS 阅读器可以订阅自己关注的期刊的最新文章、专家的最新成果和 Blog，知识卡片功能可把看到任何有价值内容保存为知识卡片，团队协作功能方便成员把个人文献分享在团队，实现团队任务管理各机构知识库建设。

最新版是 2.0。

8. 新 科 学[3]

“新科学”是一个在线管理文献、兼容 EndNote 的 Web 软件。能在线进行文献求助、获取文献，建立个人学术主页、进行个人学术成果展示，以文会友，跟踪学术前沿，免费下载学术资源等功能。

---

[1] http：//sourceforge.net/projects/jabref/。

[2] http：//www.notefirst.com/。

[3] http：//www.xinkexue.com/portal.php。

国外还有很多关于个人文献管理的软件，比如 Quosa[1]、Bibus[2]、Mendeley[3]、Zotero[4] 等，国产的有 Refnavigator[5]、友益文书 [6] 等。由于市场的强大作用，其中的许多产品已经被淘汰。

第三节 个人文献管理软件应用

本节选择部分适合民族学学者、研究者、工作者等人群使用的个人文献管理软件进行简单的介绍。需要说明的是，这些软件的使用方法，不管是在它的官网，还是网友、专门研究人员上传到网上的很多很专业的文献，都是指导用户进一步学习的帮手。在网络时代，获取这些文献轻而易举，因此本书在介绍、说明基本的使用方法之后，列出这些对用户进一步学习有帮助的文献供参考。

一、浏览器插件类

Zotero 是一款依附于浏览器的文献管理软件。Zotero 由安德鲁 · W · 梅隆基金会（Andrew W. Mellon Foundation）、斯隆基金会以及美国博物馆和图书馆服务协会资助，乔治 · 梅森大学的历史与新媒体中心（Center for History and New Media）为科研人员在网络环境下进行学术研究而开发。Zotero 是开源文献管理工具，具有方便收集、组织、引用和共享文献的功能。

Zotero 是免费下载免费使用的 Firefox 的一个插件，当然现在又增加了几个浏览器，Chrome 和 Safari。下图是 Zotero 主页 [7] 的下载（Download Now）按钮。

[1] http：//www.quosa.com/。

[2] http：//sourceforge.net/projects/bibus-biblio/。

[3] http：//www.mendeley.com/。

[4] http：//www.zotero.org/。

[5] http：//hi.baidu.com/ccm6ede/item/ac7ca8eab60fc1255a2d6492。

[6] http：//www.yyebook.com/。

[7] http：//www.zotero.org/。

在下图中，用户需根据自己浏览器的情况选择下载版本。下例是选择左侧 Zotero for Firefox 的 Zotero 3.0 for Firefox。

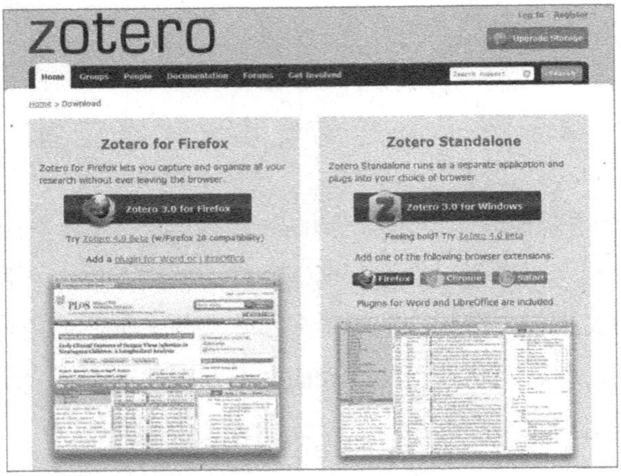

下图是安装成功后使用的界面。图中右下角（也就是屏幕右下角）的"zotero"图标是开关。下图是 zotero 工作的状态。工作状态的 zotero 界面分成三块，左边是宏观区，中间是文献区，右边是细节区。在文献区的上方有一系列的图标。最左边的图标是"操作"，往右依次是新建条目、从当前页新建条目、通过标识符新建条目、新建笔记、添加附件和高级搜索按钮。左侧宏观区上方有 2 个按钮，一是新建分类，另一个是新建群组。

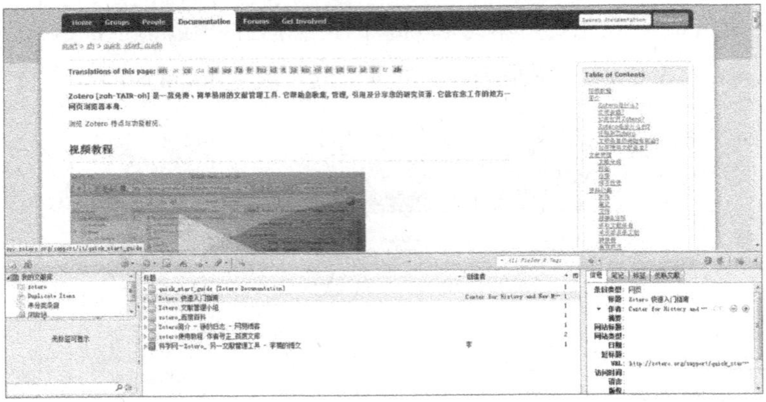

新建群组功能需要先到 Zotero 网站申请一个用户名，因为 Zotero 会给用户提供服务器免费储存文件，有了用户账号，用户才能获得移动功能，让多台电脑上的 Zotero 同步。在获取账号后，点击细节区的"与 Zotero 服务器同步"按钮，出现如左下图。

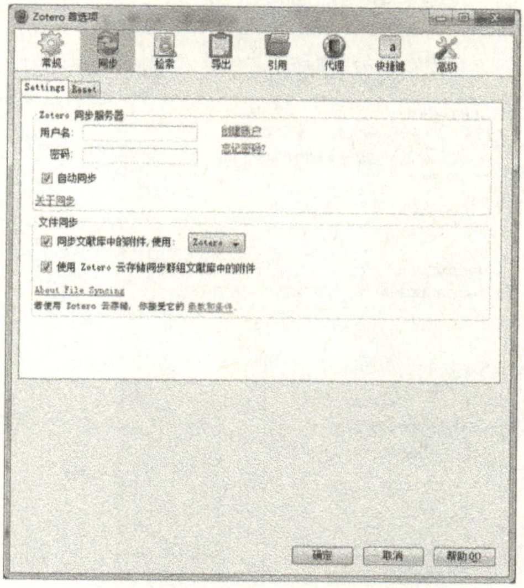

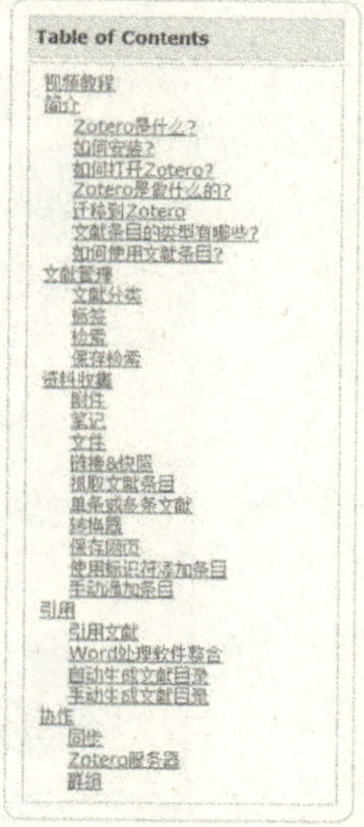

填入用户名和密码，选择自动同步，然后“确定”就可以使用了。可以多台电脑同步，也可以在不同地点使用用户的文件。相当于有了一个网络备份。

关于Zotero的使用，Zotero的官网[1]上有详细的使用指南。如右上图是指南目录。

网上还有文件名是“Zotero_MiniGuide_文献管理工具 Zotero 使用微型指南”[2]的 PDF 文件，作者写于美国。文件用很诙谐易懂的语言说明了 Zotero 的使用技巧。

还有名为“倾翔源”[3]的博客里面有关于 Zotero 使用的一系列文章，也是学习 Zotero 的好帮手。

二、专业软件类

个人文献管理专业软件有单机版和 Web 版之分。下面几款软件中，EndNote 既有单机版，也有 Web 版。

（一）EndNote

EndNote 是 Thomson Reuters 公司推出的最受用户欢迎的一款产品，是文献管理软件中的佼佼者。EndNote 是用户科研工作中灵活的无缝搜索工具、组织与分享用户的研究、写作论文时建立参考文献。建立和管理用户的资料库和参考文献以节约用户时间。EndNote 以独特的能力发现原文并更新记录，让用户花费最少的时间

[1] http：//www.zotero.org/support/zh/quick_start_guide。

[2] http：//wenku.baidu.com/view/9fd61c96dd88d0d233d46a3a.html。

[3] http：//renxuxing.Blog.163.com/。

在琐事上。下图是 EndNote 安装好后，运行的第一个界面。

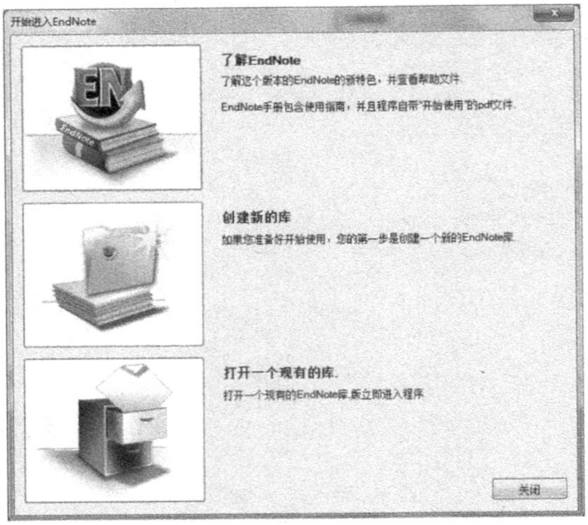

在以上窗口中选择要“打开一个现有的库”，也可以“创建新的库”文件。点击“关闭”不打开任何文件。在上图中点击“创建新的库”，输入保存地址和库名之后就会打开如下的界面：

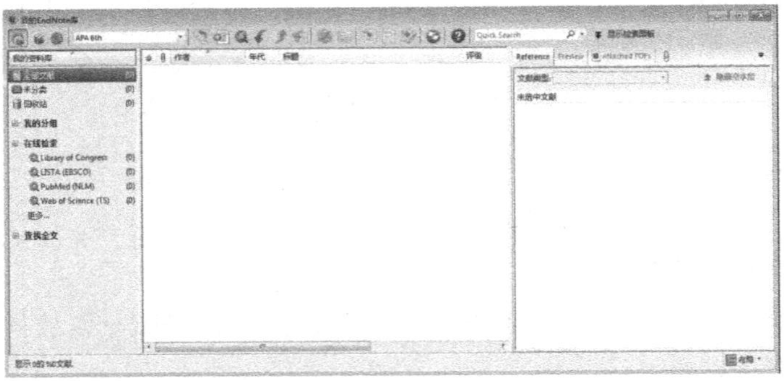

这是“创建新的库”的默认模版。如往库中添加数据，有四种方式。

1. 手工添加

在下图中，点击菜单栏的“文献”“新建”或直接用键盘快捷键 Ctrl+N，然后依据提示输入相应信息即可。当然在输入之前，先得选择相应的文献类型。文献类型分很多种，包括期刊论文、电子书、地图、在线数据库、报告、标准、网页等。不同的文献类型的项目不一样。

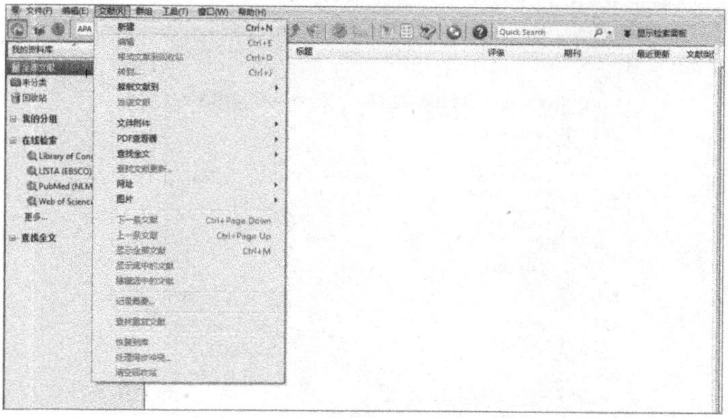

显然手工添加非常麻烦，只适合少量文献的操作。

2. 联网下载

点击菜单的“编辑”以及“链接文件”出现下图的画面。

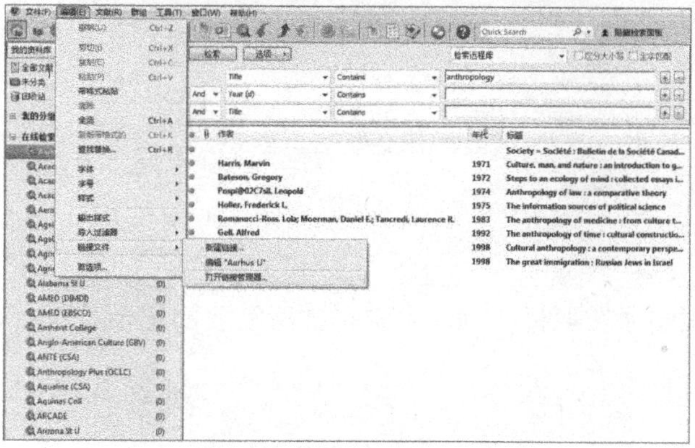

点击“打开链接管理器 ...”出现下图的画面。勾选适合自己的数据库后关闭。

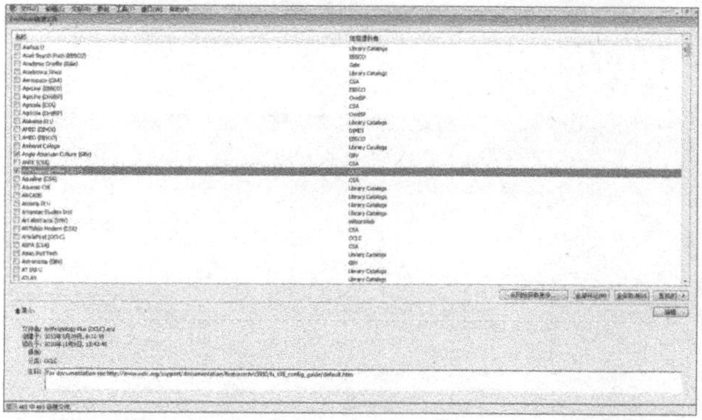

选择的数据库就会出现在“工具”“在线检索 ...”中，如下图。选择一个当

前需检索的数据库即关闭。

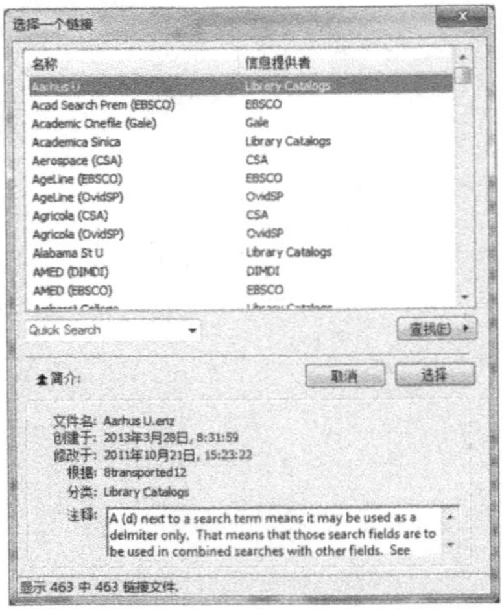

下图是检索框。在相应栏目中输入检索词，单击“检索”按钮即可进行检索。

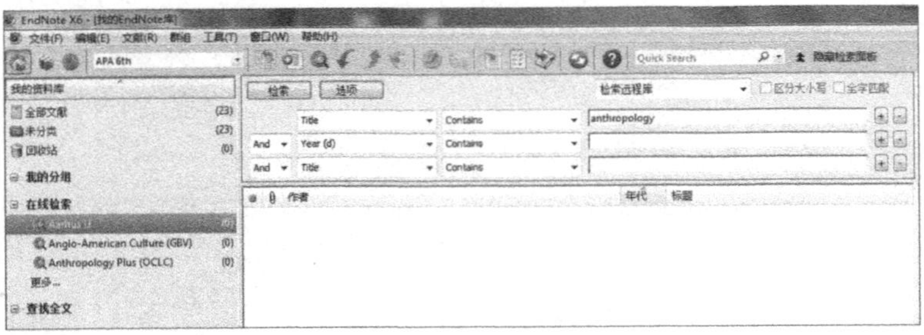

下图是检索结果获取记录框。可选择你所需要的记录数单击“确定”即可显示记录。

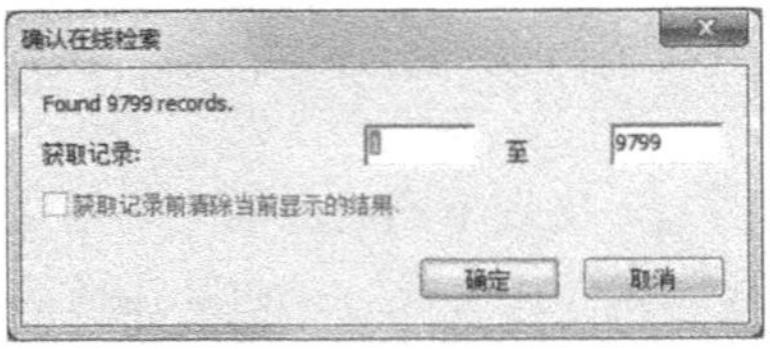

下图是显示结果。

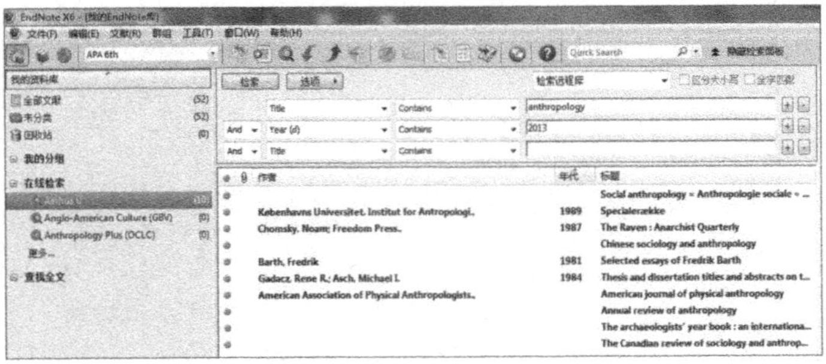

3. 网上数据库输出

首先打开某数据库网页并检索，以前面介绍的 http：//www.jstor.org 为例。如下图是检索结果。

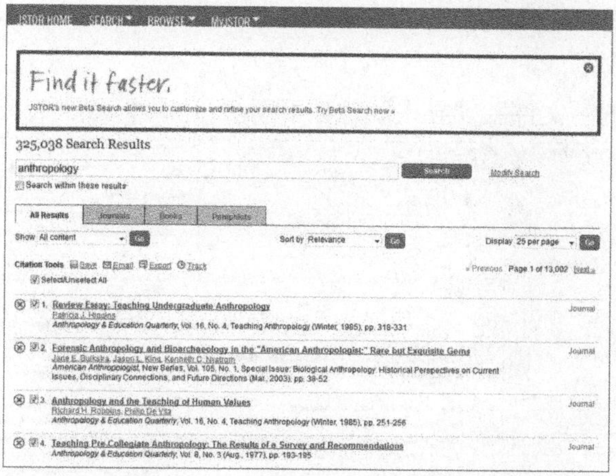

点选所需要的文献，然后点击“Export”得到如下图。

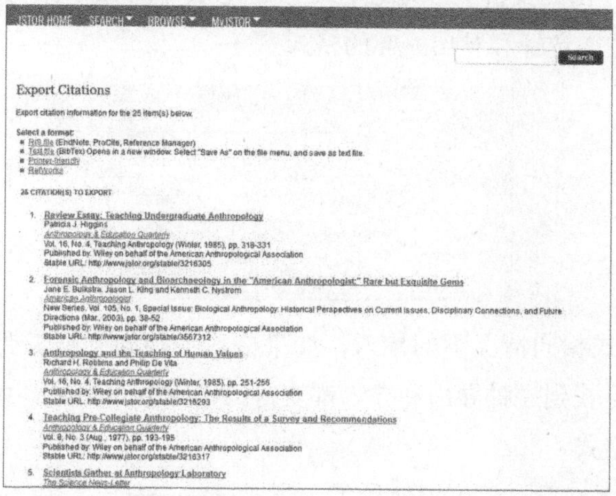

点击“RIS file（EndNote, ProCite, Reference Manager）”，跳出如左下图窗口，点确定即将记录导入 Zotero。

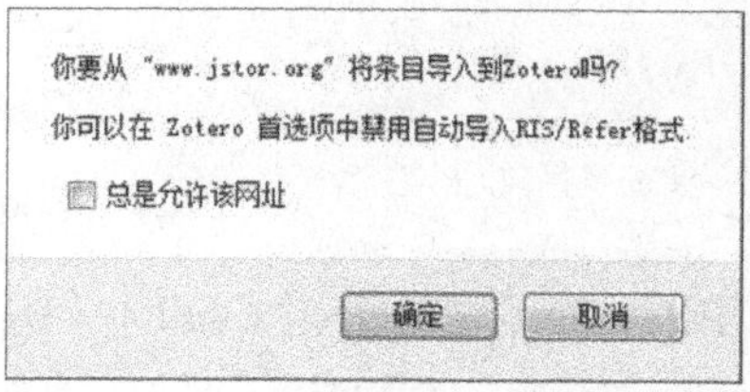

关闭 Zotero，再次点击“RIS file（EndNote, ProCite, Reference Manager）”，跳

出如右上图窗口，点击“立即下载”得到本地数据库文件。

如果要把这个本地数据库文件导入 EndNote，就需要用到第四种建立数据库的方法。

4. 格式转换

选择菜单栏的“文件”“导入”，如下图。

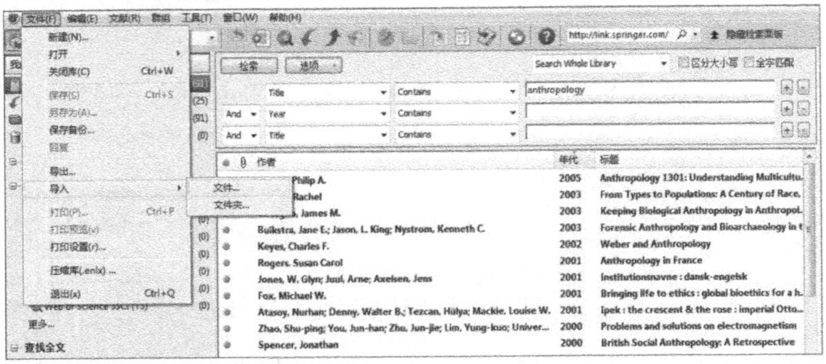

选择上一步导出的文件名和地址，即可将记录导入 EndNote。需要注意的是，在“导入选项”中需选择和导出一样的格式。

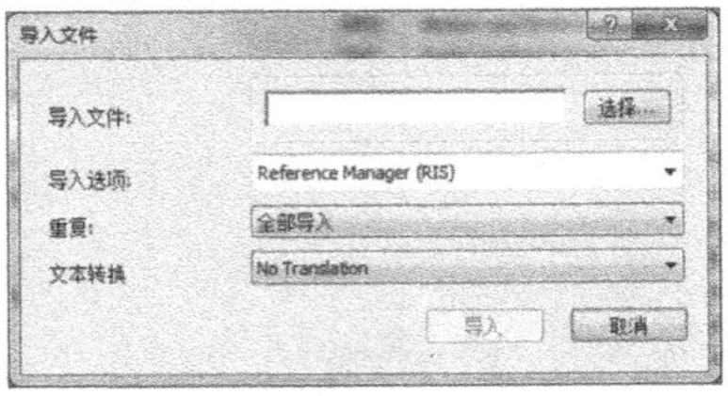

当然这是格式相同情况下的导入，如果格式不相同，则需要用到格式转换。格式转换的原则是找到一种导出和导入都支持的中间格式即可，大部分情况下这个中间格式是文本格式。

当数据库建立好后，就可以使用了。当 EndNote 安装之后，在 Word 中有一个插件菜单。如下图。

通过使用 EndNote 的“Insert Citation”中的“Insert Selected Citation（s）”即可插入文中引用。插入的前提是在 EndNote 中选定需插入的文献。

在参考文献数量不多的情况下，EndNote 的优势似乎并不明显。

更多关于EndNote的使用方法，可参考下面的网址：http：//endnote.com/if/online-user-manual，里面有详细的使用介绍。

另外，中国科学技术大学的罗昭锋博士等老师在校内外广泛推广EndNote等文献管理软件。网上有他们的公开课录像以及《文献管理与文献信息分析——EndNote，RefViz，Quosa入门指南》可供EndNote的使用者入门和进阶学习。在书中，作者提供了电子版的下载地址：http：//biotech.ustc.edu.cn/upimg/endnote/infomanual.pdf。

（二）NoteExpress

NoteExpress是国产个人文献管理软件的佼佼者。由北京爱琴海软件中心自主研发。拥有完全知识产权的文献检索、管理与应用系统，全面支持简体中文、繁体中文和英文。NoteExpress清爽的界面、更易用的功能、更快的速度、更高的灵活性，汇聚了各种全新特性，令不同研究领域的用户爱不释手。

1. NoteExpress重要功能[1]

（1）支持多种文字处理软件：NoteExpress的写作插件支持MS Office Word 2003/2007/2010、OpenOffice.org Wirter和WPS；

（2）文件导入：可以将各种类型的文件，比如PDF、DOCX、CAJ、KDH……导入NoteExpress中进行管理；

（3）自动备份：NoteExpress可以在启动或关闭时自动备份打开的数据库，全面提升数据的安全性；

（4）多级文件夹：可以在NoteExpress中建立多层及的文件夹来分门别类地管理用户的数据；

（5）研究笔记：在阅读文献的同时可以在NoteExpress中记录文字、图片、表格、公式等多种类型的笔记；

（6）标记系统：NoteExpress提供了多种标记如星标、彩旗，用户可以根据喜好对文献进行个性化标记；

（7）标签云：可以给文献打上多个标签来进行分类，并可以通过标签组合对不同的文献进行快速定位；

（8）全文下载：可以通过NoteExpress进行常用数据库的全文下载。

NoteExpress、EndNote和Zotero功能对比列表：

[1] http：//www.reflib.org/CompanyWeb/product.do。

功能	NoteExpress	Endnote	Zotero
内置在线检索	√	√	
全文下载	√	√	
文件导入	√		
浏览信息缓存	V		√
查找重复项	√	√	
多层级文件夹	√	√	√
优先级标注	√		
标签云	√		√
附件	√	√	√
批量添加附件	√		
附件管理器	√		
多重排序	√	√	
多用户数据库管理	√	√	
批量编辑	√		
用户数据库分析	√		
支持 BibTeX	√	√	√
期刊管理器	√		
富文本笔记	√	V	√
笔记支持图表、公式	√		
自定义输出样式	√	√	
用户数据库备份	√		√
用户数据库分享		√	√
支持 MSOfficeWord	√	√	√
支持 OpenOffice.orgWriter	√	√	√
支持 WPS	√		
手稿模板	√	√	
图表和公式管理		√	
脚注和尾注参考文献	√	V	
插入注释	√		
主题风格	√		
多语言参考文献模板	√		
支持 COM 接口服务	√		
浏览器数据抓取	√		√

说明：√完全支持；V 部分支持

2. NoteExpress 软件的使用

NoteExpress 的使用在 http://www.reflib.org/Wiki/index.php/ 首页上有比较详细的介绍。下面择其主要加以介绍。

(1)安装: 下载之后,会出现一个文件名是 NoteExpress_2.8.1.2024_zh 的文件(后面的数字可能由于升级不一样会有些微差别)。双击，然后进行安装。如下图。

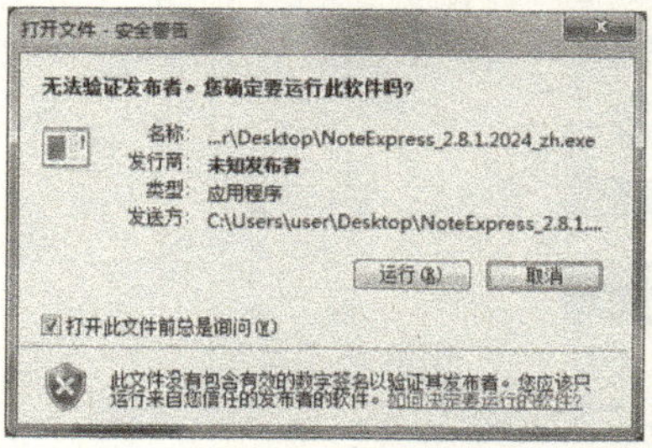

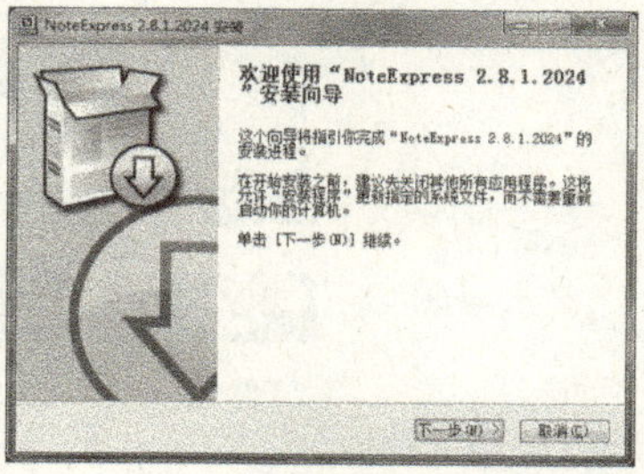

单击“运行”出现如右上图的界面。单击“下一步”继续，出现下图。

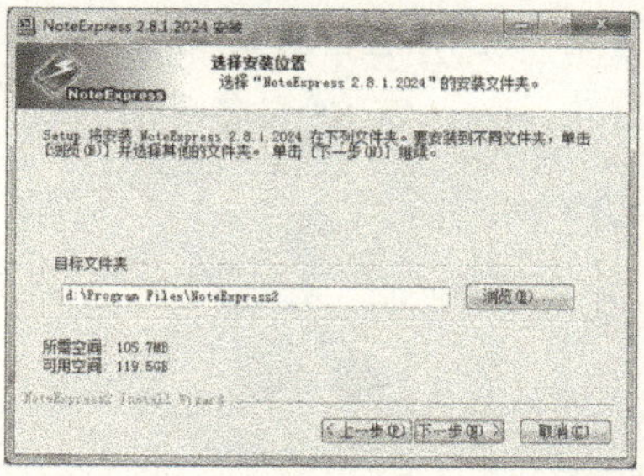

选择“目标文件夹”后点击“下一步”继续。一般将应用软件安装在 D 盘较合适。后面的步骤只需要一直点击“下一步”即可安装完成。双击桌面的快捷方式“NoteExpress2”，即可进入如下图的软件运行画面。

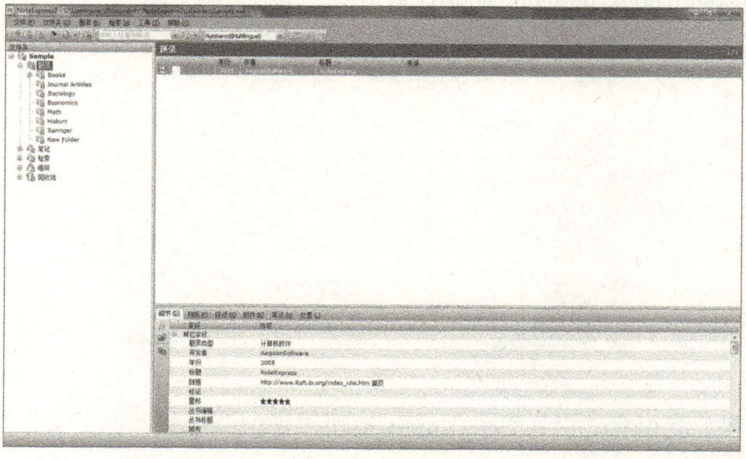

（2）学习途径：软件的使用详情有两种途径可以进一步学习的参考：请下载并参考 NoteExpress 官网的“入门教程”和“2.0 版用户指南”（属免费下载免费使用），下载网址是 http：//www.reflib.org/CompanyWeb/download.do，如下图。

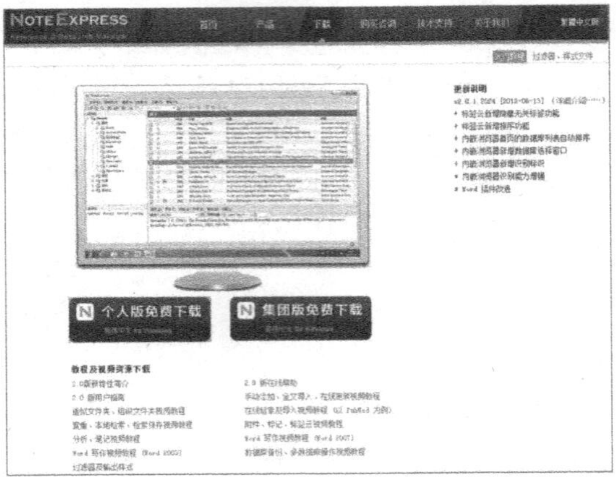

下图是 NoteExpress 的用户指南电子版的封面。内用图文并茂的形式讲解了 NoteExpress 的使用。是 NoteExpress 入门的必备手册。

NoteExpress 官方在 Wiki 建立了“NoteExpress2.0 版本帮助的 Wiki 页面”（网址：http：//www.reflib.org/Wiki/index.php/ 首页）可以参考。如下图。

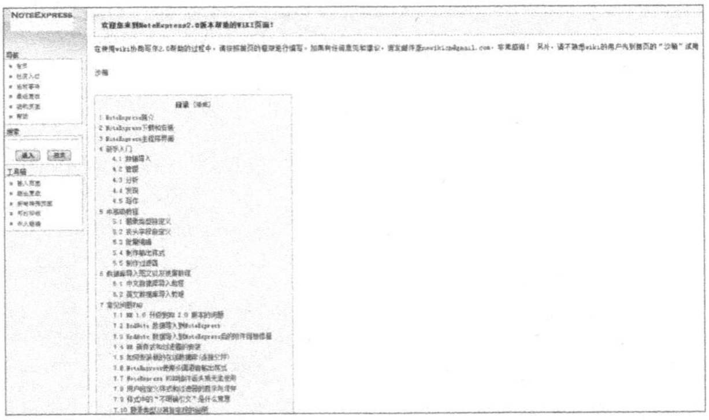

由于网上能很容易得到 NoteExpress 的使用帮助，因此，本书没必要在此浪费

笔墨。

（三）E-Learning

E-Learning的使用相对而言，比较简单，很容易上手。下图是E-Learning的页面。左边是导航，右边是详细内容。如果左边选取的是学习单元，那么右边就是该单元的文献列表。

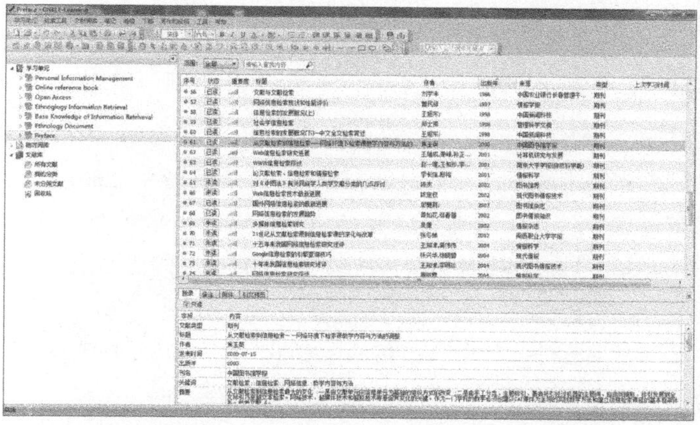

如果左边选取的是具体的文献，那么右边就是文献的具体内容。如下图是E-Learning的阅读界面。

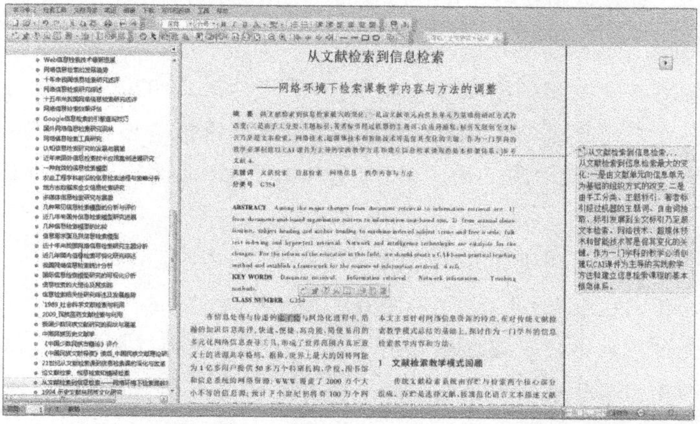

在阅读过程，可以将感兴趣的文字作文本选择，然后作为知识点识别为文字保存在数据库中，也可以增加注释、新增问题、读后感等。

官网提供了帮助视频（下载地址：http：//www.cnki.net/elearning/help.htm）。也提供了CNKI论坛，可以对使用过程中问题和网友、官方技术员进行交流（论坛网址是http：//kbs.cnki.net/Forums/877/ShowForum.aspx）。另外在E-Learning菜单栏的帮助栏中也提供了视频教程、常见问题和帮助文档的链接可实时查询。如下图。

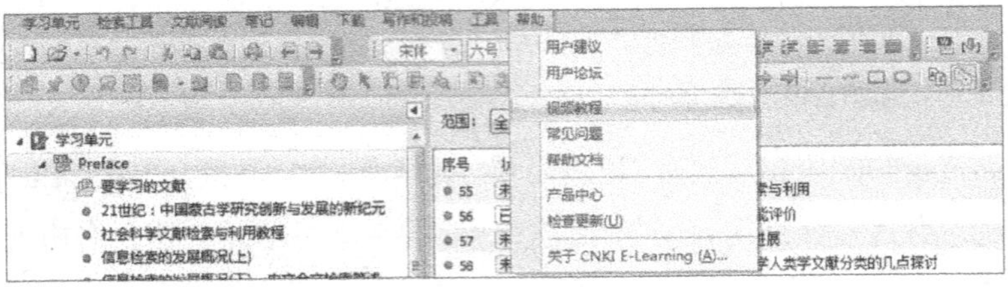

参考文献

[1] DOUGLAS BOLING, 文之 . 转动不息时间表 [J]. 个人电脑 ,1995(4):187−190.

[2] 蔡敏 . 三种常用参考文献管理软件比较研究 [J]. 现代情报 ,2007(10):178−181.

[3] 陈激 . 家用电脑中的个人信息管理器 [J]. 现代通信 ,1996(9):273.

[4] 冯磊 . 个人文献管理软件在科研工作中的应用 [J]. 农业图书情报学刊 , 2010(6):216−217,220.

[5] 逢坂刚 , 姜立功 . 怎样进行个人的信息管理 [J]. 北方经贸 ,1994(0):85−87.

[6] 高翔 . 个人信息管理与记忆研究 [D]. 电子科技大学 ,2007.

[7] 高兴茹 . 个人数字助手 [J]. 今日电子 ,1994(10):72−74,79.

[8] 韩陈冲 . 个人知识管理理论与具体实施研究 [D]. 南京师范大学 ,2007.

[9] 李洋 . 参考文献管理软件（REFERENCEMANAGER）[J]. 北京医科大学学报 , 1995(2):160.

[10] 刘爱原 . 建立个人的参考文献数据库 [J]. 现代情报 ,2007(3):136−138.

[11] 沈熙 . 参考文献管理工具发展趋向略论 [J]. 图书情报工作 ,2005(7):90−92.

[12] 王红玲 . 一个基于 XML 的个人信息管理系统的设计 [J]. 计算机与现代化 , 2003(1):60−62,65.

[13] 王力 . 个人知识管理研究 [D]. 东北师范大学 ,2007.

[14] 韦春伊 . 研究生个人知识管理研究 [D]. 四川大学 ,2006.

[15] 谢奇 . 六种个人文献管理软件的比较研究 [D]. 东北师范大学 ,2010.

[16] 徐俊 . 个人信息管理的理论与实践研究 [D]. 安徽大学 ,2009.

[17] 薛家政 .Hypertext 系统的发展 [J]. 小型微型计算机系统 ,1991(4):25−30,34.

[18] 佚名 . 参考文献管理软件的发展过程 [EB].

[19] 余敏 , 朱江 , 丁照蕾 . 参考文献管理工具研究 [J]. 现代情报 ,2009(2).

[20] 占南 . 大学生个人信息管理研究 [D]. 安徽大学 ,2012.

[21] 张兆伦 . 三个参考文献管理软件的比较应用研究——EndNote,Reference Manager 与 ProCite[J]. 图书情报工作 ,2007(11):121−123.

[22]　赵飞 . 常用文献管理软件功能比较 [J]. 现代图书情报技术 ,2012(3):72-77.

[23]　郑士豪 . 让参考文献编号自动更新 [J]. 电脑界 . 应用文萃 ,2000(1):38-39.

[24]　“知己知彼，百战不殆”，博客 http://blog.sciencenet.cn/u/smilesun。

[25]　朱巧明 , 李培峰 , 查伟忠 . 基于 Internet 的个人信息管理系统的设计与实现 [J]. 电子计算机与外部设备 ,2000(6):114-116.

[26]　邹小筑 , 李宏芳 . 参考文献管理软件的比较分析 [J]. 情报杂志 ,2010(0):162-164.

后　　记

五年前，我的硕士学位论文收官。我拟将民族学作为我后半辈子的专业志趣。不想，回学校后被安排到图书馆工作。也不怪，我的第一张学历证书上就写着“图书馆学”。众所周知，在高校，图书馆恰似“冷宫”，但就在这里，我遇到了一帮热血同事。在他们的熏陶下，我欲将民族学和图书馆学好好结合起来，搞个跨学科研究。几年来，虽然有过一些小文涉及两个学科，但那还不是真正意义上的研究，更不是“跨学科”。我仍旧不揣浅陋、汲取学界营养，而成本书，动力来自信息服务特别是学科信息服务和信息检索教学中的一些体会和思考。

虽然，作为学历教育，我接受过图书馆学、计算机科学与技术和民族学的熏陶，但本书仍可能出现一些硬伤，还望读者海涵并批评指正。

最后，本书所引原文均已在脚注注明；书中所选文献以能突出各论题为标准，不取赅备无遗。感谢这些作者们！

我还要感谢“热血同事们”在工作中的指点和精神上的激励！

感谢我的家人对我精神上的鼓励和生活上的照顾！

祝方林

于仙居恩施